日本激荡三十年

平成の経営

平成企业 1989—2019

[日] 伊丹敬之 著

王琰 译

浙江人民出版社

图书在版编目（CIP）数据

日本激荡三十年. 平成企业：1989—2019 /（日）伊丹敬之著；王琰译. — 杭州：浙江人民出版社，2022.3
ISBN 978-7-213-10006-2

Ⅰ. ①日… Ⅱ. ①伊… ②王… Ⅲ. ①经济史－研究－日本－1989-2019 Ⅳ. ① F131.3

中国版本图书馆 CIP 数据核字（2021）第 014146 号

浙江省版权局
著作权合同登记章
图字：11-2020-140 号

Heisei no Keiei
by Takayuki yitami
Copyright © 2019 Takao Takayuki yitami
Simplified Chinese translation copyright ©2020 Zhejiang People's Publishing House,
All rights reserved

Original Japanese language edition published by Nikkei Publishing Inc.
Simplified Chinese translation rights arranged with Nikkei Publishing Inc.
through Hanhe International(HK) Co., Ltd.

日本激荡三十年：平成企业1989—2019

[日] 伊丹敬之 著 王琰 译

出版发行：浙江人民出版社（杭州市体育场路347号 邮编 310006）
　　　　　市场部电话：(0571) 85061682　85176516
责任编辑：陶辰悦　何　婷
特约编辑：魏　力
营销编辑：陈雯怡　赵　娜　陈芊如
责任校对：陈　春
责任印务：刘彭年
封面设计：人马艺术设计·储平
电脑制版：北京弘文励志文化传播有限公司
印　　刷：杭州丰源印刷有限公司
开　　本：650毫米×960毫米　1/16　　印　张：19
字　　数：197千字　　　　　　　　　　插　页：4
版　　次：2022年3月第1版　　　　　　　印　次：2022年3月第1次印刷
书　　号：ISBN 978-7-213-10006-2
定　　价：88.00元

如发现印装质量问题，影响阅读，请与市场部联系调换。

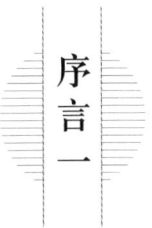

构建中日经贸合作新格局　开创融合创新发展新局面

在日本告别为期30年的平成时代（1989—2019）、开启令和时代之际，日本经济新闻出版社组织编写了"日本激荡三十年"丛书。浙江人民出版社在出版此套丛书的中文版之际，考虑到我曾于平成初期留学日本，回国后在国家经济贸易委员会、中国企业联合会等经济部门工作，较为广泛深入地对接日本财界，对中日经贸合作有所体会，嘱我为本书写一序文。

该套丛书系统论述了日本平成时代的政治格局变迁与政策演变、经济结构调整与产业转型升级，从技术、人才、资本等维度分析企业经营等，给读者提供了全面深入了解日本平成时代的多维视角和生动素材。在此不再更多地重复本书内容，谨就中日产业合作分享若干粗浅观点，代为序文。

一、中日经济格局发生巨大变化，产业合作迎来新机遇新挑战

20世纪70年代末，中国开启改革开放进程。此时，日本在第二次世界大战后的废墟上迅速实现经济高速增长，并于1968年跃居世界第二经济大国后，持续保持强劲的增长势头。日本的经验，得到世界各国的广泛关注和借鉴。改革开放初期，中国将日本在第二次世界大战后经济崛起的模式作为当时中国经济转型发展的重要参考，两国产业合作得到广泛深入的发展，取得了有目共睹的友好合作、互惠共赢成效。

平成元年（1989）是第二次世界大战后日本经济发展到顶峰、随即迎来泡沫经济崩溃的转折点。日本当年国内生产总值（GDP）为 3.06 万亿美元，相当于中国当年 GDP 的 8.7 倍。但从 1990 年开始，日本经济先后引发了股市、地价崩盘，导致金融系统的恶性连锁反应，进入被动处置滚雪球式不良资产、经济持续低迷的较长衰退期，低位不稳定状态持续到 2012 年左右，俗称"失去的 20 年"。其间，1998 年卷入亚洲金融危机、2008 年遭受世界金融危机冲击时，均出现了连续两年的负增长。其结果是，日本平成时代谢幕的平成三十年（2019）GDP 为 5.08 万亿美元，比平成元年仅增长约 66%。而同期，中国经济持续较快稳定增长，2010 年的 GDP 超过日本，2019 年的 GDP 高达 14.34 万亿美元，约为 1989 年的 41 倍，相当于 2019 年日本 GDP 的 2.8 倍，中日两国经济格局发生历史性巨变。

平成时代的日本产业经济，相对于第二次世界大战后的高速增长繁荣时期，明显乏力，增速缓慢。其主要原因有：泡沫经济后遗症严重影响了不良资产处置与金融重建，新兴产业投资长期低迷，企业转型升级举步维艰，产业空心化加深加速，居民收入与消费水平徘徊不前，人口老龄化带来的社会保障支出压力与日俱增，伴随经济低位运行的财政收支压力日趋加重，严重制约了调控经济的财政金融政策空间及其灵活性。这些深刻的经验教训可供我国今后经济运行参考。比如，要严防泡沫经济和系统性金融风险，确保实体经济与虚拟金融的有机协同；以经济持续稳定发展维护财政收支健康运行，尽早建立健全可持续的社会保障体系等。

在平成时代那 30 年里，虽然日本经济总量增长缓慢，但总体经济结构和产业科技得到了低调且扎实的优化升级。以高端制造业和现代服务业为主，形成了若干支柱型优势产业集群，显示出较强的国际竞争力和较强的存在感。比如，在全球占有较大市场份额的汽车制造业、占据全球最高份额的机器人产业、代表高端制造业的数控机床和精密仪器产业、在核心零部件方面拥有诸多"隐形冠军"的电子产业、深得消费者信赖和追捧的精细化工和医药食品产业、风靡全球的动漫游戏和文创娱乐产业等，牢固支撑着日本的发达经济强国地位。而这些产业，恰恰是中国在经济高质量发展进程中急需深化协同创新、有待合作共赢的重要领域，给中日两国新时代的产业经贸合作带来了新机遇新挑战。

二、中日两国分别作为发展中大国和发达经济强国，拥有巨大的协同合作潜力

目前，中国作为最大的发展中国家，仍保持着旺盛的发展活力和强劲的增长势头。无论是消费需求还是投资供给，都在推进从规模增长到以质量提升为主线的结构性优化升级和高质量发展转型。日本作为经济总量排名全球第三的发达国家，以其高水平经济结构和产业科技，在世界经济中仍占据举足轻重的地位。经过改革开放40多年来的合作发展，中日两国在诸多产业中已形成垂直分工和水平分工有机融合的立体分工协作格局，形成了较强的市场互补性和协同创新发展基础。在此，着重强调三个有望深度合作共赢的未来指向型产业领域。

第一，促进幸福产业融创发展，共创"幸福生活"。

近年来，综合涵盖旅游、文创、体育、康养、智慧生活等高端现代服务领域的"美好生活"所需"幸福产业"概念及其产业实践广泛流行，得到人们的普遍认同和热衷消费，切实充实了生活内容，有效提升了幸福质量。中国进入新时代以来，随着产业经济高质量发展和人民生活水平日益提升，满足人民日益增长的对美好生活需要的"幸福产业"成为高频词汇。幸福产业的快速崛起和广泛推广，既拉动了消费升级和产业扩容，又提升了人民生活的满足感和幸福感。各级政府和产学研用市场主体，正在积极探索用5G等新兴科技赋能幸福产业，促进幸福产业各领域融合发展、协同发力，引导新产业、新时尚。比如，将游戏趣味性植入中小学生的体育项目及智能健身器材，推动中小学生快乐锻炼、趣味健身、健康成长，贯彻落实健康中国战略。智慧娱乐、康体等幸福产业在协同创新中融合发展，综合幸福产业正在日益成为新风口、新赛道、新潮流。

日本力推"观光立国"和"文创立国"战略，将文化体验、体检康养、休闲娱乐、创意体育等幸福产业内容植入观光产品，取得了令人瞩目的成绩。新冠肺炎疫情暴发前，日本每年的外国观光游客达3000多万人，几乎是日本人口的1/4。由于文创产业走在世界前列，日本被称为"世界动漫王国"，系列经典之作风靡全球。近年来，日本动漫产业群的产值占GDP的比例达10%以上，全球播放的动漫节目有60%来自日本，动漫文创产业已成为日本第二大支柱产业，并呈现出动漫文创与智能体育等幸福产业融合发展的态势。比如，任天堂游戏公司开发的《健身环大冒险》（*Ring Fit Adventure*）是在游戏中可实现数十种健身动作，将游戏、娱乐、文旅与健身有机融合的综合功能型创意产品，深受全球市场追捧。中日文化同属东亚文化，基于东方人文理念与新兴智能科技，实现优势互补、协同创新、融合发展，不仅能够实现幸福产业合作共赢发展，也有望向世界呈现现代东方的幸福生活产业体系和幸福质量提升方案。

第二，深化康养产业协同发展，共促"人类健康"。

世界卫生组织（WHO）发布的世界健康报告中，日本在"医疗服务的品质""医疗负担的平等程度""国民平均健康寿命长度"等方面，多年蝉联世界第一。日本在有机农业、发酵工程、功能食品、汉方医药、健康养生、生命科学、医疗器械、健康管理、医疗服务、老龄养老等领域，具有较强的科技积累和产业竞争力，形成了体系健全、实力雄厚、成效良好的大健康产业集群。基于发达的大健康产业体系和大健康服务优势，日本已成为世界上国民健康寿命最长、医药医疗仪器货物出口强劲、体检康养服务贸易旺盛的大健康产业强国。

中国经济发展稳定，人民生活水平提高，对健康生活、高端医疗、幸福养老等大健康产业的需求空前加大。大力发展卫生健康事业，既可以提高人民健康生活质量，也有利于消除群众看病就医的后顾之忧，释放内需潜力，为推动形成以国内大循环为主体、国内国际双循环相互促进的新发展格局提供重要支撑。正在崛起的中国大健康市场和领先全球的日本大健康产业，具有很强的互补协同潜力。两国在大健康领域的优势互补合作，不仅有望实现产业合作共赢，也有望基于实践中的协同创新升级成就，为人类健康事业做出积极贡献。比如，中国的中医药科学和日本的生物科技有机结合，有望协同创新开发基于东方文化和中医（日本称汉方）理论的新药物、新疗法、新养生，为人类健康事业贡献东方智慧。

第三，加强节能环保领域合作，共建"美丽地球"。

节能环保产业不仅是未来经济发展的重要产业领域，更是事关地球安全、人类生存和可持续发展的国际政治外交重点。根据《联合国气候变化框架公约》，中国推动应对气候变化的《巴黎协定》全面有效实施，力争在2030年前达到二氧化碳排放峰值，在2060年前实现碳中和。中国以美丽中国建设为重要执政目标，将环境保护和生态文明建设放在社会经济建设突出地位。力争到2035年，绿色发展内生动力显著增强，绿色产业规模迈上新台阶，重点行业、重点产品能源资源利用效率达到国际先进水平，广泛形成绿色生产生活方式，碳排放达峰后稳中有降，生态环境根本好转，美丽中国建设目标基本实现。

日本制定实施"21世纪环境立国战略",节能环保科技及其产业得到长足发展,特别是垃圾处理、循环经济、环境修复、生物燃料、综合节能、混合动力、氢能开发、高效火电等节能环保领域技术领先全球,日本单位 GDP 二氧化碳排放量远低于世界平均水平,约为我国的 1/3。日本的节能环保产业已与汽车、电子并列成为领先世界的三大产业集群。中国确定碳减排任务和生态环保目标,对社会经济发展也意味着新的挑战和发展机遇。中日两国在节能环保领域的互惠合作,不仅有助于中日两国节能环保产业转型升级,更有利于全球节能环保产业创新发展,共同推动《巴黎协定》全面有效实施,为建设美丽地球、促进人类可持续发展做出积极贡献。

三、中日两国的新时代创新合作,需要新格局新理念新动能

中国改革开放初期,基于高性价比人工优势,推行"两头在外、大进大出"的开放战略,把在华企业定位为生产加工基地的"三来一补"型外资大量涌入;加入世界贸易组织之后,消费、投资、外贸"三驾马车"并驾齐驱,国内消费能力和市场容量相应提升,关注中国内需市场的外资功能得以增强;进入新时代以来,中国正在努力构建以国内大循环为主体、国内国际双循环相互促进的新发展格局,高水平开放中的高质量创新发展新环境,给新时代的中外产业合作提供了新机遇、新挑战。日本是我国改革开放以来的主要投资来源国,双方应在过去两国积累的良好合作成效基础上,面向未来,创新性地开展高水平产业合作,迈上新时代中日产业合作新台阶。

第一,构建中日经贸合作新格局,加快深度融合发展。

中国在全面建成小康社会的基础上,开启了全面建设社会主义现代化国家的新征程,构建以国内大循环为主体、国内国际双循环

相互促进的新发展格局。新发展格局绝不是封闭的国内循环,而是更加开放的国内国际双循环,这不仅是中国自身发展需要,而且将更好地造福各国人民。中国有14亿人口,中等收入群体超过4亿人,预计未来10年累计商品进口额有望超过22万亿美元。中国将秉持开放、合作、团结、共赢的信念,坚定不移全面扩大开放,将更有效率地实现内外市场联通、要素资源共享,让中国市场成为世界的市场、共享的市场、大家的市场,为国际社会注入更多正能量。这给众多日本优强品牌企业、高精尖新兴产业和高品质日本产品,提供了分享中国巨大市场的难得的时代机遇。中日两国应充分借助《区域全面经济伙伴关系协定》(RCEP)和不断优化升级的中日韩合作机制,基于在产业垂直分工协作向水平分工协作演变的过程中形成的良好合作,加快构建中日产业深度融合发展新格局,在深度融合中协同创新,在创新合作中互惠发展。

第二,创新提升产业合作新理念,促进协同创新发展。

中国改革开放初期,"两头在外、大进大出"时期的产业科技合作,主要体现为在垂直分工协作的主格局下的简单技术委托加工;加入世界贸易组织后,消费、投资、外贸并驾齐驱时期的产业科技合作,主要体现为在垂直分工与水平分工并存的立体分工协作格局中的产业技术转移;进入新时代,高质量发展新阶段的产业科技合作,需要树立"较少对立竞争、更多协同合作"的理念,更多体现水平分工协作基础上的协同创新发展。现阶段,中国作为国际投资贸易大国,力求增强全球科技协同创新能力,向科技创新强国迈进。为此,要坚持开放发展战略,实现全球创新资源与中国产业科技市场的深度融合,增强全球开放式协同创新发展能力,助推我国经济高质量发展,同时为全球经济可持续创新发展做出应有贡献。日本不仅拥有雄厚扎实的基础科研能力,更有善于科技产业化的应用研发优势。中等收入群体不断增加、消费结构水平日益提升的中国市场，不仅是日本优质品牌企业发挥优势的广阔天地，也是创新型产业科技得以投放并在实践中优化升级的新兴市场，更是中日两国经济在协同创新中互惠合作、融合发展的新未来。

第三，增强金融开放合作新动能，实现产融互促发展。

近年来，中国根据新时代全方位高水平开放发展战略，加大金融开放力度，深化国际产融合作。2021年1月，中办、国办印发的《建设高标准市场体系行动方案》明确提出，要有序扩大金融服务业市场开放，支持社会资本依法进入银行、证券、资产管理、债券市场等金融服务业；允许在境内设立外资控股的合资银行、证券公司及外商独资或合资的资产管理公司。金融开放发展，是切实提高国内国际资本配置效率、更加有效促进实体经济发展、更加高效推进新时代高质量发展的战略举措。日本国家总资产约为100万亿美元（其中，金融资产约占70%以上），净资产超过30万亿美元，仅居民金融资产余额就高达15万亿美元。在经济全球化发展和日本国内利率低迷的背景下，近年日本海外金融资产保持在3万多亿美元的高水平。日本海外净资产中对外直接投资收益起到牵引作用，旁证了日本的综合金融机构与实体经济产融深度融合的优势特点。持续稳定发展的中国是名列前茅的国际资本流入市场，在金融开放条件下，两国金融资产的跨境高效合理配置，加上产融结合紧密的日本优势得到更加充分的发挥，就有望形成中日跨境产融互促发展新动能，促进中日产业协同创新发展新趋势，共享发展新时代。

李明星

中国企业联合会副会长、经济学博士

序言二

如何告别一个远去的时代

大概在两个月前,浙江人民出版社的胡俊生先生约我为"日本激荡三十年"丛书写序。一时诚惶诚恐,自觉难以胜任。读毕全书,思索数日,依旧理不出头绪。始终萦绕于心的是一系列问题,包括对平成年代的日本究竟了解多少,如何评价一个远去的时代……当我声称"不怕走错时代,只怕走错人群"时,又该如何从不同的人群中截取那个时代不同的幻影?

一

或褒或贬,评价一个时代不似观看两个壮汉拔河,后者就算一时势均力敌,胜负终究清晰可见。想起早先经常被读者问及当下中国是进是退,我爱援引说明的也是"进退曲线",而非直线推移。简而言之,有些地方进如波峰,有些地方退若波谷,细碎密匝,于时空之际,均望不到边,叫我如何整体评说?

唯一能做的只有就事论事,具体陈述哪些地方发生了变化,其意义为何,而决不能因一时情绪以"完全进步"或"完全退步"概而括之,就此敷衍了事。更别说"进步"一词,伴随语境转换,也常常是让人疑窦丛生的。于结果论,也还有可能是"过对了河,上错了岸"。就像雅各布斯借其经典小说《猴爪》所揭示的——小心愿望成真。

旧的事物在消逝，新的事物在生长。新的时代因为这一简单的"二进制"原理不断"涌现"（emergence），于是有了世间的千变万化。然而，以我们有限的经验与学识去评判历史，终究只是"管中窥豹""以短量长"。就算有机会作遥远的回望，看到的也只是"渺沧海之一粟"的局部罢了。一时的进步，有可能是巨大退步的开始；一时的退步，亦可能是巨变的开端。其所反映的不是一种简单的历史相对主义，而是生而为人不得不随时面对的知识之困。

当然，这一困境的存在并不意味着有关时代的评论都已失去意义。写作不仅记录现实，而且参与历史，这是写作的双重价值之所在。纵览"日本激荡三十年"丛书，所论者多是具体的人、事、物，虽然细碎，却也不失为几位学者对日本平成时代观察的结晶。如雷蒙·阿隆所言，知识分子有必要成为"介入的旁观者"，既参与公共事务，同时又必须时刻保有自己的理性。最好的方式，依我之见，知识分子既要旁观世界，也要旁观自我，后者通常被理解为一种自省的态度。

二

说到平成时代的一些特征，有必要还原其历史背景，即昭和时代（1926—1989）的生与死。

现实是正在成型的历史。有经验的观察者可能从各种潮流的此消彼长中，觉察出有关未来的走向。当然，这只是一种可能性。毕竟，各种变量与偶然性参与其中。未来是开放的，只有回望时，才会看到历史经由唯一的那条道路走到了今天，并通向未来的城池。而身处现实之中，更多的时候我们只能像狄更斯一样感叹时代的暧昧——这是一个最好的时代，也是一个最坏的时代。

有没有一种可能，每个人身上同时奔腾着几条河流，甚至朝着完全相反的方向奔去？就像在同一个时代涌现着完全不同的洪流。

遥想20世纪初的大正民主时期（1905—1925），彼时自由主义、共产主义、军国主义、无政府主义等若干潮流齐头并进。及至20世纪30年代后期，虽然军国主义一枝独秀，其他潮流不得不隐匿于黑暗之中，但也没有彻底消失。

没有哪个时代是从天而降的。如果忽视石桥湛山等"小日本主义"一系的苦力支撑，就很难理解第二次世界大战后日本因何有机会在经济上迅速崛起。1945年，当军国主义的巨石被搬开，曾经的暗流河从此一泻千里，也算是另一种意义上的"堂堂溪水出前村"。与此同时，其他潮流也渐渐潜藏，或者悄悄生长。

与平成时代那30年的清晰轮廓相比，持续60余年的昭和时代是暧昧的。在中国人眼里，昭和时代始于虎视眈眈，终于和风习习。前者让我想起随之而来的发生在故乡的血腥往事。老人们说，日据时期的阴阳界是"昭和政府管白天，国民政府管夜晚"。

后者让我想起20世纪80年代日本、新加坡以及中国香港、台湾地区的电视剧，为中国的年青一代提供了一条时空隧道，让他们可以随时感受遥远都市中的情爱之美。很难想象，小时候我在电影里看到的杀人如麻的龟田、松井等太君和电视连续剧《排球女将》里清纯可人的小鹿纯子同属于昭和时代。

隔海相望，我这一代中国人只是看见了昭和时代的尾巴。当年日本早已从军国主义的废墟中浴火重生，不仅告别了"一亿总玉碎"的疯狂，还迎来了"一亿总中流"的繁荣，如石桥湛山所期许的那样。这位有远见的思想家曾经在伊势神宫祈祷日本赶紧战败，因为只有一个日本被打败了，另一个日本才有时间重新开始。

石桥湛山没有想到的是，到了20世纪80年代中后期，这个岛国慢慢切换至另一种疯狂模式。巨大的经济泡沫让日本人一时豪气冲天。最疯狂的时候，仅东京一个区的房价总和甚至可以买下整个美国。

然而，有些人的生活变得悲惨起来。就像本书中提到的，一位保险公司的社长曾经这样抱怨："要我如何告诉在战争中死去的朋友们，我们建设了一个怎样的日本才好呢？难道让我说，我们建设了一个哪怕你再努力工作，最终也买不起一个家的日本吗？"这是在经济泡沫破裂以前，一个普通人对日本模式的怀疑。

后来经济泡沫破裂的事情，大家都知道了。从某种意义上说，这像是一个双重隐喻。日本在政治与经济上的疯狂都终结于昭和时代。1989年，平成时代正式开始。借昭和时代的余晖，这一年日本的GDP增长率是5.4%，是平成时代那30年的起点与最高点。20年后，该数据变成了反方向的-5.4%。如伊丹敬之所言，"倒栽葱式地跌入悬崖"。

对于现实而言，最重要的是，狂飙突进的日子已经和昭和时代一起结束了。而进入平成时代的日本，不得不开始面对并接受平凡的命运。

三

20世纪80年代，中国人可以通过《血疑》《阿信》《聪明的一休》《排球女将》等影视剧了解昭和末期的日本在新闻以外的故事。而关于平成时代的日本，我唯一看过的一部日剧是凤凰卫视中文台播放的《东京爱情故事》。

如上所述，昭和时代已经结束了。而在许多迷恋抗日剧的中国观众眼里，平成时代似乎一直没有开始，民众很难从公开的影像上找到这个时代的蛛丝马迹。由于历史转向与中日关系恶化，此时内地电视台经年累月播放的多是抗日剧。这固然可以说是创作自由的表现，与此同时，这种失衡的繁盛也在以其肤浅的方式塑造历史，同时影响了今日中国人对中日关系更现实的理解。

我对平成时代日本的了解，是从访问早稻田大学开始的。十年前，当我第一次站在东京街头，有了与游学欧洲时完全不同的异域体验。随处可见的汉字与黄色面孔,让我觉得自己仿佛没有离开中国。甚至是从那一天开始,我才突然意识到东方的意味。此时的东京平和有序,完全不见昭和前期的激烈与癫狂。于是,当时我有了一个戏谑的想法——想看汉唐去京都,想看昭和回横店。

相较于昭和时代的大起大落,平成时代或多或少显得有些平庸。有人感叹,与三岛由纪夫那一代"昭和男儿"相比,平成时代盛产的只是终日宅在家里的"平成废物"。这样说可能并不公平,像太宰治那样的颓废精英,可是昭和时代的产物。

平成时代究竟是一个怎么样的时代?在"日本激荡三十年"丛书中,小峰隆夫、伊丹敬之、御厨贵、芹川洋一等人从不同的角度进行了论述。与昭和时代的经济神话相比,平成时代那30年的日本,因为经济上的"毫无长进",被人称为"失去的30年"。平成时代开始于人口下降的"1.57危机",然而30年来没有任何改观,"只有写人口减少的书一直在畅销"。一个原因是,人口大量地从出生率高的地方转向出生率低的大城市,由此形成了人口减少的负螺旋。当然,这已是世界性问题。随着科技发展与享乐主义盛行,人类已经进化到不仅不需要人,而且不需要后代了。

政治方面,平成时代同样面临各种问题。比如,日本的政治体制是否能够吸纳更多的政治精英?有些国家的从政风险来自政治斗争,而在日本,从政意味着不断失去,以至于从政不再是"可以向小孩推荐的职业"。此外,从政者还要面对"民主主义的失败"之魔咒。不得不说,这是民主的困境——不遵从民众的呼声,就不会当选;而完全遵从民众的呼声,则可能一事无成。民主缚住了暴君,同时也可能让积极的政客变成平庸的走卒。

民粹主义与反智倾向同样在缠绕中上升。在汹涌的民意面前,专家的意见形同虚设。按小峰隆夫的理解,过度听从民意不啻为政治恶化的一种表现,"受国民委托负责政策运营的政治家不能一味迎合舆论，有时候需要说服舆论，担负起走长期路线的责任"。由此而论，安倍经济学实为政治拖延症，扬汤止沸的作用只是构建"在做事的感觉"。通过拖延本应支付的社会成本来笼络民心，一旦油尽灯枯，这一政策也就失去了意义。

从积极的角度来看，这种政治困境也意味着民众对从政者提出更高的要求。耐人寻味的是主流民众对于财政危机的态度——原则上同意提高消费税，但具体执行必须延后。这里有一种击鼓传花式的微妙，即观念上赞同（重义），行动上却反对（重利）。令人担心的是，日本将面临越来越严重的财政危机。

这种困顿有点像今日法国——受制于部分民意的裹挟，改革比革命还难。

虽然小峰隆夫、伊丹敬之、御厨贵等人在本书中集中批评平成时代的平庸，包括效率受制于选举过多，政治上受到美国的掣肘，甚至失去了互联网发展带来的大好时机，但有一点不容忽视的是，日本"科技立国"的宗旨在这个"平庸的时代"得到了绝佳体现。至2020年，日本已有27位诺贝尔奖得主，其中有2/3出现在近20年。

曾经在网上看到这样一个问题——"失败的平成时代"为什么让人怀念？本土文化的繁荣也是其中一个原因。共同社的一项民意调查显示，有73%的日本人认为平成时代是一个好时代。告别昭和年代的血脉偾张与纸醉金迷，日本在平成时代回归到了平静的生活。

平成时代脱胎于最后的昭和时代。一个在外交、军事甚至经济上都缺少一定独立性的非正常国家，是以怎样的决心完成文化及技术上的追求与坚守的？想起近百年前石桥湛山有关"小日本主义"的一个主张——重要的是开发国民的脑力资源，而非掠夺他国的物产，压榨他国的人民。出于这个缘故，我宁愿今日日本与世界各国继续"平庸"下去。汉娜·阿伦特从"平庸的恶"中发现极权主义的起源,而我们是否可以从平庸的时代中看到"平庸的善"?

四

几年前,我有机会在东京大学访学,对日本的现实与发生在中日之间的诸多历史有了更深的了解。中日交恶是20世纪东方最大的悲剧。在拙作《西风东土:两个世界的挫折》中,我曾将日本视为"中国之药",其实中国于日本又何尝不是一味药?最坏的状态是中国与日本重回过去交恶(互为毒药),而最好的状态是中国与日本在未来相遇(互为解药)。

作为一个具备后发优势的国家,中国的幸运在于有足够的前车之鉴。这让这个正在脱胎换骨的国家在相当长的时间里一次次避免了政治、经济以及社会的大动荡。

不仅仅是在日本的昭和时代,自进入近现代以来,无处不是狂飙突进的景象。就像《爱丽丝漫游仙境》中的兔子,时刻嚷着"来不及了,来不及了"。而现在,世界也重新走到了分水岭。中国和日本,这两个不断"走出去"的东方大国,正面临逆全球化运动的考验。就像快速旋转的陀螺,此时同样需要慢而不倒的能力。

2015年,当一艘有四个足球场大的东方货轮首次抵达英国费利克斯托港时,有人想起鸦片战争时的某些场景。联想到近年来英国的脱欧政策,当年为"自由贸易"开路的鸦片战争在这场逆全球化运动中似乎变成了反讽。而美国也在特朗普的"美国优先"中渐渐失去了"道德的光芒"。

几年后的2020年,一场疫情几乎让整个世界进入了停摆状态。发生在这一年的新冠肺炎疫情像是一个隐喻,它昭示着人类最真实的困境——不仅要面对疾病这一共同的敌人,而且每个人都被隔离在各自的"战壕"里。

这一年最大的变化是一切宏大叙事都让位于对具体生命的保护，因为每个人的命运都紧密相连。责备这一年碌碌无为是容易的，然而还有什么比"活下去再说"之平庸更伟大的事情？对于日本人而言也是如此吧，尽管昭和时代令人魂魄激荡，但刚刚过去的"并不成功的平成时代"似乎更令人心安。

每个时代都有其英雄传说，那是一些处于风口浪尖的水花，有着不同的面貌，而更深沉的河流却在接近河床的暗处流淌，是它们连接了日本的昭和、平成与令和，也是它们连接了地球上的陆地和海洋。

是为序。

熊培云

南开大学副教授、学者

"当代人写当代史"的成功之作

2019年春天,我随着"明治维新文化之旅"在日本大地上游走。有一天,在鹿儿岛市的城山脚下一座巨大的西乡隆盛雕像旁,我看到一个木牌上赫然写着"令和元年"。我突然意识到,自己正在见证日本历史的交替。因为这一天是2019年4月30日,是平成时代的最后一天。5月1日,皇太子德仁就会即位,改号"令和"。85岁的明仁天皇退位,延续30年的平成时代宣告结束。在某种意义上,日本的近代史是从鹿儿岛开始的。明治维新三杰中的西乡隆盛、大久保利通都是从这里走向东京的政治舞台的,西乡隆盛在城山自杀则标志着武士时代最终退出了历史舞台。在这样一个具有历史意义的地方,见证平成时代的正式落幕,怎能不令我感慨万千?

从1989年到2019年,平成时代的日本发生了什么?那么多政坛纷争到底意味着什么?日本经济真的有"失落的30年"吗?在中国经济高速发展的这段时期,日本经济是不是一直在走下坡路?如何评价这30年间日本的发展?从日本归来,这些问题就一直萦绕在我的心中。让我感到意外的是,平成时代甫一结束,日本经济新闻出版社就推出了"平成三部曲"。浙江人民出版社也在第一时间组织人力,翻译出版了这套丛书,这就是摆在读者诸君面前的这套"日本激荡三十年"丛书。

一

"日本激荡三十年"丛书由三本书组成，分别是《日本激荡三十年：平成政治1989—2019》《日本激荡三十年：平成经济1989—2019》《日本激荡三十年：平成企业1989—2019》。后两本书都是学者的个人专著，只有《日本激荡三十年：平成政治1989—2019》采取了非常别致的"三人谈"（日语称为"鼎谈"）形式。

《日本激荡三十年：平成政治1989—2019》的前三章，每章都由熟悉日本政坛内幕的政治学者御厨贵、活跃的政治记者芹川洋一与不同的对象进行深入对话。第一章的对话对象是美国学者杰拉尔德·柯蒂斯，柯蒂斯长期观察日本政治，和多位日本政治家有密切交往；第二章的对话对象是经济学家大田弘子女士，她曾担任内阁大臣，直接参与过政策制定；第三章的对话对象是蒲岛郁夫先生，东京大学法学部教授，后当选熊本县知事。最后一章则是御厨贵和芹川洋一两人一起讨论"从平成时代思考今后的日本"。

第二次世界大战后，在经历了短暂的动荡之后，日本政坛很快就进入了稳定状态。尤其是自1948年10月吉田茂第二次当选首相，直到昭和时代结束的1989年1月，在长达41年的时间里，日本共有14人出任首相，平均每人任期将近3年。其中，吉田茂、佐藤荣作、中曾根康弘的任期超过5年，佐藤荣作更是以将近8年的任期刷新日本政坛纪录。与此形成鲜明对比的是，在平成时代的30年里，有17人出任首相，平均每人的任期仅为1.8年。特别是在平成时代最初的10年里，首相多次换人，如走马灯一般，让人眼花缭乱。只有在进入21世纪以后，日本政坛才相对稳定下来，还先后出现了小泉纯一郎、安倍晋三两个长期在位的首相。

在经济泡沫破裂、经济增长乏力的背景下，政权缺乏长期性，首相人选多次更迭（也是经济形势不好的结果），当然不是好事。在过去，我对于这种现象也很不以为然，认为这是日本政治弊端的集中表现，但是《日本激荡三十年：平成政治1989—2019》这本书改变了我的这个成见。因为首相更迭都是经过合法有序的政治程序完成的，日本政治一直都平稳地行驶在和平宪法规定的政治轨道上，并没有发生任何"政治出轨"。一方面，这说明了1946年制定的和平宪法的伟大。迄今为止，它是世界范围内唯一一部从未进行任何修改的宪法，在日本政治中发挥了定海神针般的作用。从20世纪80年代起，国际社会（包括著名的基辛格博士）就预言日本会成为军事大国，但是迄今预言仍未成为现实。另一方面，民众视政治家如敝屣，也说明日本的民主政治已很成熟了。在现代世界，最重要的是制度，如果一个国家仍旧欣欣然于"一人兴邦，一人丧邦"，显然不是一件好事。

平成时代的日本政治也在探索新道路，因为国民的价值观在变化。"过去，人们一直认为日本是一流的经济（实力）、三流的政治（体制）。但其实只要经济是一流，政治是二流或三流都可以接受"，"到了20世纪90年代，经济泡沫破灭，如果日本在经济上也沦为二流国家，那就无可救药了。所以，人们对政治的要求发生了很大的变化"（《日本激荡三十年：平成政治1989—2019》第17页）。1993年，自民党发生分裂而失去了众议院多数席位，从而丧失了长达38年的单独执政地位，标志着"1955年体制"[①]的结束，从此自民党必须联合其他政党才能执政。

国民有了自民党之外的选择，有志向的政治家也有了实现抱负的新路径。例如，作为东京大学法学部教授，蒲岛郁夫先生就没有接受自民党推荐，而是自行参选，成功当选熊本县知事。随

---

① 指日本政坛于1955年开始的政党格局。

着政治格局的变化，日本也进入了"从党主导到官邸主导"的新阶段。在昭和时代，自民党长期执政，在自民党内部形成了以一致通过为前提的法案预审制度，"可以说，当时是一个'党（自民党）高于政府'的时期，官僚们对党负责"（《日本激荡三十年：平成政治1989—2019》第85页）。进入平成时代之后，强化内阁的职能，更改决策过程，从而提高了透明度和效率。随着互联网的发展，很多政治家能够迅速对网络热点作出反应，迅速回应网络舆论。

对于刚刚过去的平成时代，《日本激荡三十年：平成政治1989—2019》既是一个俯瞰式的概览，又是一次深入其境的游历。作者没有政治忌讳，直抒己见，即使对于在世的当权者也直陈功过是非，不掩饰不敷衍。书中披露了许多政治内幕和政治轶闻，让读者可以一窥日本政治的台前幕后。特别是"三人谈"这种形式，挥洒自如，不同的讲述口吻让各种人物的形象跃然纸上，读来轻松有趣。我在读这本书的时候常常感到，三位与谈者仿佛就在面前，坐于榻榻米上，端一杯清茶，臧否人物，指点江山。此情此景，怎能不令人神往？

二

在第二次世界大战后的日本经济学界，有一个重要的学派叫作"官厅经济学派"。其成员既有一定的经济理论素养，又在政府中担任一定的职务，因兼有政府官员和学者的双重身份，被称为"官厅经济学家"。与一般的经济学家相比，这些人具有宏观的视野，更了解国民经济的实际运行情况，对经济政策也有更切实的影响。作为《日本激荡三十年：平成经济1989—2019》的作者，小峰隆夫在1969年大学毕业后就进入经济企划厅工作，显然是一位典型的"官厅经济学家"。在半个世纪的时间里，他一直从事观察和分析日本经济，一度负责撰写权威的年度《日本经济白皮书》。为读者执笔介绍平成时代经济史，小峰隆夫可谓是不二人选。

进入平成时代后的最初两年，延续了昭和时代的繁荣局面，经济增长率高、失业率低、物价稳定，资产价格不断上涨，经济泡沫不断膨胀。但是，"处于泡沫漩涡里的人们不认为自己身处泡沫之中"（《日本激荡三十年：平成经济1989—2019》第16页），反而陶醉于虚假的繁荣之中，为自己的住房升值、股票上涨而欣喜。这种局面是否让中国读者有似曾相识之感？多年以来，经济学家们一再呼吁警惕中国的经济泡沫，可是相当一部分人置若罔闻。就像当年的日本一样，只要泡沫没有破灭，人们就不肯相信经济存在泡沫。1991年，日本经济泡沫突然破灭，几乎所有人都感到意外。日本政府为了应对危局，反复进行财政刺激，金融政策也开始有所转向，但是日本经济再也回不到20世纪80年代了。1993年度的《日本经济白皮书》中写道，"泡沫对于经济有百害而无一利"（《日本激荡三十年：平成经济1989—2019》第58页）。这是日本的沉痛结论，也是值得中国认真汲取的历史教训。

让笔者感到意外的是，全书并没有采用"失落的10年""失落的20年"的说法。在我看来，可能是作者对于这种不严谨的媒体语言并不认同。在经济泡沫破灭后，日本经济并不是一条一路向下的曲线。1993年，景气指标触底反弹，经济开始恢复。1995年，日本的GDP增长率达到3.1%（世界银行数据）。然而，1997年亚洲金融危机爆发，给存在种种潜在问题的日本金融业带来了重大打击，多家证券公司、银行破产。为此，日本政府出台金融体系安定政策，赋予日本银行独立性，避免了金融危机。

在"失落的10年""失落的20年"的说法背后，人们往往以为日本政治家都是无能之辈，在经济困境面前束手无策。实际上，日本政治家并没有把问题推诿给国际影响、外国压力等，而是直面真实问题，特别是桥本龙太郎、小泉纯一郎、安倍晋三这三位首相。他们认识到，日本经济的根本问题在于政府主导经济，必须进行结构性改革。1997年1月，桥本龙太郎在第二次组阁后的施政演说中说："身处世界一体化的社会背景下，在人、物、资金、信息均可自由流通的时代中，很明显，现在的体制已成为我国发展的障碍，我们必须争分夺秒地创造出引领世界潮流的新经济社会体系。"（《日本激荡三十年：平成经济1989—2019》第93页）为此，他一口气推出了行政、财政、社会保障、金融体系和教育等六大改革，遗憾的是，由于亚洲金融危机突然爆发，桥本的改革被迫中断。

进入21世纪以后，小泉纯一郎首相用"自由的市场是根本""民间能做的就交给民间，地方能做的就交给地方"等鲜明口号，不断推进改革。在他看来，"不进行结构改革就无法实现真正的景气复苏，也无法实现持续增长"，因此主张"资源的流动基本上是通过市场实现的。要清除市场的障碍或抑制增长的因素"，"要创造付出智慧和努力就能够得到回报的社会。通过这些举措来让经济资源迅速流入增长领域"（《日本激荡三十年：平成经济1989—2019》第190—120页）。从2002年1月日本经济进入景气期，直到2008年2月，长达73个月，时间跨度超过了第二次世界大战后的所有景气时期。

平成时代的第三个十年是伴随着世界经济危机开始的。不过，在发达国家中，日本率先走出危机。安倍晋三先后射出新旧"三支箭"，在调整的基础上继续推进结构性改革。结果，日本宏观经济在2011年探底后，几乎连续8年持续恢复（从2012年12月开始到2019年1月，持续长达74个月），成为第二次世界大战后持续时间最长的景气扩大时期。日经指数不断攀升，失业率降至历史最低水平，企业收益大幅增长，媒体炒作的所谓"失去的30年"显然是夸大其词。当然，很多人仍然抱怨"没有实感"，因此日本的结构性改革仍然任重道远。

纵观平成时代，日本经济有悲有喜，有笑有泪，有挫折也有奋进，绝非一团灰暗。和同时期的中国相比，日本经济确实表现欠佳，但是不能忘记的是，日本已经是发达国家，不可能像仍处于发展中国家的中国一样，一直保持高速增长。在进入高收入国家行列之后，发展速度回落是必然的，因此在进行国家对比时，应该理性地看待日本的发展。日本作为先行一步的国家，不但为中国经济发展提供了许多足资借鉴的经验，而且敲响了警钟。例如，平成时代以来日本致力解决的老龄化、少子化等问题，也正是目前中国亟待解决的棘手难题。

也正是在这个意义上，日本是中国的镜子，也是中国的鞭子。

三

如果把日本企业比喻为船只，那么平成时代这30年就是一段险滩不断的河流。从1991年经济泡沫破灭到1995年阪神大地震，从1997年亚洲金融危机到2001年"9·11"恐怖袭击事件，从2008年世界金融危机到2011年东日本大地震，国内外大事件连续不断，日本宏观经济反复动荡，日本企业在内忧外患的夹缝中积极前行。"疾风知劲草"，日本国际大学校长伊丹敬之先生把由危机导致的混乱局面称为"疾风"，把日本企业比喻为"劲草"。他撰写的《日本激荡三十年：平成企业1989—2019》一书讲述的就是何为"劲草"。"面对未来，总会有各种各样的不安与担忧，但是日本企业在充满波澜的平成时代的三十年中，经历了'疾风'的洗礼后成功回归，让我们见到了'劲草'"（《日本激荡三十年：平成企业1989—2019》第88页）。

作为一个以经济立国的国家，企业在日本的重要性不言而喻，而且表现出强大的生命力。在泡沫破灭后，日本企业一边奋力开拓海外事业，一边千方百计地确保国内出口。因此，从1993年到1997年亚洲金融危机爆发前，日本企业的整体营业利润率并不低，努力维持着"小康"水平。即使遭遇亚洲金融危机和"9·11"恐怖袭击事件，从1995年到2008年美国次贷危机爆发前夕，日本的出口也一直保持着高速增长，日本企业的顽强实在令人感佩。同样，2008年世界经济危机也没有打垮日本企业。从2011年起，日本企业的自有资本率和净利润率都保持上升态势。从2017财年的决算数据看，许多日本企业取得了历史最高收益，日本商品出口也在这一年达到了历史新高。

伊丹敬之认为，1997年亚洲金融危机和2008年美国次贷危机是令人惊骇的两次"疾风"，从根本上动摇了日本企业和社会。它们"让日本企业陷入大混乱当中，然后又使日本企业迸发出了从混乱中竭尽全力走出来的努力"，从而"成就了日本企业中的'劲草'，使它们走向前台，展现出了'精神奕奕的风姿'"（《日本激荡三十年：平成企业1989—2019》第260页）。"日本企业终于能够在积极面对未来的状态下，见证平成时代的结束"，所以伊丹敬之感慨"日本重新回归"（《日本激荡三十年：平成企业1989—2019》第88页）。

作为当今日本著名的经营管理学者，伊丹敬之担任过多家企业的董事，对企业有具体的观察。在对平成时代的日本企业进行宏观描述之后，他又从世界、技术、人员和财务四个视角对日本企业的经营状况进行微观分析。在他看来，日本企业从单一依赖美国转向美中均衡，同时又将东盟作为不可舍弃的重要存在，"日本企业对中国是期待与防范交织在一起，对美国则是感到前途不安，对东盟地区是期待"（《日本激荡三十年：平成企业1989—2019》第121页）。在不断拓展海外市场和海外生产的同时，基于"失去了国内市场也就失去了世界"的认识，日本企业形成了独特的"比萨型"国际化的海外事业拓展方式。处在最中间的国内生产变薄，变薄部分移至海外，但是就像制作比萨时把最好吃的那部分留在比萨中心一样，日本企业把重要的工作内容留在国内，维持了国内的雇佣和技术积累，国内产业并没有"空洞化"（《日本激荡三十年：平成企业 1989—2019》第 111—112 页）。因此，在平成时代结束的时候，日本产业仍然拥有广泛的技术基础。

在伊丹敬之看来，日本是一个重视从属关系的国家，在危机频现的平成时代里，企业与雇佣和人事的基础没有发生太大变化。和其他国家不同，当危机到来时，日本企业的劳动分配率不降反涨，因为日本企业文化认为，企业既是股东的，也是从业人员的。作者把这种文化称为日本经营中的"人本主义"。它主张优先保证从业人员的稳定收入，使他们更加忠诚努力地工作，从而为企业和股东带来更大的利益。尽管在 2000 年左右出现了"公司是谁的"讨论，有人呼吁"向美国式成果主义以及市场型薪酬制度学习"，但是最终并没有被所有日本企业所采用。

展望未来，伊丹敬之仍然保持乐观。因为他认为，在平成的"疾风和激荡"中，日本企业的本质没有发生改变，依旧拥有不变的基础。这些基础让企业可以成为"劲草"，"日本企业从沉迷的谷底完美地恢复了"。他引用法国哲学家阿兰的名言"悲观主义是情绪的产物，乐观主义是意志的产物"结束了《日本激荡三十年：平成企业 1989—2019》这本书，也让读者对于日本这个以企业为基业的国家的未来产生了期待。

"当代人不修当代史"是中国的传统，因此我在初读"日本激荡三十年"丛书时，未免不抱着深刻的怀疑。结果我没有失望，在"五一"假期里，一口气读完了这部三册的巨著，也开始修正"当代人不修当代史"的成见。尽管当代人囿于认识局限和感情牵连，在写作身处其中的当代史时会产生各种问题，但是也不容否认，"当代人写当代史"自有其优势。就像"日本激荡三十年"丛书，不但"俯瞰大河东去"，对平成时代进行了宏观分析，而且对平成时代进行了近距离的生动描写，充满了后人难有的"激情"。因此，这是一部了解平成时代不可多得的好书。我作为日本历史的爱好者，不揣冒昧，写下这篇文章，既是记录个人的读书心得，也向读者朋友们热情推荐。

谨此为序。

马国川

《财经》杂志高级研究员、学者

译者序

本书名为《日本激荡三十年：平成企业1989—2019》，对于不太了解日本的中国读者来说，乍一看到这个名字可能会感到有些诧异。

日本至今依然采用年号纪年法，即采用在位天皇的年号来纪年。平成这个年号的使用从1989年开始到2019年结束，共计30年，该年号出自中国典籍《史记·五帝本纪》中的"内平外成"这句话。2019年4月30日，日本明仁天皇退位成为太上天皇，5月1日皇太子德仁即位，成为新天皇，日本正式启用新年号"令和"，2019年即令和元年。

本书的作者伊丹敬之先生现为日本国际大学校长、一桥大学名誉教授，是现代日本最具代表性的经营管理学者之一。他的多部专著被日本的大学长期作为经营学教科书。他不仅是一位专业学者，更有近十年任职日本著名企业外部董事的经历，亲身参与过企业高层战略的制定，并首先提出了享誉业界的企业战略三要素，即产品市场群、业务活动领域、经营资源群。在经营学领域创造了"超负荷发展战略"这一专有名词。

平成这30年也是伊丹敬之先生人生的黄金30年。30年间，伊丹敬之先生亲身经历了日本经济由盛到衰再到复苏的崎岖之路，所以，这本书也是一部他的同时代史。在本书中，他竭尽全力结合个人的人生经历从多个角度描述了平成年间日本企业经营的跌宕起伏，并向人们揭示了这一表象背后日本社会特有的文化本质及其对企业经营战略制定的影响。

本书使用了宏观及微观领域极其详细的经济数据，以时间为纵轴（平成时代每十年为一个单位），以视点为横轴（世界、技术、人与钱），分产业概述了日本的企业及其在震荡的平成年间的经营变化情况。在最后一个章节，作者综合了前述四个视角，对丰田汽车和日产汽车这两个对比鲜明且极具代表性的日本企业的30年经营史进行了描述，让人耳目一新，深受启发。

本书不仅在整体设计，还是在细节描述上，都给人一气呵成、严谨大气的感觉。作为日本具有代表性的经营管理学者，伊丹敬之先生不负众望。

虽然本人在日留学时就已听闻伊丹敬之先生的大名，回国授课时也选用了他的《经营学入门》这本经典教材，但在接到浙江人民出版社翻译此书的邀请时，对翻译其作品却也诚惶诚恐。翻译过程中得到了曾担任东风汽车股份有限公司总裁办公室秘书的蔡志勇先生的很多帮助，才使我能准确把握文中内容的细节，在此表示感谢。也感谢浙江人民出版社对我的信任，以及编辑老师在书稿翻译过程中给予的大力支持。

王 琰

2020 年 9 月

目 录

序　章　疾风知劲草 | 001

被称作平成元年的这一年 / 001

概观平成这三十年 / 003

平成年间，日本两次被"疾风"席卷 / 008

第一部分　平成时代的日本企业

第一章　泡沫经济破灭及金融危机（1989—1998 年）| 014

泡沫经济的盛宴 / 014

泡沫经济的破灭和苏联的解体发生在同一年 / 017

泡沫经济内需曲线呈"肿包状"，泡沫经济惯性带来人工成本上升 / 019

抑制设备投资使整个产业陷入困境 / 023

日本的自我怀疑和美国式资本主义的胜利 / 025

汇率的剧烈震荡令日本企业陷入困境 / 028

日本人看到了"妖怪" / 031

日本的金融崩溃还是来了 / 034

第二章　产业的彷徨、昙花一现的成长、美国次贷危机（1999—2008 年）　| 038

银行大重组 / 038

银企关系大变局 / 040

IT 泡沫破裂后日本电气产业被迫转移海外 / 041

政府向银行注资 / 044

公司是谁的 / 048

产业形态发生改变 / 051

看到了"妖怪"的真面目？ / 055

昙花一现的增长和走向次贷危机的扭曲步伐 / 058

第三章　从深渊中恢复（2009—2018 年）　| 062

"倒栽葱式"跌入悬崖 / 062

东日本大地震 / 066

日元汇率异常上升到历史最高值 / 067

电气机械产业的"战败" / 069

汽车产业牵引下的国际化 / 071

官方主导的企业经营者监督管理改革 / 075

经营者们无言的"违和感" / 078
稳定的雇佣与人工成本 / 080
重振精神：提高了自身实力的日本企业 / 084
日本企业在内忧外患的夹缝中积极前行 / 086

第二部分　世界、技术、人和钱的三十年

第四章　在美国和中国的夹缝中生存 | 090

国际秩序激烈变化的平成时代 / 090
为汇率变动所累的日本企业 / 093
海外生产是国内出口规模的 1.8 倍 / 097
从单一依赖美国转向美中均等 / 100
东盟地区，不可舍弃的重要存在 / 102
汽车产业压倒性的地位 / 105
"比萨型"国际化国家——日本 / 110
引起了多大程度的"空洞化" / 114
处在美国和中国的夹缝中 / 117

第五章　复杂性产业变为核心——产业构造的变化和技术 | 122

日本产业构造的变化 / 122
"复杂性产业化"是平成时代的关键词 / 126

支撑复杂性产业的技术 / 130

败在 IT 和互联网上的日本 / 134

互联网 IT 人才供给的稀缺 / 135

模拟集成式的化工和食品产业也很有趣 / 138

"日用品式"的生产和复杂性产业段的组合 / 141

广泛的技术基础及强有力的模拟集成和 IT 的强化 / 145

第六章 变化的表象，不变的基础：日本企业的雇佣和人事 | 150

回到原点的失业率和离职率 / 150

不同产业间的雇佣构成 / 154

危机到来时劳动分配率飞涨 / 157

劳动分配率和失业率的有趣关系 / 161

成果主义：市场型薪酬制的呼声 / 164

为何成果主义以及市场型薪酬制度难以发挥作用 / 167

非正规雇佣和待遇差别 / 170

重视从属关系的国家——日本 / 175

经营的制度、实施惯例 = 原理 × 环境 / 178

第七章 不断积累的自有资本 | 182

不断积累的自有资本 / 182

增加红利 / 184

没有增加的投资 / 188

海外并购的考验 / 192

来自资本市场的压力 / 197
股票市场到底是筹集资金的地方还是返还资金的地方 / 202
股票市场约束经营者的功能 / 207
净资产收益率和劳动分配率的逆联动 / 209
在这里依然是不变的基础 / 211

第八章　丰田和日产：平成时代两个企业的经营史 | 214

丰田和日产的这三十年 / 214
销售额与利润的变迁 / 217
日产的"戈恩革命" / 220
达到骇人程度的"斩断一切羁绊" / 223
丰田是"日本式经营最后的城寨" / 225
加速发展的丰田国际业务 / 228
"戈恩革命"的僵局 / 230
"U与V"，美国次贷危机后经营恢复的不同之处 / 233
丢掉国内将失去海外，丢掉海外也将失去国内 / 235
市场资金配置在不同区域的差异 / 238
"大政奉还"的丰田，戈恩二十年独角戏的日产 / 241
戈恩背负的艰难使命 / 243

终　章　日本的原理以及相信"无形之手"的存在 | 248

日本式经营原理中的人本主义 / 248
成长的动力 / 252

超负荷发展和"无形之手" / 255
美国次贷危机是预料之外的吗 / 258
平成三十年的这一年 / 260

后　记 | 263

序章　疾风知劲草

被称作平成元年的这一年

1989年1月7日，久卧病榻的昭和天皇驾崩，长达六十四年之久的"昭和"时代宣告结束。自1989年1月8日起，日本进入平成时代。

除了昭和天皇外，两位昭和时代的代表人物也在这一年相继离世。1989年4月27日，松下电器（Panasonic）创始人松下幸之助先生去世。6月24日，一直引领第二次世界大战后日本歌谣界的歌后——美空云雀女士也离开了这个世界。就在这一年的1月，美空云雀女士推出了风靡日本的最后一支个人单曲《川流不息》。被奉为"经营之神"的松下幸之助与被称为"昭和歌姬"的美空云雀相继逝去，让人们切身感受到了昭和时代的终结。

这一年，世界范围内还发生了许多预示着时代大变革的事件，昭和时代的结束只不过是其中的一件。一系列事件的发生，奏响了第二次世界大战后形成的冷战格局倒塌的前奏。这一年是平成元年。

这一年也是互联网时代拉开帷幕的一年。虽然连接电脑的通信网络——国家科学基金网络（NSFNet）最初诞生于美国的军事和学术领域，但直至1989年国家科学基金网络和民用网络相连接后，才成为真正意义上的互联网。日本企业亦不甘落后，首次成功地将可能成为互联网终端的手提电脑商品化。1989年6月，东芝公司在全球率先推出了手提电脑——DynaBook J-3100SS。

在国内经济方面，日本也发生了具有划时代意义的事件。1989年4月1日，日本首次启用3%的消费税制度。另外，东京证券交易所的日经平均指数也延续近年来的涨势，从1987年12月收盘的20 154点涨至1989年12月闭市收盘时的38 957点，这是日经平均指数的历史最高点，截至2018年一直未被超越。当然，这一年日本土地价格依然持续着涨势。平成元年，日本经济达到了泡沫经济的巅峰。

日本企业任由"资本逐利"。1989年，日本企业在美国的收购行为成为当年最大的谈资。索尼公司于1989年9月27日宣布收购好莱坞哥伦比亚电影公司。10月31日，三菱地产又宣布收购位于纽约市中心的洛克菲勒中心大厦。哥伦比亚电影公司出品的所有电影作品的第一个画面都是位于纽约的自由女神像。另外，每年圣诞节，洛克菲勒中心大厦的中庭大厅便会展示用爱达荷州的冷杉制成的巨大的圣诞树并通过电视向全美国转播，成为美国冬天的一道风景线。日本企业在美国的这两起并购案的意义已远远超越了经济行为本身，因此，某种意义上可以说，日本企业收购了自由女神像和美国人的圣诞树

（这两种意象是美国人生活的代表）。这两件既在美国引起强烈反响，又使美国人相当反感的事情仿佛就发生在昨日，令人记忆犹新。可以说，那时的日本企业已经昏了头脑。此后，三菱地产因经营不善导致巨额亏损，后将洛克菲勒中心半价卖出；索尼公司亦因哥伦比亚电影公司并购案而导致公司财务损失惨重。

平成时代，日本企业的经营业绩大多在平成元年达到顶点，此后日本企业便走上了漫长且动荡的没落之路。东京证券交易所的日经平均指数在1990年1月开市首日不久便开始下跌就是最好的证明。开市首日，日经平均指数从上一年闭市日的历史最高点的38 957点到开市首日下探至38 705点，大约跌了252点，看似不算太大的跌幅却预示着暴跌的到来。1990年二三月间，日经指数持续暴跌，3月23日，日经指数下探至29 850点，短短三个月就下跌了近10 000点，跌幅近25%。

漫长且混乱的泡沫破裂之路就此拉开了序幕。尽管仍在上升的土地价格与暴跌的股市之间还存在着短暂错位，但这场泡沫经济盛宴之后的宿醉之痛已悄然显现。

概观平成这三十年

本书试图从两个角度概述日本的企业及其经营在极具震荡的平成时代的状况。

在第一部分，我们从时间上将这三十年分为三个十年，沿着时间线，从各种各样的角度出发来描述日本企业的全貌。接下来的第二部分，我们将着眼于处于世界中的日本企业、技术与产业构造、对人的经营管理、对财务的经营管理四个视角所形成的领域，横向从这四个视角来描述平成这三十年内企业的经营状况，每一个视角即为一章。在第八章，我们将综合上述四个视角的内容，对丰田汽车和日产汽车这两个对比鲜明的企业的平成时代经营史进行描述。

在沿纵横两条线详细阐述之前，序章将从宏观经济、企业的经营效率、企业的财务构造三个方面，全面概述平成这三十年日本经济与日本企业的状况。

为了便于读者了解日本宏观经济的大动向与走势，我们制作了图1。从此图中可以看出，历年来日本的实际经济增长率在以相当大的振幅反复急速振荡。平成年间，日本的实际经济增长率的最高值为1989年的5.4%，最低值为2009年的-5.4%，二者相差近11%。此外还可以发现，两年连续负增长的时期共有两次，1998—1999年和2008—2009年。这两次笼罩着整个日本的危机，第一次是日本金融崩溃的危机，第二次是美国次贷危机（本书所指的次贷危机以具有次贷危机中最具象征意义的雷曼兄弟公司破产的时间为节点）。当然，金融崩溃是泡沫经济破灭后的产物，所以在此把危机发生的年份作为分水岭，将第一部分的内容分为三个章节来介绍。

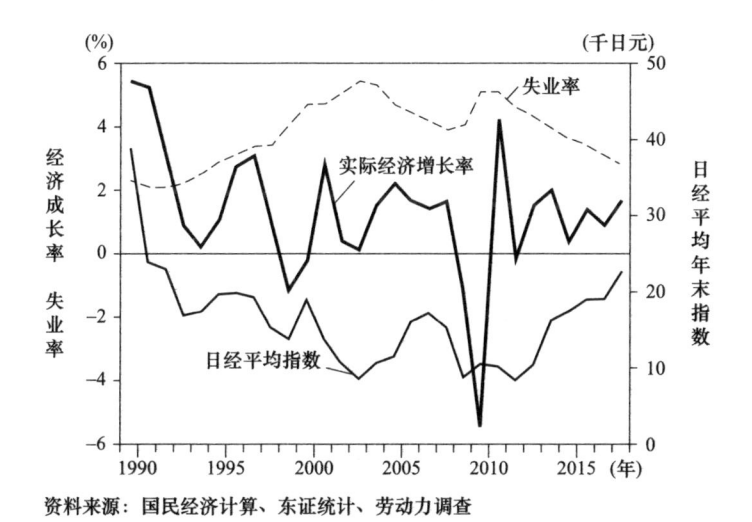

图 1　宏观经济动向

资料来源：国民经济计算、东证统计、劳动力调查

在图 1 中还可以看出，失业率的走势和股市的走势大致是呈反方向的。失业率上升则日经平均指数下降，失业率下降则日经平均指数上升。比起经济增长率，失业率更能反映一个国家真实的经济状况，只是股市的变动要比失业率的数据变化来得快一些。这一点应该可以理解，因为复杂的离职手续某种程度上会延迟失业率数据的体现。另外，图中还显示，日本宏观经济在 2011 年左右探底后，几乎连续八年持续恢复，失业率逐渐下降，日经平均指数也不断攀升，2017 年日本的失业率几乎恢复到了泡沫经济时期的低水平。在 2011 年后的八年时间里，尽管每年的经济增长率并不是太高，但这足以证明经历了美国次贷危机后，处在最低谷的日本经济已经顺利地步入了上升轨道。

图 2 中，两个事关企业经营效率的指标走势，清晰地反映了日本经济在美国次贷危机后良好的恢复状况。所有日本法人企业（上市

企业及中小企业，但不包含金融业和保险业）的营业利润率和劳动生产力（人均产出附加价值）都在2008年探底后得到了持续改善。值得一提的是，日本法人企业的劳动生产力和营业利润率分别在2010年、2013年超越了泡沫经济鼎盛期（即1989年）。到2017年，这两个指标的数字已远远超越了泡沫经济时期的高点。特别是劳动生产力在这三十年间的变化，象征着日本企业的纷乱与复兴。图中的数据在泡沫经济破灭后相当低迷，尽管此后由于日本金融崩溃的影响再次陷入低迷，但在美国次贷危机到来前的一段时期则总体向好。随着美国次贷危机的到来，日本法人企业的劳动生产率再次迅速大幅跌落，但此后相当长的一段时期里，则以过去从未有过的速度向上攀升。日本法人企业的营业利润率的变化轨迹和实际劳动生产力的变化轨迹如出一辙，特别是美国次贷危机后的上升轨迹宛如危机到来之前的趋势，反而使得全体日本企业为之一振，变得"精神抖擞"。效率如此持续提升，仿佛将泡沫经济破灭后长期的混乱局面一吹而散。

资料来源：法人企业统计

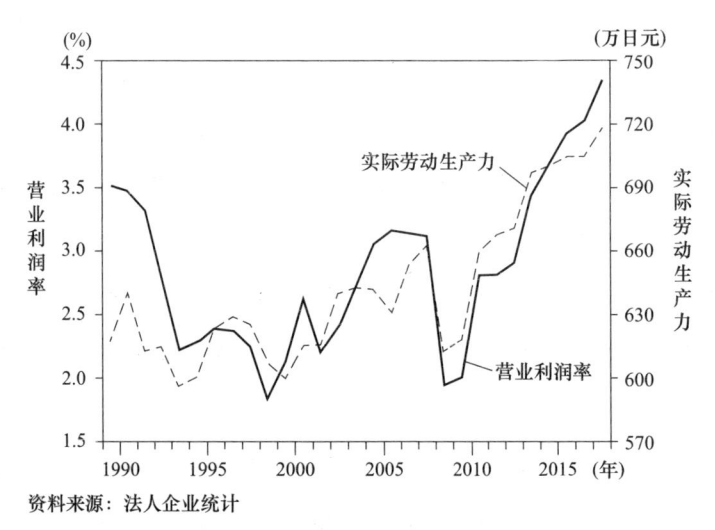

图2 营业利润率和劳动生产力

本书中所用的企业数据大多出自日本财务省（2001年日本中央政府机构改革前为大藏省）的法人企业统计调查数据。这个统计调查的数据令人惊叹地几乎覆盖了所有日本大型企业，尽管针对中小企业采用的是抽样调查方式，抽样数却相当大，要求填报的数据涵盖了从人工费用到附加价值等几乎所有数据。一般来说，由于存在人工费用、附加价值等项目数据，很难从企业的财务报表上获得，财务省的这份调查数据意义重大。

图3是通过净资产收益率（Return on Equity，简称"ROE"）反映经常性净利润率走势的图表。图片显示，股东最为注重的盈利指标净资产收益率在美国次贷危机后得到快速恢复，但和泡沫经济的鼎盛时期相比还有些许差距。在日本金融崩溃和2001年的美国IT泡沫破裂后至次贷危机到来前的这一段时间里，日本净资产收益率的恢复状况良好。1998年日本金融崩溃后，日本企业自有资本比率的直线上升大概是净资产收益率恢复状况良好的原因之一。

日本企业的自有资本比率变化显著。在1998年以前，日本企业的自有资本比率基本稳定在19%的水平，并在1999年后的近二十年时间里保持了持续上升的态势。1999年，日本正处在金融危机中，银行突然变得不能依赖了，日本企业立即开始了增加自有资本的自救行为，其结果便是2017年日本企业整体的自有资本比率达到了41.7%。这个水准意味着日本企业的财务构成相当保守，保守到已经让人们不得不考虑是否应该改变现状了。

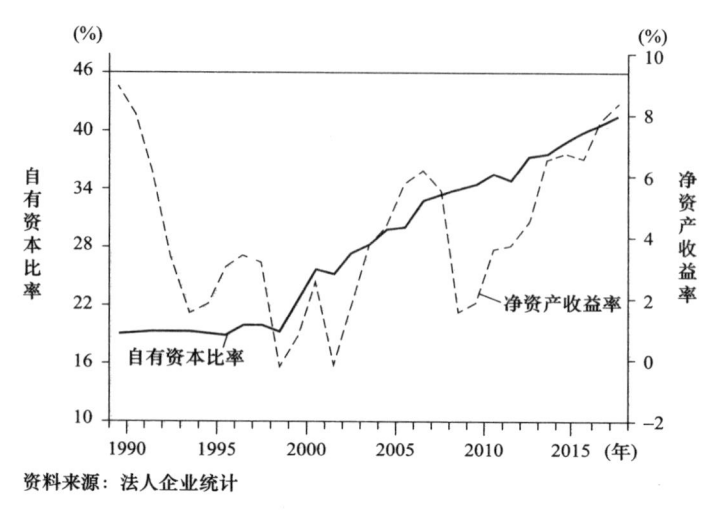

图3 自有资本比率和净资产收益率

资料来源：法人企业统计

平成年间，日本两次被"疾风"席卷

考虑到平成年间经济反复动荡，选择如此保守的财务构成也并非完全不能理解。在这三十年中，日本企业经历了两次由危机所带来的混乱局面，两次堪称被"疾风"席卷般的巨大危机。

第一次"疾风"从1991年泡沫经济破灭开始吹起，一直持续到1998年日本金融崩溃，猛烈且漫长，本书第一章将讲述泡沫经济的破灭带来的严重后果。正如图3所示，在1998年和2001年，日本全部法人企业的当期利润基准均为赤字，但在2001年前后，处理泡沫经济遗留问题的各种政策陆续出台后（将在第二章中讲述），一直到美国次贷危机到来前的这段时间里，日本企业的经营状况得到了快速恢复，这一点从经常性净利润率、劳动生产力以及净资产收益率中都可以得到证明。2008年9月，由美国爆发的次贷危机席卷全世界。比起其他国家或地区，日本企业蒙受了更大的损失，其中缘由将会在第三章中分析。用"断崖式"这个词可以贴切地描绘日本企业在此次经营沦陷中的状况。所幸此次"疾风"持续的时间比较短，但猛烈程度超乎想象，就像在第三章中可以看到的那样，这一时期所有的经济指标数据都急转直下。

尽管受到如此强烈的"疾风"袭扰，"疾风"过后，日本企业却完美复活。正如之前提到过的，经历了暴风雨洗礼的日本企业反而为之一振，变得"精神抖擞"，一扫之前的低迷。直至2018年，日本企业经营状况迅速并持续地恢复，相应数据屡创新高。2017年的财务决算及2018年的年中决算显示，日本有相当一部分的上市企业收益创下历史新高。这八年可称之为日本企业开始发挥真正实力的时期。

两次"疾风"的产生皆是以"钱"为引爆点，日本的实体经济因此陷入混乱。第一次"疾风"尽管表面上看源自泡沫经济的破灭，但把泡沫吹大的却是日本的银行在国内的过度融资行为，这种过度融资的形成原因将会在第一章中加以解释。由过度融资产生的大量"热钱"转入投机行业，最终形成了泡沫经济，泡沫破裂引发了难以想象的强大冲击力。

第二次"疾风"的起因源自美国的次级抵押贷款，即住房贷款过度扩张而引发的危机。房贷债权证券化进而演变为金融衍生产品，助长了美国国内不良贷款的扩散。金融商品化的结果殃及了欧洲的银行，最终形成了全球性的金融风暴。此间详情会在第二章的内容中触及，这也是由金融机构的过度融资行为化作引爆点而导致的一场"疾风"。

对于日本来说，非常不幸的是，在两次"疾风"致使经济和企业陷入极度混乱的大约两年半后，又出现了袭扰全球的大灾害。在1998年金融崩溃两年零九个月后的2001年9月，美国纽约发生了震惊世界的"9·11"恐怖袭击事件，整个世界的形势为之一变。2008年美国次贷危机两年半后的2011年3月，东日本发生大地震，整个日本社会陷入极度混乱。这使得日本企业在受到经济风暴影响的同时，又经受了与经济风暴并无直接关系的连环打击，并且这样的打击以三年或七年的间隔不断出现。此外，进入平成时代后，日本企业相比其他国家或地区的企业，还经历了动荡的日元汇率异常变动期，周期性地受到日元升值、贬值的影响。可以说，处于平成时代的日本企业经历了各种各样意想不到的动荡。

我们权且把这两次激烈的动荡称为"疾风"，也可以把这个时期的状况形容为"疾风知劲草"。这句话出自中国的《东观汉记·王霸传》，是东汉光武帝刘秀用来评价王霸将军的一句话。这句话的意思是说，就像在猛烈的大风中只有坚韧的草才不会被吹倒那样，只有经过严峻的考验，一个人才能够显出他的才华与节操的卓越与坚贞。日本的企业遭遇两次"疾风"的劲吹，也可说从那时起才逐渐看出"劲草"般的坚韧。本书讲述的就是何为"劲草"。如果用一句话来概括，就是由于日本企业或者说日本式的经营基础异常坚固，从而诞生了拥有强大经营实力的日本企业。

经营基础的坚固度是指包括对人、财务以及技术的经营管理的基本思维方式的牢固程度，即日本的企业拥有着从未改变过的经营管理基础。从美国次贷危机开始算起，日本企业整整花费了将近十年时间不断恢复、不断优化的经营成果，正是它们自身真正实力的体现。在第八章，将着重描述拥有强大经营基础及成果的日本企业的代表——丰田公司。当然，在其他领域也同样存在着各种各样强大的日本企业。

这个观点当然也受到不同方面的批评。比如在判明"劲草"与否这个问题上，由于泡沫经济破灭后耗费了太长的时间，一些企业是不是"劲草"还犹未可知，再比如"劲草"的数量是否太少？当我们回首整个平成时代时，就谁是"劲草"、谁是"弱草"的问题进行辩论，并不是一件有意义的事。平成的"劲草"是何种模样？"疾风"又是如何"孕育"了它？我们想通过对这些内容的描述，引发大家对日本企业该如何面对新时代的思考，这也是本书的基本目的。

第一部分 平成时代的日本企业

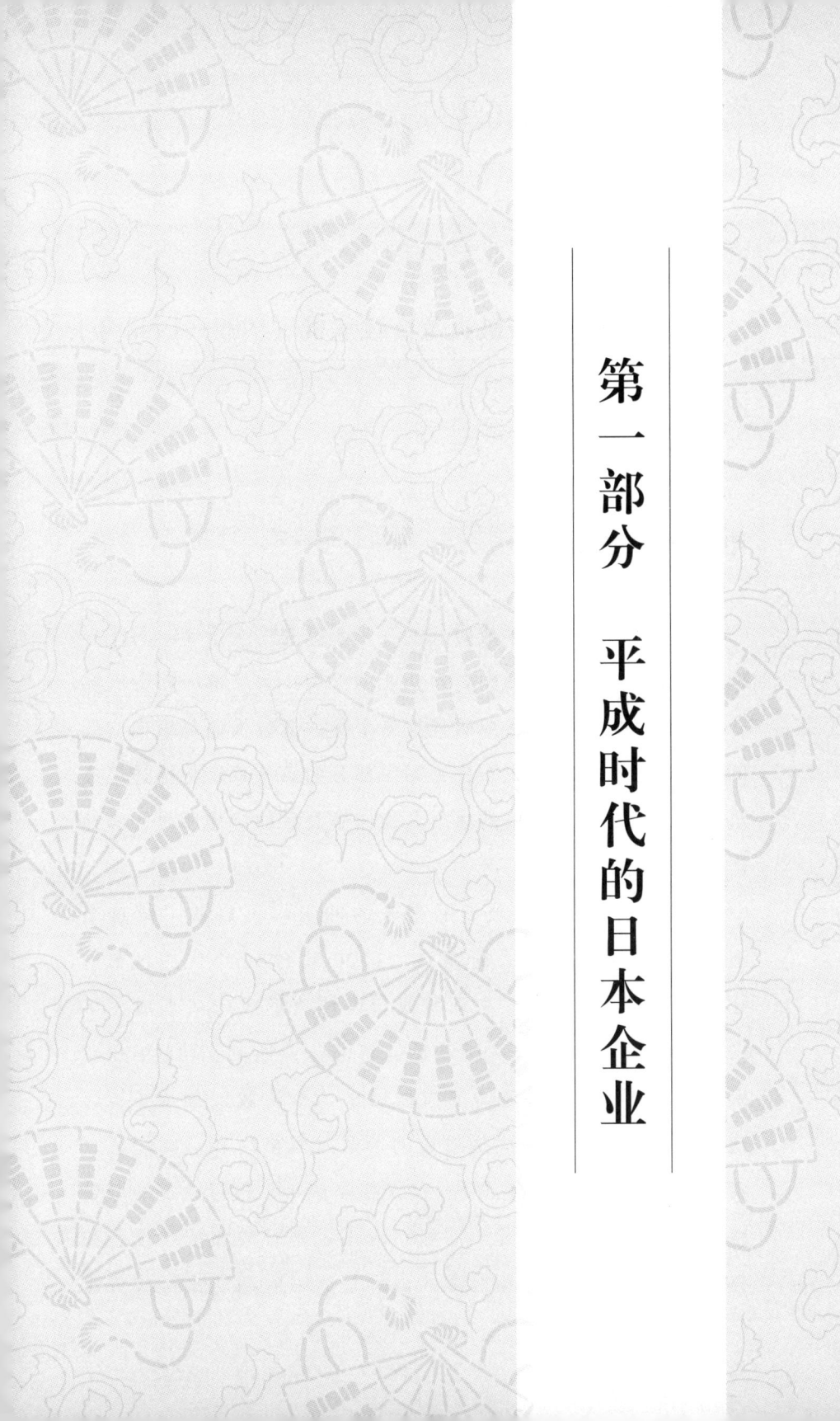

第一章 泡沫经济破灭及金融危机（1989—1998年）

泡沫经济的盛宴

本书第一部分将平成时代的三十年分为三个十年，每十年构成一章，描述这一期间日本企业的面貌。第二部分将分五章从四个视角完整描述平成时代这三十年。通过横向与纵向交织的方法来回首这段历史。作为第一部分的第一章，将描述平成第一个十年被泡沫经济的盛宴及泡沫破裂后的惨痛所愚弄和冲击的日本企业。

要切身感受泡沫破裂后带来的冲击，可以从了解这个泡沫的巨大程度入手。通常认为，20世纪80年代的日本泡沫经济是从1986年左右开始或者说加速形成，在平成元年（1989）达到顶峰的。所以我们将泡沫开始的1985年和鼎盛期的1989年的四项经济指标做了一个比较，如表1-1。泡沫经济是银行过度放贷造成的，通过表格内容，我们可以看出放贷增量的惊人速度——仅仅相隔四年，银行放贷的增量就达到了140万亿日元。一般情况下，银行的放贷增量是和整个经济的增长情况相匹配的，可是这一时期的银行放贷速度远远超过了国内生产总值的增速。1985年，放贷额和国内生产总值的比率还是84%，到了1989年，这一比率上升为103%，放贷总额超过了当年国内生产总值，这意味着银行出现了超出维持正常经济运行的放贷行为。如果1989年的放贷额和国内生产总值的比率维持在84%的话，那么这一年的放贷总额应为336万亿日元，所以在1989年就已经有可能积累了约75万亿日元的过度贷款，其结果是这些贷款最后几乎都沦为不良贷款。

表1-1　泡沫经济的巨大规模

年份	银行放款余额（万亿日元）	日经平均指数（年底最终值）（日元）	公告地价平均值（万日元/坪）	家用轿车新车登记台数（万台）
1985	267.8	13.113	57.7	310.4
1989	410.6	38.915	190.1	440.4
增涨倍率	1.53	2.97	3.29	1.42

*1坪等于3.3057平方米。
资料来源：日本银行经济统计、依据汽车工业协会统计等数据

日本贸易顺差是银行过度放贷的背景，也就是说出现了由海外向日本国内的金钱流入。日本贸易顺差的累积开始于1981年，在此之前日本国内生产总值的增长并无贸易顺差累积方面的财源支持，资金循环的体系也是建立在此基础之上的。然而，当贸易顺差累积这个新生事物出现后，日本的金融体系必须要对此做出应对，这就是日本的银行迅速增加放贷的主要原因，金融体系的这种处理方式直接导致了日本国内的过度放贷。

无论是何原因，如此体量的货币一旦由银行向日本经济输出，必然使这部分资金转入资产购买，造成资产价格的激烈上升，也就是投机。日经平均指数的上升和公示平均地价的上升就证明了这一点。从1985年至1989年，仅四年时间，这两个指标均暴涨了三倍左右。资产价格四年涨三倍也体现了日本资产泡沫的巨大程度。但这一切并没有单单停留在资产价格的上升上，实体经济的内需也被泡沫的盛况鼓噪起来了，可以说是对泡沫的幻想催生了内需增长，这种现象出现在各行各业，尤其是钢铁产业和电子器械产业。以家用轿车的销量台数为例，1979年至1985年的六年时间里，日本每年的轿车销售都保持在300万台左右，而从1986年开始突然以每年30万台的增量示人，就连汽车厂家也感到震惊！被内需扩大所支撑的平成元年的日本经济和日本企业的情况自然是良好的。这一年，日本的经济增长率为5.4%，失业率为2.1%，日本企业利润率中的营业利润率为3.5%，净资产收益率为8.9%，所有的经济指标几乎都是平成这三十年时间里的鼎盛值，经济增长率和净资产收益率也是平成这三十年中的最高值。就失业率来说，1990年为2.0%（平成年间的最低值），1989年的2.1%也几乎与该数值接近。只有2014年的营业利润率超越了1989年的数值，但在此之前的数年间这一数值一直低于1989年。

这场泡沫并没有持续多久便迎来了破裂。1990年，股票价格首先开始暴跌，并于1991年加快了下跌的步伐，当年12月底下探至22 250点，与两年前相比下跌了42%。土地价格尽管在1990年延续了涨势，但在1991年达到顶峰241.4万日元每平方米后便拉开了暴跌的序幕。大家普遍认为，1991年正是泡沫经济破灭之年。

泡沫经济的破灭和苏联的解体发生在同一年

导致泡沫经济开始破灭一个很大的契机是，日本大藏省（现财务省）及日本央行担心1989年以前狂乱的土地价格及其导致的巨大的融资膨胀而出台金融紧缩政策和不动产融资管制政策。1989年5月至1990年8月，日本央行连续五次加息，将再贴现率由2.5%上调至6%，这是相当激进的金融紧缩政策。1990年3月，大藏省银行局面向全国所有金融机构发布了《不动产融资总量规制》的通知，其目的就是为了遏制人尽皆知的与不动产相关的过激投机行为，控制银行对不动产的贷款规模。以建筑行业等与不动产相关联的交易迅速紧缩为开端，土地价格从大城市的中心地段开始下跌。据说在此后的两年，各种各样的法人企业在大都市中心地段的土地销售规模下降了一半。

《不动产融资总量规制》是一个只针对日本金融机构融资方面的规制政策，不属于银行及同类金融机构序列的住宅专门融资机构没有成为本次规制的对象，理由是为了保护住宅专门融资机构的利益，因为住宅专门融资机构的主营业务——住房贷款市场已经被大型银行"侵蚀"得所剩无几了。需要指出的是，实际上大多数的住宅专门融资公司都是由大型银行出资设立的，结果使住宅专门融资机构成为一个规制漏洞。随着该项政策的出台，经由住宅专门融资机构流向市场的不动产相关融资的规模突然扩大，当然这之中也包含了大量非住房性融资。此番操作使得泡沫经济破灭后，住宅专门融资机构仍旧产生了巨额不良贷款。日本国会曾围绕着这些不良贷款的处理方法引起过混乱，这也成为日本日后处理泡沫经济遗留问题滞后的一个原因。

正因为存在着住宅专门融资机构这样的漏洞，日本整体的土地价格（公示地价平均价）在1990年和1991年仍连续两年延续了之前的上升态势，1991年的241.4万日元每平方米成为历史高点。2018年的土地价格是70万日元每平方米，现在来看，那时的土地价格真是如梦般的天价。1990年和1991年这两年股票价格大幅下跌，只有土地价格持续上升，这就在资产价格领域产生了明显的扭曲现象。

但是《不动产融资总量规制》的作用很快见效，土地价格开始迅速下跌，从1992年的215.1万日元每平方米降到了1994年的127.5万日元每平方米。此外，股票价格继续下跌，1992年和1993年这两年的东京证券交易所日经平均指数的年中低点分别为14 000点和15 000点以内的水平，和泡沫经济鼎盛期相比几乎下跌了六成。

土地价格和股票价格的大幅下跌致使贷款人从银行贷款时所提供的担保资产也大幅贬值，随之而来的是由于担保不足而产生的大量的不良贷款。当初抱着土地价格只涨不跌幻想而投向不动产领域的融资血本无归，而非投机性的个人及企业贷款也因土地和股票的担保不足而变为不良贷款。

日本泡沫经济的破灭之势在1991年逐渐显现出来，同年，国际大环境也发生了巨大改变。1991年12月，苏联戈尔巴乔夫总统通过电视宣布苏联解体。日本泡沫经济的破灭和苏联的解体并无因果关系，这却使日本面临着国内外形势同时激荡的局面。

1989年12月，美苏举行马耳他非正式会晤，宣布冷战的结束。从世界和平的角度来看，冷战的结束的确值得欢迎，但这也同时向全世界传达了苏联业已衰弱的信息。

在波斯湾地区也发生了一件由冷战结束导致的事件。1990年8月，由伊拉克共和国卫队突然进攻科威特，随即，海湾战争爆发。此地区的纷争在苏联强大的时代是难以想象的，这表明国际安全环境已悄然发生了变化。1991年，以美国为首的多国部队终结了这场战争，但发生在波斯湾这个世界最大产油区域的军事冲突，导致1990年的国际原油价格比前一年上涨了两成，这也为日本经济增添负担。

三重负担同时叠加致使日本的经济增长率由1991年的3.4%急速下降到1992年的0.9%和1993年的0.2%。

泡沫经济内需曲线呈"肿包状"，泡沫经济惯性带来人工成本上升

泡沫经济破灭后的影响理所当然地压在了日本企业的身上。尽管当时的借贷难度还比不上之后的日本金融崩溃时期，但内需的减少才是日本真正的痛处。经济增长率几乎接近于零

就是内需减少最好的证明,这也是泡沫经济带来的反作用。在泡沫经济时期,各个市场都充斥着超前消费的现象,这种超前消费行为将日本未来数年的国内需求提前消费掉了。

前文提到过的泡沫时期家用轿车的销售增长,就是一种使消费群体提前消费的现象。1986年至1991年的这段泡沫经济鼎盛时期,日本各行各业的国内需求都高于原本的需求曲线,而泡沫破裂后又均低于原本的需求曲线。也就是说,日本国内需求在泡沫时期如肿包般膨胀的现象,无论是在汽车产业还是电子器械产业、钢铁产业都很普遍。

以汽车产业为例,正如前文介绍过的,家用轿车的销售量从1986年开始急剧增加,从1988年起销售增量更加扩大,直至1990年终于达到了510万台的历史高点。然而1991年至1993年的三年时间里则以年均30万台左右的幅度持续下跌,1993年的新车销售量为420万台,如果用原来的需求曲线来推测1993年销售数字的话,将会出现相当大的偏差。也就是说,在泡沫期需求线会出现高于趋势预计线向上攀升的上坡曲线,而在泡沫破裂后出现了低于趋势预计线的下坡曲线。这样在泡沫经济时期需求线表上形成了向上鼓起的"肿包状"。

与此类似的国内需求"肿包状"的现象也存在于其他行业。为解决内需减少的问题,不管是汽车产业,还是其他产业,都试图将扩大出口当作首选。日本的出口贸易总额在1989年为37.8万亿日元,1992年增加到了43.0万亿日元。从某种意义上来说,出口政策取得了一定的成效,但1993年的出口贸易额又出现减少态势。考虑到这个时期日元升值的背景，出口贸易额的增加显得尤其不可思议。平成年间，日元兑美元汇率最低值（月平均）为1990年4月的158.5日元（此后也从未被突破），泡沫经济破灭后日元汇率一直保持升值态势，到1993年8月，日元兑美元汇率上升至103.7日元，升幅达到35%。日本的出口贸易规模就是在这样的日元升值压力下扩大的。

尽管如此，出口贸易额增加的同时，日本国内的需求却在大幅下降，所以总需求难以扩大。这种形势给日本企业的收益带来了不小的负面影响，就连日本产业的代表——汽车产业也没能例外。不管是丰田汽车还是日产汽车，1989年的销售及利润都表现良好，1990年后经营状况便急剧恶化。特别是经营体系和营销力相对较弱的日产汽车，1992年的经营业绩转为稍许赤字，1993年赤字便达到了1 441亿日元。丰田汽车虽然收益确实在下降，但1993年还确保了1 362亿日元的营业利润。本书第八章将会详细比较丰田汽车和日产汽车的经营状况。

整个日本法人企业在1990年的营业利润总额为49.6万亿日元，1993年降至32万亿日元，减少了近18万亿日元（尽管如此，1993年的利润率仍为2.8%）。其减少的主要原因在于人工成本的增加速度远远高于销售规模的增加速度。仅仅四年时间，日本企业的年人工成本费用就增加了30万亿日元（从1990年的166万亿升至1993年的197万亿），而这四年的年销售额只增加了56.5万亿日元，所以销售额人工费比率从1990年的11.6%升至1993年的13.7%。日本在泡沫经济破灭后仍延续了积极的设备投资政策，由此每年又多产生了设备投资折旧负担6万亿日元（折旧费总额从34万亿增加至40万亿），加上人工成本的负担增加，共计36万亿日元，这两项负担全部压在了泡沫破裂后的日本企业身上。这些负担的增加，也许就是日本企业在泡沫经济的惯性下做出轻率经营判断后所结出的苦果吧。

就人工成本而言，泡沫经济破灭后的工资上涨大大违反了薪酬上涨原则。工资（人均人工成本费）的上涨要与劳动生产率（人均产出附加价值）的提升相匹配，这才是决定工资水平的基本原则，但是1991年后日本企业的工资上涨已远远偏离了这一原则。1991年，劳动生产率下降了1.4%，工资却上涨了0.6%。1992年和1993年的表现则更加异常。1992年，劳动生产率只上升了2%，工资却上涨了5.5%；1993年，在劳动生产率下降了2.5%的情况下，工资反而上涨了1.2%。如此违反原则的工资上涨能够持续三年，大概缘于泡沫经济时期工资大幅增涨的惯性吧。尽管泡沫破灭的1991年工资的上涨控制在了0.6%，可是1990年的工资上涨幅度为5.9%（当年劳动生产率上升为6.4%），这种工资上涨的幅度已成为泡沫经济时期的共识。所以1991年的工资上涨急刹车，对于劳资双方来说，可能都是一件"不相宜之事"。1992年，工资上涨幅度远远超过了劳动生产率的上升幅度，这也许是对前一年的一种补偿，但这又直接导致了1993年工资逆势上涨。不过，此后日本企业基本没有再发生过如此偏离原则的工资上涨

"事件"了。

抑制设备投资使整个产业陷入困境

设备投资也有相当一部分沿袭了泡沫时期的惯性做法，或者说是没有能够阻止原投资计划的实施。整个日本法人企业在泡沫经济破灭后的设备投资，在一段时间里还在继续增加。

设备投资额从1990年的57万亿日元增加到1991年的64万亿日元，1992年也维持在较高水准（57万亿日元），1993年才终于减少到46万亿日元。由于这种惰性设备投资的过失，致使日本企业每年增加6万亿日元的设备投资折旧费。1993年成为2017年以前设备投资额最高的一年，此后在将近二十五年的时间里一直在抑制设备投资。如果从企业成长动力的角度来看，这样的做法可以说是受"一朝被蛇咬，十年怕井绳"的心理阴影影响，继而又导致了投资不足现象的发生。这一时期的过度投资行为对于日本企业来说是一次惨痛的教训，关于投资不足的问题将会在第七章再做分析。

泡沫经济破灭后，在大多数日本企业还在延续惯性的设备投资时，有的产业已敏感地嗅出了世事的变化，开始严格抑制设备投资，但这又恰恰成为使整个产业陷入困境的原因。20世纪80年代曾被高度评价，拥有极强国际竞争力的日本半导体产业就是最好的例证。

日本的半导体产业在1990年占全球市场的49%。日本电器在全球市场占有率居于第一，第二名是东芝，第四名是日立，世界前五名当中就有三家日本企业，特别是在存储器领域，日本企业的实力更是绝对的世界第一。日后撼动日本半导体产业世界优势地位的是依靠积极于设备投资的韩国三星电子（简称"三星"）。1992年，进入半导体产业仅九年的三星在动态存取存储器等电脑大量使用的存储器领域，成为市场占有率第一的公司。在此之前，动态存取存储器市场占有率首位的是东芝。到1998年，韩国整体的市场占有率超越日本，成为世界第一。

1990年前后，与日本半导体企业采取的消极设备投资战略不同，三星采取了积极的设备投资政策，这就是两国在半导体领域发生形势逆转的诱因。日本企业对设备投资的消极态度有两大原因。

一个原因是1986年日美间签订的《日美半导体协议》。《日美半导体协议》是美国为了抑制如日中天的日本半导体产业而提出的政策性要求，这导致泡沫经济时期的存储器市场实质上受到带有官方性质的企业联盟的操控。日本企业被迫调整生产计划，同时也获得了巨大的利益。因此，日本的半导体企业基本不愿冒着打破业界协调关系的风险而进行积极的设备投资。

另一个重要原因是泡沫经济破灭后，金融信贷收紧。日本的半导体企业大多是在电子工程学领域多元化经营的综合电子制造企业，对他们来说，泡沫经济破灭意味着其他经营领域面临着严苛的发展环境，其他行业面向半导体的投资明显减少。而泡沫经济破灭后的借贷困难更使得企业在资金筹措方面变得艰难，也让企业在向半导体领域投资时变得犹豫不决。

持续稳定的设备投资才是半导体产业的企业生命线。因此，自1992年以来一直采取积极投资战略的三星跃升为动态存取存储器（DRAM）世界第一。紧接着，三星又乘势向原本只有日本企业才有竞争力的高端动态存取存储器（16G）产品发起了攻击，并在20世纪90年代后期超越日本。对《日美半导体协议》的依赖以及设备投资资金的紧缺，成为日韩在半导体领域形势发生逆转的主要原因，这是谁也没有想到的。

1991年，第二次世界大战后的日本企业界的代表人物之一，本田技研工业的创始人本田宗一郎逝世。向来以积极投资著称的他，看到日本企业在这段时期经营态势的巨变不知会做何感想。昭和时代已渐行渐远。

日本的自我怀疑和美国式资本主义的胜利

泡沫经济的迅速膨胀和破灭所带来的混乱使得日本人对日本经济和日本企业的生存状态产生了怀疑。人们疑惑，日本的经济和经营结构到底是哪里出现了缺陷才导致如此愚蠢的事情发生呢？众多的人感觉不到生活的富足，没日没夜、无比努力的辛勤劳作却没有换来应有的回报，奇高的地价让拥有一个家的梦想遥不可及。这些年我们都做了些什么？某保险公司的社长甚至在杂志上发出了这样的感叹："要我如何告诉在战争中死去的朋友们，我们建设了一个怎样的日本才好呢？难道让我说，我们建设了一个哪怕你再努力工作，最终也买不起一个

'家'的日本吗？"这句话给我留下了很深的印象。

在日本还处于泡沫经济鼎盛期时，美国就已经向日本及世界多国抛出了"日本异质论"，认为日本的政治、经济、文化等系统异于世界当下的普适标准，也就是关于日本应该遵循世界标准进行结构改革的议论。一个典型的事例就是1989年9月开始商议的日美两国政府间的《日美结构性障碍协议》（又译为《日美结构性障碍倡议》），英文名称是Structural Impediments Initiative。这是美国政府为了限制日本的出口，让美国企业可以更轻易地进入日本市场而进行的政府间交涉，美国为此抛出的论据就是"日本异质论"。不仅是"日本异质论"，这个时期日本国内还连续发生了仿佛要将日本推向自我怀疑深渊的金融丑闻。主要事件有：

1990年10月，住友银行行长因非法融资引咎辞职；1991年6月，判明四大证券公司赤字补贴，野村和日兴证券向稻川会提供资金；1991年7月，富士银行非法融资被揭发；1991年8月，日本兴业银行向大阪酒店女老板提供非法巨额融资被揭发。

本应以信用为根本的银行却被发现与黑恶势力勾结，做着非法融资的营生。这些丑闻一经披露立刻给日本社会带来了强烈的冲击。人们不禁疑惑，到底是哪里的制度出了问题，才让一切都变得充满铜臭味，难道正直的人没有处在领导岗位上吗？

海湾战争结束那一年（1991年）的8月，虽然苏联保守派发动的军事政变未能成功，但当年12月苏联即宣告解体。这距离"柏林墙"的倒塌仅仅过去了两年时间,第二次世界大战后世界的东西方对立和安全保障的结构发生了根本性变化。苏联的解体对于日本来说有两个意义。第一,日本的安全保障环境发生了根本性的改变。换言之,对美国而言,作为防御苏联最前沿的日本的价值大打折扣,美国作为日本安全保障之盾存续下去的可能性也将变小。假如出现这样的状况,日本将面临自身的安全保障何去何从的棘手问题,日本的安全保障环境变得越发不透明。第二,苏联的解体是所谓"美国式资本主义的胜利"的体现,这种观点迅速在全球散播,世界格局变得简单清晰。

就在世界格局如此变化时,日本出现了因泡沫经济的破灭而开始怀疑自身结构的问题,所以"美国式资本主义的胜利"这样的口号对于众多的日本人来说显得尤为响亮。如果不按照美国式资本主义的道路走下去的话,也许就不能将国家的经济打理得井井有条,那怎么还能让我们成为世界大家庭的一员呢?这些模糊的不安感在日本社会渐渐蔓延。从1992年起,由企业股东提起的关于如何有效对企业经营者进行监管的各种议论在新闻媒体上大量出现,也就是在这个时期,美国的机构投资者对日本企业的经营要求变得多了起来。

"日本异质论"的论调在"美国式资本主义的胜利"的背景下变得更具杀伤力,同时也成了美国政府向日本的经济政策提出各种要求时的有力说辞。在此之前,有关贸易摩擦的日美间磋商,偶尔还会出现美国最终稍稍让步的情况。这也许是受美国国防部的影响,毕竟日本是美国世界安保架构中重要的一员，不能下手太狠，这是一直存在于美国政府内部的日美交涉逻辑。随着苏联的解体，来自安全保障上给予考量的制动效果也变小了许多，于是美国增强了在经济领域对日本的强硬态度。

泡沫经济的破灭以及同年发生的苏联解体事件，犹如两记重拳给日本经济和日本企业带来了沉重的打击。20世纪80年代还自诩为"世界第一"的日本，在安全保障、日本式经营以及经济运营等方面仿佛突然掉进自我怀疑的深渊。

汇率的剧烈震荡令日本企业陷入困境

1993年，日本经济以0.2%的增长率下探到谷底，此后有所恢复，到1996年重返3.1%。日经平均指数也同样在1993年下探到谷底后开始反弹，逐渐维持在20 000点的水平。作为背景，这一时期日本央行采取的超低利率政策是日本经济向好的体现。为了解决泡沫经济的遗留问题，此时的日本央行显得有些急躁，将央行的贴现率从1990年的6.0%急降至1995年的0.5%。另外，政府还出台了一些紧急经济应对政策。考虑到这些应对政策的总体支持力度，也许我们应该反思为何1996年的日本只有3.1%的经济增长呢？！

影响日本经济增长的一个主要原因，就是发生于1993年至1995年期间的日元急剧升值。汇率月平均数据显示，1993年1月的汇率为1美元兑换125.0日元，到了1995年4月，1美元兑换83.5日元，日元升值率达到了33%。我们来看一下单日最高值，1995年4月，单日最高值冲到1美元兑换79.8日元，这个纪录在此后的十六年间一直未被打破。

但是日元汇率自1995年创下历史最高值后，到1998年的三年间却又转入了贬值轨道。在三年多的时间里，日元贬值率竟然超过了七成，创下了1美元兑换144.8日元的贬值纪录。日本的经济运营竟然被置于如此大的汇率震荡环境中，放眼世界，也只有日本的汇率变动如此异常。

如此激烈的汇率变动，给日本企业在制定汇率对策时带来了不小的麻烦。如果在相当长的时间里保持升值基调的话，当然会有相应的对策，相反，在相当长的时间里保持贬值基调的话，也会有相应的对策，但是在短时间里变动如此剧烈，使处在泡沫经济破灭后最低潮的一年（1993年）的日本企业痛苦万分。在金融层面上，从银行借贷变得困难重重；在需求层面上，受资产紧缩的影响，消费低迷。这时，日元升值的负面影响犹如雪上加霜。

提起日元升值，最为世人所熟知的应当是1985年《广场协议》后的日元升值，但是从1993年至1995年的这次日元升值，对日本的影响同样巨大。从1985年至1987年的两年间，日元升值幅度为39%，泡沫经济破灭后的这次升值幅度为33%，其规模足以匹敌上一次升值了。在第一次日元升值重压下，日本的产业通过降低国内生产成本、扩大商品出口等努力勉强支撑了下来，但第二次日元升值的来袭让以前尝试过的方法几乎没有什么效果了，它也成了压倒日本企业的"最后一根稻草"。此后的日本企业便如遭遇了雪崩一般，大步地转向了海外生产的经营策略。

根据日本通商产业省（简称"通产省"，是经济产业省的前身）的海外事业活动调查数据显示，单在亚洲设立当地法人公司这一项，其数量便从1993年的334家上升至1995年的715家，这段时间是一个高峰期，此后稍有减少。日本制造业的海外生产率也由1993年的18.3%迅速上升至1997年的31.2%，日本企业的海外销售占比也从1993年的29.7%上升到1997年的58.3%。这些数据在1993年以前几乎没有大的变动，在1993年后的数年间急剧上升。看得出，日本企业以第二次日元升值为契机，使出了浑身解数拓展海外事业。可日本企业随后又受到了日元急剧贬值的巨大冲击，企业经营者大概也只能长叹一声了吧。

受日本企业海外事业拓展及第二次日元升值的影响，日本的出口总额在1993年转向递减，1994年也只停留在40万亿日元的规模。但从1995年的后半年起，受日元贬值的影响又开始有所增加，直到2008年美国次贷危机到来前，一直保持着高速增长。从表面上看，1993年至1995年出口出现了停滞，但仅凭此就说"日本的产业失去了国际竞争力"的话则太过武断，因为大多数的出口停滞是由于日本企业的海外生产替代了原本的海外需求。这一点不管是在汽车产业还是在电子产业都有明显体现，应该说日本本土的出口输给了日本企业的海外生产。

尽管出现了海外替代的状况，但日本的出口总额仍没有太多减少，这一结果本身才更让人称奇。一边奋力开拓海外事业，一边千方百计确保国内出口，这是20世纪90年代中期日本企业的基本姿态。正是由于这些努力，这一时期日本企业的整体营业利润率并不低，从1993年的2.2%上升到了1997年的2.3%，业利润率总体保持不变。另外，净资产收益率在1993年由于受到金融费用负担增加的影响下降至1.5%，但在利率下降的1997年仍恢复到了3.2%。

就这样，从1993年至1997年，在泡沫经济破灭的"疾风"过后，日本经济和日本企业努力维持着"小康"水平。如果经济照此继续恢复，土地价格再有所回涨的话，不良债权也将渐渐消失，也许那时也有过如此这般的"乐观论"吧。

日本人看到了"妖怪"

20世纪80年代，日本经济能够成为世界"优等生"的重要支撑之一——低失业率也在逐渐改变。尽管与美国的失业率相比，还处在相对较低的水平，但日本的失业率的确是在逐年上升的。1993年，日本失业率上升到了2.5%，到1997年达到了3.4%，除了曾在第二次世界大战后短暂的混乱期超过3%，其他的时期，日本的失业率从未超过3%。这预示了日本的经济正在接近"泡沫经济遗留问题处理后遗症"这个巨大悬崖。为了让过度放贷的银行和过度借贷的企业回到正轨而进行的清算工作在泡沫破灭后做得非常不到位，不良债权还在继续增加。

尽管股票价格在1993年短暂停止下跌，但此后土地价格开始持续大幅度下跌。1993年的公示平均地价为174万日元每平方米，1997年跌至83万日元每平方米，与泡沫经济鼎盛期（1991年的241万日元每平方米）相比，只剩下1/3。日本曾经的土地神话彻底崩塌了。土地价格的持续大幅下跌，意味着被认定为不良债权的担保贷款在悄悄地继续增加。由于日本在1993年后没有对不良债权进行充分处理，再加上新的不良债权的增加，如岩浆般的不良债权持续膨胀，悄然地寻找着喷发口。

1997年11月，岩浆喷发了。

一连三个周一，三个大型金融机构相继破产，这样的事情在任何国家的历史上都是罕见的，但这种情况在1997年11月的日本真实地发生了，并在漫长的日本经济史上留下了浓重的一笔——拥有魔幻星期一的11月。

11月3日，星期一，中型证券公司三洋证券决定提出《公司再生法》适用申请，这是在上月刚刚经历了石灰市场不能还债的异常事态后的破产事件。这次破产扣动了大型金融机构破产连锁反应的扳机。

11月17日，星期一，曾支配着整个北海道地区金融市场的商业银行——北海道拓殖银行宣布，由于自身经营陷入困境，将向北洋银行及其他本州地区的银行转让经营业务。这是由泡沫时期产生的不良贷款过于庞大所导致的破产，此前任何人都认为不可能倒闭的商业银行，竟如此脆弱地轰然倒下了。

11月24日，星期一，四大证券公司之一的山一证券为填补股市交易损失而积攒下巨额账外债务，而宣布自主停业。

　　一连串大型金融机构破产的直接原因都是资金周转不灵。长期的经营松懈、不良贷款的巨额积累，以及填补损失的积累，造成了资金周转不灵的局面，从而直接导致破产。原本以"钱"为主营业务的金融机构，却陷入资金周转不灵的泥潭，如此不可思议的事竟连续发生在了三家大型金融机构身上。日本金融机构整体的银根吃紧，以及来自对金融体系的不安感，以不良贷款堆积的岩浆喷发这种极端方式突然被摆到人们的面前。

　　不幸的是，就在同一时期，东亚其他各国的经济也陷入混乱当中。1997年7月，以泰铢急速下跌为开端，马来西亚、印度尼西亚等国家的货币紧接着出现暴跌，特别是此前一直保持良好形象的韩国也受到影响。从1997年10月至11月的两个月时间里，韩元竟然下跌了一半的价值，除了中国外，东亚经济均陷入极度恐慌的危机之中。就连日本也苦于"日本溢价"（日本最大的几家银行间美元交易利率）的影响，这使金融机构在国际资本市场的美元资金筹措骤然间变得更加困难。

　　泡沫破裂后巨额的不良贷款、亚洲金融危机的影响，再加上消费税率的上调（1997年4月由3%上调至5%），使金融机构原本"不可能的破产"变成了现实，特别是山一证券的破产犹如致命一击。三洋证券和北海道拓殖银行还可以根据《公司再生法》以及业务转让等形式给职员留下就业的机会，而山一证券采取的是自主停业的形式，这意味着7 400

名公司职员顿时失业,规模之大令人震惊。山一证券社长在答记者会上号啕大哭的场面令人记忆深刻,他不断重复着:"不是员工的问题,是经营者的问题。"然而,他口中没有问题的员工们却集体失去了工作。这段影像在世界范围内被反复播放。而他自己也是在不知情的情况下于三个月前刚刚就任了山一证券社长一职。

某银行一位支行的行长将这个状况向笔者描绘为"日本人这个时候第一次看到了'妖怪'"。他当时是一家大型银行在东京都内一个支行的行长,那时的他,当然也对自家银行的经营心存不安。山一证券破产的第二天,他便劳心劳力地奔赴在防止发生银行挤兑的第一线上。

"妖怪"其实是指发生大面积的破产以及失业现象,也就是大家看到了对于大多数日本人来说,几乎从未经历过、也从未感受过的非常事态。雇佣的不安使得人人自危,不单单有对奖金减少、工资下降的不安,还有对失去工作的强烈不安。看到银根紧缩竟到了如此严重的地步,经营者们对于破产的不安感一下子变得高涨起来,许多人惊悚地缩成一团。

日本的金融崩溃还是来了

这些影响立刻就通过消费和经营收紧(比如调整雇佣)的数据显现出来了。日本内阁府的消费者意识调查显示,从1997年12月起,消费者的消费意识大幅降低,实际上已经开始出现消费暂缓行为。企业的业绩判断和雇佣过剩判断等,也是从1997年末突然开始恶化的。进入1998年，雇佣调整的新闻开始变得多了起来，失业率也确实在渐渐升高。对金融不安渐渐转变为对雇佣的不安及以对破产的不安，整个日本开始进入"不知其深浅"的心理萧条状态。1997年至1999年，不寻常的三年就是这样开始的。日本这三年的经济异常表现在第二次世界大战后的日本经济史上也是首次。1998年，日本的经济增长率为-1.1%，这也是1973年石油危机以来日本经济出现的第一次负增长。另外，国内生产总值的"三驾马车"——国内消费、设备投资和出口的数据与上年相比都在下降。就连发生第一次石油危机的1973年，消费指数还与1972年持平，出口还增加了。这些事情都是史无前例的。

1998年，日本以外的国家同样也危机四伏。1998年8月，世界大国俄罗斯爆发了财政危机，突然罕见地宣布无法按时偿还国债。紧接着，巴西也出现了危机。受此影响，染指俄罗斯金融市场的美国长期资本管理公司（LTCM）大型对冲基金遭受了巨大损失。由于对冲基金在全球各种各样的资本市场织起了投机之网，一旦美国长期资本管理公司崩溃，所形成的连锁反应将波及全球，美国联邦储备制度理事会紧急出面救助。这对美国政府来说实属无奈之举，因为在此之前美国一直反对日本式的政府救助行为。半年前的1998年2月，日本为了消除金融不稳定，通过了《金融安定化法》。日本政府准备投入公共资金30万亿日元，以便搭建起国家层面的救助框架。在世界金融市场危机频发的时刻，可以说日本的这次准备太及时了。

1998年11月，8家商业银行表明了申请政府资金投入的意愿。而另一方面，日本长期信用银行和日本债券信用银行①分别在1998年11月和12月因无力支撑而被政府收归管理。此前都认为不可能倒闭的日本大型银行，也在北海道拓殖银行破产后接二连三地倒闭了。1999年，被特许发行金融债券的日本兴业银行和大型商业银行富士银行以及第一劝业银行合并经营。紧接着，住友银行也发布了和三井樱花银行合并的消息，这预示着日本银行界重组的时代即将到来，事态变得异常严峻。这样的状况演变为金融崩溃只是时日的问题了。

金融业的崩溃给日本实体经济带来了巨大的打击。1998年，日本的经济增长率为-1.1%，这是继1973年石油危机之后二十五年来的首次负增长。1998年，日本企业整体的营业利润率跌到1.8%，这是平成时代这三十年中最低的一年。当期净利润出现了5 333亿日元的赤字，也是平成时代这三十年中出现的最大赤字。失业率在1998年上升到4.1%，此后还在不断攀升。日经平均指数在这一年的最低点则跌破了13 000点。也就是说，1998年的土地价格和股市价格几乎是泡沫经济鼎盛期（平成元年）的1/3。平成第一个十年的结局竟是如此惨不忍睹。不知为何，在十年后的2008年，日本的企业随着美国次贷危机的来袭再次跌入深渊。为何会出现十年一循环的经济惨状呢？

扣动1998年剧烈震荡扳机的是1997年11月开始的金

---

① 同为被特许通过发行金融债券来筹集放贷资金的长期信用银行。

融机构的连续破产。之后的1997年12月，第二次世界大战后日本经营界的代表人物之一离开了这个世界，他就是索尼公司的创始人井深大先生。不管是对于本田宗一郎先生还是井深大先生来说，不用目睹金融崩溃后日本的产业彷徨也许是一件幸事。

第二章 产业的彷徨、昙花一现的成长、美国次贷危机（1999—2008年）

银行大重组

1998年日本金融危机爆发后，日本银行业于1999年拉开了重组的大幕。崩塌的东西必须再构建，更不用说像银行这种掌握着国家经济命脉的社会性基础行业了。

截至1998年底，日本共有10家大型商业银行，如果从它们总行所在城市由北向南开始排列的话，依次是北海道拓殖银行、朝日银行、东京三菱银行、第一劝业银行、富士银行、樱花银行（三井银行和太阳神户银行在1990年合并后的名称）、东海银行、住友银行、三和银行及大和银行。日本大多数企业和个人都在这些银行开设账户用于日常的经济往来，换言之，这些银行与日本人的生活息息相关。由于经历了银行业的大重组，至2018年底，这10家银行已没有一家是没有经过重组、使用以前的名称延续经营的了。在1998年，包括其后实质上被国有化的日本长期信用银行和因泡沫经济破灭而陷入经营困境的日本债券信用银行，事实上，几乎所有商业银行都因巨额的不良贷款而举步维艰。

1998年8月，第一劝业银行、富士银行、日本兴业银行宣布以2002年春为时间节点合并经营，这次商业银行与信用银行的合并着实让人大跌眼镜。同年10月，住友银行和樱花银行也同样宣布以2002年春为时间节点合并经营，这又是一件让人瞠目的超越旧财阀（住友和三井）势力范围的合并案例。这些合并均为依托1998年12月日本国会通过的《银行持股公司制度》修正案，由持股集团把多家证券和银行等金融机构置于控制之下的经营合并。于是，瑞穗金融集团（第一劝业银行、富士银行及日本兴业银行的合并）和三井住友金融集团诞生。之后银行的重组还在继续，2002年，三和银行和东海银行合并成为UFJ银行；2003年，大和银行和朝日银行合并为日联银行；接着，UFJ银行又和东京三菱银行在2006年合并成为三菱东京UFJ银行（之后改名为三菱UFJ银行）。就这样，1998年存在的10家商业银行在重组后（北海道拓殖银行将业务转让给北洋银行和中央信托银行后消失），变为2018年的瑞穗、三井住友、三菱UFJ和日联4个金融集团（均为兼营证券、银行等业务的金融集团）。

如此大规模的银行重组，当然是泡沫经济破灭后所带来的不良贷款堆积所致。银行要想处理这些不良贷款的话，势必蒙受巨额损失，这也将直接导致银行的自有资本大幅缩水。但是根据国际上对商业银行资本的监管制度（BIS），从事国际业务的银行自有资本比率要达到8%，只从事国内业务的银行也要达到4%。为了能够达到这一制度的指标要求，强化资本能力，才造成了这场超大规模的银行间资产重组。

银企关系大变局

处理这些巨额不良贷款并不是促成如此大规模银行重组的唯一原因，1998年开始，日本大藏省实施的经济刺激组合措施是另一个重要原因。为了在全球银行业占有一席之地，摆脱挥之不去的灰色阴影，重振日本银行业的竞争力，在经济看起来稍有起色的1996年，日本决定推出一系列振兴经济的政策，并于1998年开始实施。其主要内容包括：允许银行与证券公司、财险与寿险之间的业务相互交叉，为此还推出了《银行持股公司制度》，使在持股公司集团下多家证券和银行等金融机构的经营模式变为现实。另外，作为提振东京在世界金融市场地位的重要举措之一，日本修改了原来的《外汇管理法》，大幅放宽了外汇管理制度。这一修改影响巨大，使得日本的企业及个人可以自由地使用外币进行结算，也意味着和境外的金融机构可以自由地进行贸易往来。当然由于境外的金融机构可以和日本的金融机构拥有平等的交易环境，这也意味着国际竞争变得更加自由。日本第二次世界大战后一直延续下来的金融秩序的根本（大藏省主导的所谓护送船团方式，也就是一家金融机构都不许破产的监管体制）发生了改变。

处于这样的国际竞争大环境中的日本大型银行，为了保持足以赢得竞争优势的体力和规模，也是促成此番大规模银行重组的一个重要原因。

在泡沫破裂后，日本金融体系自身还处于孱弱状态，政府实施如此大幅度的金融宽松政策是否正确还有待商榷。然而不幸的是，桥本龙太郎内阁此时推出的包括提高消费税（从3%提高到5%）的政策，以及一系列的金融宽松政策却恰好遭遇了全球性的金融危机（1997年的亚洲金融危机以及1998年的一连串危机性事件），也与此次日本大规模的银行重组不无关系。经过一番银行重组兼并，长期存在于日本企业与金融机构间的默契往来交易规则变得名存实亡，企业主要依赖同银行间的往来交易而生存的产业秩序发生了巨大改变。往来交易的银行已经不能像以前那样可以依赖，这使得日本法人企业将在此之前持续保持多年的自有资本率不断提升，从1999年的19%左右开始直升至2017年的41.7%。

1999年，日产公司被法国雷诺公司兼并，雷诺仅仅花费了8 000亿日元就将偌大的日产公司收入囊中，这也许就是对日本企业失去银行庇护后所处状态的最好诠释了。日产公司原本的往来交易银行是日本兴业银行，该银行并入瑞穗集团后已无力再为日产公司遮风挡雨。因此，长期经营不善而陷入财务困境的日产公司不得不投入雷诺旗下以求生存。当然，并非所有的日本企业都和日产公司一样。同为汽车产业的丰田公司在经历了泡沫破裂及次贷危机后，依然坚强地朝着行业第一的高峰攀登着。

IT泡沫破裂后日本电气产业被迫转移海外

受1998年金融崩溃的影响，日本当年的经济增长率为-1.1%，1999年为-0.3%，日本历史上首次出现了连续两年的负增长。1998年，日本年平均失业率为4.1%，比上年上升了0.7%，1999年持续上升，为4.7%。不知是失望还是恐慌，媒体甚至出现了"失业率8%时代"即将到来的文章。1999年也是日元升值的一年，1998年8月，日元对美元的汇率是144.76日元，是这一时期的最低值，1999年12月升至102.61日元，16个月的时间里升值了40多日元。

这一时期日本的出口贸易表现得也很低迷，1999年的出口总额为47.5万亿日元，比上年减少了3万亿日元。在2000年左右，由于受到美国IT泡沫膨胀利好的影响，以电气机械产业增长为中心的日本出口总额在2000年恢复到了51.7万亿日元，但这也仅仅保持在1997年时的水准而已。日本的产业依然行走在彷徨的路上。

从1999年至2000年，众多被称作"Dot-com公司"①的IT相关高新技术企业的股价猛涨，从而导致纳斯达克指数短期内迅速飙升（从1999年初的2 000点左右达到2000年3月的5 048点），后来人们将此称之为IT泡沫或互联网泡沫。但好景不长，在此后的一年时间里，纳斯达克指数再次跌到2 000点左右的水平。IT泡沫的膨胀导致电脑器械及通信基础设施的相关需求急速高涨，日本的电气机械产业以及零部件产业也受惠于此。2000年，日本的电气机械产业附加价值同比增长13%，达到了20.1万亿日元。但泡沫需求转瞬即逝，2001年，日本的电气机械产业附加价值跌落至16.1万亿日元，减少4万亿日元。受此打击，长期占据日本产业盟主地位的电气机械产业

---

① 与科技及新兴的互联网相关的企业。

走上了遥遥无期的低迷之路。2000年夏，日本大型电器公司一家接一家公布经营赤字的消息。紧接着，企业裁员的信息也充斥着各大媒体，东芝、日立、松下电器等大型电器企业宣布共计裁员70 000余人的计划。特别是具有日本第二次世界大战后经营业象征意义的松下电器，在2000年8月开始的募集大规模提前退休制度的行为，给当时的日本社会带来了巨大的冲击。松下电器竟然已经被逼迫到了如此境地。

造成这种局面的原因不单单是IT泡沫的破裂，东亚地区，特别是韩国和中国台湾地区的电子企业以及被称作EMS的制造委托加工企业的崛起也是一个重要因素。在终端产品市场和外包市场，日本的电器企业被逼到了要和东亚企业竞争的困境。无奈之下，日本电器企业只能选择缩小国内生产规模的经营战略，转移到海外生产加工。很显然，国内生产曾经给日本带来过高额的附加价值。不仅如此，不在国内进行产品制造，还会慢慢造成制造技术难以积累的危机，产品的设计技术也存在同样的风险。在巨大的成本压力下，日本电器企业选择海外生产和委托生产只能说是迫不得已的行为。

正当日本电气机械产业被迫大幅进行裁员的时候，2001年9月11日，美国发生了震惊全世界的"9·11"恐怖袭击事件。两架被恐怖分子劫持的民航客机撞向了美国金融的心脏部位——纽约华尔街的世界贸易中心一号楼和二号楼，巨大建筑物倒塌的画面通过电视的转播，给全世界带来了难以忘却的印象。

尽管在6天后纽约股票市场得以复市，但股票价格大幅下跌，受此影响，东京日经平均指数也大跌至10 000点以下，创下近十七年来的最低纪录。也许是出于对经济前景刺激紧急对策必要性的判断，美国在这一年连续11次下调基准利率，12月达到了1.75%，这是美国近四十年来的最低基准利率。日本的银行也同时跟进，重新实施曾已放弃的零利率政策。

IT泡沫的破裂与"9·11"恐怖袭击事件的叠加效应，给日本所有产业都带来了巨大的冲击。矿业生产指数在2000年12月IT泡沫破裂后已经降到108.7点，2001年11月又急速降至92.8点，这是日本泡沫经济破灭后十年里的最低值（在2008年12月美国次贷危机时这一最低纪录才被打破）。再来看失业率，2001年12月，日本失业率上升到5.4%，2002年6月又升至5.5%，这是第二次世界大战后日本失业率的最高值。

"9·11"恐怖袭击事件的发生将世界拉入一个出乎意料的时代，时任美国总统布什向恐怖分子宣战，2003年伊拉克战争爆发。另外，美联储（FRB）在恐怖袭击后，采取的前所未有的超级宽松金融政策导致了热钱的大量供给，2008年次贷危机的发生与此不无关系，因为它为赌博资本主义提供了资金基础。

政府向银行注资

日本产业界在2001年至2003年这三年中显得无所适从，从特别脆弱的部分开始爆发式地"发病"。这种病态也使日本社会弥漫着对经济的悲观情绪。的确，在这一时期，泡沫经济破灭后形成的"僵尸企业"的长期影响着日本整体经济发展，日本社会中实存在着许多因背负巨额借款而不能如愿重建的大企业，特别是物流业企业及建筑业企业这些在泡沫经济时期曾经辉煌的企业。社会上悄悄流传着"即将倒闭的30家企业名单"。

其中，崇光百货集团（简称"崇光"）在2000年7月依照《公司再生法》申请破产。崇光的往来交易银行是日本兴业银行，该银行早已没有了帮助崇光脱困的力量。崇光破产两个月后，日本兴业银行加入重组后的瑞穗集团重新运营。2001年9月，大型超市零售集团Mycal也依照《公司再生法》申请破产。这同样是往来交易银行第一劝业银行（后并入瑞穗集团）停止对其贷款后的无奈之举。Mycal总负债额达到了1.7万亿日元，这是日本第二次世界大战后排名第四的大型破产案例，同时也是零售物流业界最大规模破产的企业。尽管崇光的负债规模稍小些，但也算得上是大型破产案例了。

这样的情况发生后，日本各家银行的不良贷款处理情况立即引起了人们的关注，尤其是对截至2002年商业银行重组后形成的5个金融集团（瑞穗、东京三菱、三井住友、UFJ、日联集团）之中规模较小的UFJ和日联集团更加受到关注。UFJ在经历了一连串的波折后和东京三菱集团合并经营，而体量较小的日联集团只能无奈地独自面对2001年开始的产业彷徨期。

由银行造成的借贷困难使日本经济停滞不前，这种论调甚嚣尘上。对银行来说，让借贷变得困难也实非本意。2001

年日本股市开始下跌（日经指数从1月的13 843点跌到9月的9 755点，跌幅达到30%），这给银行在自有资本率的保持上带来了不小的恶性影响。为减少风险，遵守国际清算银行（BIS），银行的谨慎借贷也是无奈之举。

股市的下跌使得银行持有的企业股票价格也在下跌，进一步导致银行的自有资本减少。前面提到的BIS的制度，对银行的国际性自有资本率有明确的规定，其计算项目中不仅仅是银行纯粹的自有资本，还包含银行持有股票的收益。由于日本的大型银行几乎都以相互持股的形式持有许多企业的股份，因此股票价格的大幅下跌将导致银行的自有资本减少，并存在着自有资本率不能满足BIS制度要求的风险。另外，银行在处理不良贷款时因抵押担保的原因会使自有资本更加减少，这也是银行处理不良贷款行动迟缓的重要原因。

银行如果一直对不良贷款不做处理、任由其留在账面，银行的资产总额（计算自有资本率时的分母）可能会虚高，考虑到新的放贷款存在会成为不良贷款的风险，银行放贷积极性便会下降。银行存在着减少贷款规模的动机，造成了企业借贷困难的局面，也造成了整个社会资金流转不畅的恶性循环。这种不健全的经济状况在泡沫经济破灭后还一直持续着。

很遗憾的是，前面所述的大型超市集团Mycal的破产就发生在日本政府即将下决心对泡沫经济遗留问题作出处理之时。其实在宣布破产之前，Mycal还在一直发行着国内普通公司债券，因为它的评价等级是有资格发行公司债券的。向Mycal放贷的银行对它的评价也不算最坏的那一类，给出的抵押利率已经是相当优惠：3%—5%。如此环境下，Mycal却宣布破产，不禁令人唏嘘。这一事件也让人们看到了银行在企业评级以及处理贷款企业抵押利率等相关问题时的不严谨。谁都觉得这样的企业不会只有Mycal一家，坊间悄悄流传着物流及建筑行业中还有好几家企业即将破产的消息。

Mycal宣布破产后，日本的股市反而开始上涨，这也许是因为人们预计政府将会通过此案彻底处理泡沫经济遗留问题。

此时人们普遍认为，处理泡沫经济遗留问题最有效的方式，就是政府以优先股的形式动用公共资金直接向银行注资，增加银行的自有资本。1999年3月，日本政府动用了8万亿日元的公共资金，首先向大型银行注资。但其规模受到了一些非议，人们认为需要更大力度地投入公共资金。这时的日本已由桥本内阁变为了小泉纯一郎内阁。

2002年，在一片"银行国有化一气呵成"的议论声中，日本政府终于决定向日联集团注资2万亿日元，并于2003年5月使之国有化。一个月前，日经指数跌到了7 607点，是近二十年来的最低点。日本政府对日联集团的注资举措向资本市场传递了积极信号，效果迅速显现。东京证券交易所的股价以此为契机开始上涨，在2002年末回涨到了10 600点以上，九个月的时间涨幅超过了四成。2003年，日本政府又向地方银行注入公共资金，并没有再向大型银行注资，也许这只是政府一厢情愿，而银行并不愿意。瑞穗集团自有资本增加了1万亿日元，但使用的并非公共资金。

以政府对金融体系中最薄弱部分（日联集团及地方银行）

的投资为契机，日本股价开始上涨，经济好转。2003年后，日本经济开始缓慢增长。2003年和2004年，日本的经济增长率分别是1.5%和2.2%，此后，关于金融体系危机的话题就逐渐消失了。

公司是谁的

日本政府向日联集团注入公共资金，对当时的日本股市起到了相当重要的作用，只要观察一下注入公共资金前后股市的变化情况就会明白这一点。日本所有的企业都开始关注股市的变化，这也许是日本的经营者对前文提到的"日本异质论"的一种回应吧。

2000年左右，日本媒体间充斥着"公司是谁的"议论，其论调就是要督促社会回归到"公司是股东的"这个股份制公司的基本理念上，但"公司是员工的"的理念是日本传统社会的共识。日本媒体挑战这种共识的行为，也许是日本对"日本异质论"给出的一种回应。2000年2月，日本通产省的退休官员村上世彰为践行其本人"重视股东的价值"的观点，作为先驱，他采取了对小型上市企业昭荣的股票公开收购（TOB）行动。尽管结局并不理想，但当时的媒体给予了该事件极大的关注。8月，在首相官邸召开的产业新生会议上，索尼公司会长出井伸之表达了对商法有关内容，包括对股东权益保护及加强对经营者的监督管理等内容修正的强烈愿望，这件事也通过媒体引起了极大的轰动。

从1997年开始，索尼公司成为日本第一家引入执行董事制度的企业，此制度就是要将公司的经营权与监督权相分离。此后虽然众多日本企业也引入了这一制度，但日本商法中的有关内容未做任何修改。2003年4月，日本法务省以社会舆论背景为由，修改了一系列与股份制公司监督机制内容相关的法律条例，将设置委员会的公司[①]等同于设置监事会的公司。2005年，又从根本上对使用了半个世纪之久的日本公司法做了修改，此次修改剔除了以德国公司法为理论依据的大部分内容，加入了以美国公司法理论为基础的内容。

对经营者的牵制与任免是经营者监督管理机制的根本内容。在设置委员会的公司里，提名委员会在公司董事会上提出董事候选人后，在股东大会上直接提案，将经营者的任免和薪酬的决定权交给有公司外部董事参与的提名委员会和薪酬委员会。尽管这种将经营者监督机制透明化的制度值得期待，但委员会委员的选定很可能会受到现任经营者的影响，所以这也是一项留下了危险漏洞的制度。

执行董事制度在设置监事会的公司（大部分日本上市企业的形态）有所扩展，但在设置委员会的公司执行董事制度直到今日并没有得到普及。完成执行董事制度引入的上市公司（包括东证一部、二部及其他板块），在2003年为44家，2004年为16家，此后基本上再也没有增加，到2018年也只有72家，与3 600家上市公司的数字相比太过悬殊。这种悬殊也许能反

---

① 设置了董事提名委员会、薪酬委员会及监督委员会，但没有设置监事职位的公司。

映出大多数人在面对"公司是谁的"这一提问时的心理吧，这也是日本社会的共识在面对以股东利益为重的思维方式时出现"违和感"的根源。在2005年活力门收购日本放送事件中，这种心理戏剧般地浮出了水面。

这一事件是由堀江贵文率领的IT企业活力门公司，意图收购一家叫作日本放送的东京民营电台引起的。日本放送一直以来都是作为富士电视台的关联企业运营的，但在股票的持有比例上，日本放送又是富士电视台的第一大股东，这是一种扭曲的状态。为了改变这种扭曲状态，富士电视台与村上世彰①一同计划通过股票公开收购方式公开购买日本放送的股票。还未付诸行动，活力门公司就见缝插针将日本放送的股票悉数购买，以日本放送第一大股东的身份登场了。而且活力门公司计划继续购买直至持股50%。为了阻止活力门公司计划，富士电视台开始展开对抗性的购买行动。对此，活力门公司向法院提起了诉讼。情况变得越来越复杂，此时村上世彰也已登场，仿佛一部聚齐了所有角色的电视连续剧。其间，日本放送的员工以活力门公司对听众不会怀有爱心为由发表了反对购买声明，日本放送的经营者也表明了反对活力门收购的立场，甚至有员工表示一旦活力门公司取得了日本放送经营权就立即辞职。员工及员工出身的经营者们仿佛在诉说着"这个公司是我们的"，反对"有钱就能想做什么就做什么"。此时，日本电视台适时地推出了《公司是谁的》特别节目，街头巷尾的人们大多对日本放送的员工表示同情。经过几个

---

① 村上世彰，日本投资家，村上基金创始人。

阶段的对抗以及股票的买卖，活力门公司将持有的日本放送股票高价卖给了富士电视台，日本放送最终成为富士电视台的全资子公司。而堀江贵文与村上世彰两人因在股票交易中存在违法行为被逮捕了。

以公司为重的日本放送的员工，在社会的支持下赢得了这场"战争"，而挥舞着金钱和股东权益大棒的人失败了，这件事是发生在2005年日本修改商法前后。与此同时，本应拥有最完善的利用外部董事制衡经营者制度的美国，也发生了几件让人略感讽刺的事。2001年12月，曾是世界最大的能源、商品和服务公司之一的美国安然公司突然宣布破产，负债金额达310亿美元，成为美国有史以来最大的一次破产申请。被称作美国式监督经营者制度的"三种神器"的情报公开、董事会、外部评价，在这一事件中均未发挥出其应有的作用，反而让经营者的违法行为得以隐藏。接下来的2002年7月，美国世界通信公司因巨额财务造假和经营者的违法丑闻被发现而申请破产保护，如果单从负债规模上来讲，这个破产案是在2008年雷曼兄弟公司破产之前美国历史上最大的破产案例。

尽管这几起美国式结构失灵的案例被媒体大肆宣扬了一番，但整个日本新闻界关于经营者监督机制的论调依然是向美国倾斜着的。

产业形态发生改变

日本股市价格从2003年开始持续上涨，不仅是因为日本政府向日联集团投入了公共资金，从2003年至2005年，日本企业的业绩也的确有所好转。日本法人企业经常性净利润率由2003年的2.8%上升到2005年的3.2%。这已是泡沫经济破灭后的最好成绩了，泡沫经济鼎盛期即1989年，这一数据为3.5%。日本经济增长率也在稳步回升，失业率在2003年为5.3%，到2005年下降至4.4%。

日本企业状况有所好转的一个重要原因是出口额的增加。2003年为54.5万亿日元，2005年增加至65.7万亿日元，到2007年迅速增加至83.9万亿日元。一个原因是这一时期日元兑美元的汇率平稳地保持在110日元左右，另一个原因就是中国经济的快速发展。这一时期，日本面向中国的出口呈现爆发式的增长。2002年，日本对中国出口额为8.2万亿日元，到2007年增长至17.4万亿日元，五年时间增加了一倍。2007年，日本对美国出口占比为20.1%，而对中国的出口占比达到了20.7%。这一结果使中国替代美国成为日本最大贸易出口国。这一时期，并非日本对美国的出口减少了，而是对中国的出口迅速增加了。

这一时期，中国经济在以惊人的速度增长。2002年，中国的经济增长率为9.1%，到2007年已经达到了14.2%。已经成为"世界工厂"的中国需要从国外大量进口生产材料和零部件，另外中国国内经济建设也需要大量的基础材料及设备，而日本刚好能够满足这些需求，又处于最佳地理位置。例如，这一时期日本面向中国的钢铁出口不断扩大，这给日本钢铁产业带来了不错的发展前景。第二次世界大战后，日本的产业一直是跟随着美国市场的成长而发展起来的，进入2000年后，中国市场的成长成为左右日本产业发展的重要因素。

日本国内的产业构造在这一时期也发生了很大变化。这一时期，电气机械产业走入彷徨，但汽车产业相对稳定地不断发展，且在日本经济中所处的地位变得越发重要。如果用附加价值来测定产业规模的话，IT泡沫破裂前的2000年，日本电气机械产业的附加价值为20.1万亿日元，占日本整体产业的18.3%，2007年降为15.6万亿日元，占16.1%。其中，2002年为14.6万亿日元，占15.0%，是日本电气机械产业滑入谷底的一年。反观汽车产业的附加价值，在2000年只有10.3万亿日元，占日本整体产业的9.4%，之后平稳增长，2007年增至15.6万亿日元，占14.3%。尽管此时还没有超越电气机械产业，但已经能够看到它赶超的趋势了。这个时期的日本电气机械产业步履蹒跚，业绩不佳，曾经的几家"大佬"企业也今非昔比，在韩国及中国台湾地区的追赶之下危机四伏。而汽车产业中，丰田及本田等公司依然保持着强大的国际竞争力。由于汽车生产相关的零部件及材料的需求旺盛，作为日本整体产业"定海神针"的汽车产业超强的国际竞争力有着重大意义。

在本章所介绍的十年中还有一个重大的产业变化，就是同产业企业间的兼并重组，当然，从规模上看没有银行业的重组那么大。由泡沫经济破灭导致的企业财政的恶化、经济增长的停滞，因人口减少而对未来的不安，以及国际竞争的加剧等，都是促成这次产业内企业重组的原因。如此众多的重组有着一个共同点：传统日本产业内的企业数量过多，从规模经济的经济合理性观点来看，这种产业组织存在很大的问题，这些长期存在的非合理性问题，已经到了不得不解决的程度。让我们来看一看此次产业重组后诞生的主要企业，如表2-1所示，按照重组实施时间的顺序来看，依次为化学、石油、半导体、建材、钢铁、造船、贸易、百货以及制药，涵盖了诸多产业。如此大范围产业内大型企业的兼并重组，可以说是前无古人，后无来者了。这样看来，泡沫经济的破灭及之后日本经济的低迷给日本产业所带来的影响是巨大的。

表2-1 主要企业重组

年份	公司名称	来源
1997	三井化学株式会社	由三井石油化学与三井东压合并而成
1999	新日本石油株式会社	由日本石油与三菱石油合并而成
1999	尔必达	由日本电气和日立制作所的DRAM部门合并而成
2001	伊奈（INAX）与通世泰（TOSTEM）的控股公司（现骊住LIXIL股份有限公司）	由通世泰和伊奈合并而成
2002	JFE控股公司（日本钢铁工程控股公司）	由川崎制铁和日本钢管合并而成
2002	宇宙造船公司	由日本钢管和日立造船的造船部合并而成
2003	双日株式会社	由日绵实业与日商岩井合并而成
2003	瑞萨科技株式会社	由日立制作所和三菱电机株式会社的半导体部门合并而成
2004	千禧零售控股公司	该公司（前身为崇光百货）收购西武百货店

续表

年份	公司名称	来源
2005	安斯泰来制药集团	由山之内制药与藤泽药品工业合并而成
	大日本住友制药株式会社	由大日本制药与住友制药合并而成
2006	7&I 控股股份有限公司	该公司收购千禧零售控股公司
2007	"J.阵线零售"集团	由大丸与松坂屋合并而成
	H2O 控股公司	由阪急百货店与阪神百货店合并而成
	第一三共株式会社	由第一制药株式会社与三共株式会社合并而成
	田边三菱制药株式会社	由田边制药与三菱制药合并而成
2008	三越伊势丹控股公司	由三越与伊势丹合并而成

看到了"妖怪"的真面目？

那么，此番产业彷徨给日本的雇佣带来了怎样的影响呢？

上一章介绍 1997 年 11 月日本金融机构连续破产时，写到日本人看到了"妖怪"。"妖怪"其实指的是失业以及劳动者对雇佣的不安。日本的年平均失业率在 1999 年达到 4.7% 后继续攀升，至 2002 年已达到 5.4%。1999 年至 2001 年，日本的失业率超过了美国。曾以低失业率著称的日本，在第二次世界大战后漫长的岁月里第一次发生了情况的逆转。其间，有人预测日本的失业率离8%的时代越来越近了。1999年，日本法人企业的雇佣总数为3 855万人，到2002年这个数字变成了3 622万人，雇佣减少了230万人。日本人在1997年看到的"妖怪"变成了现实。之后，另一个"妖怪"——薪酬减少也出现了。

实际上，2002年，是日本从业人数从泡沫经济破灭后一直到2018年间最低的一年，也是失业率最高的一年。日本处理不良贷款的大幕在2002年落下之后，日本的经济开始缓慢好转，日本法人企业的雇佣总数到2007年（次贷危机前一年）也在逐年增加，失业率也逐渐降至3.9%。日本失业率高于美国的情况也在2002年结束，此后，日本的失业率又重新回到了比美国低得多的状态。

也许我们可以理解为泡沫经济的遗留问题得到处理后，"妖怪"消失了。时任日本经团联会长的奥田硕（丰田公司会长）在1999年时说过一句非常有名的话："如果裁员的话，在此之前企业的经营者当切腹以谢天下。"这句话强调了遵守雇佣约定的重要性。不良贷款重压下的日本，确实在短时间内没有能够遵守这句话，但也没有变成美国那样。日本并没有忘记遵守雇佣约定的重要性，跨越了非常时期，日本企业从2003年开始扩大雇佣规模。不过泡沫经济破灭对雇佣的影响并非从2002年后就彻底消失了，虽然从业人员总数持续增加带来工作分摊使从业人员的人均薪酬下降了不少。也就是说，从2002年到次贷危机之前这段时间，日本采取的是确保从业人员总数、降低人均薪酬的做法。

从数据可以看出，法人企业的从业人员总数在2002年是3 622万人，到2007年增至4 090万人，尽管增加了近468万人，但是年人均薪酬从2002年的524万日元减少到2007年的485万日元。特别是2003年至2005年，这三年人均年薪酬的减少率分别是4.0%、3.7%和2.4%，薪酬连续三年大幅下降。尽管这三年当中的劳动生产率也在下降，但平均降幅要比薪酬的减少率低了近2%。这种薪酬的下降，与上一章提到过的泡沫经济破灭后薪酬上涨率远高于劳动生产率上升的情形恰好相反。泡沫经济时期及泡沫破裂后日本企业所实施的宽松薪酬政策，在泡沫经济遗留问题处理结束的2002年立即做出了修正。

将这种现象理解为日本企业的人事政策对劳动者冷漠是不正确的。我认为，把这种做法理解为修正了以前的薪酬宽松政策并使之回到了正常轨道更加合适。这一点从劳动分配率（企业从附加价值中分配给从业人员的比例）的变化就可以看出。日本的劳动分配率长期稳定在68%这样一个水平。1991年，日本法人企业的劳动分配率为68.7%，这之后也一直保持在70%以上的高水平，1999年甚至达到75.1%。在从业人员总数最低点的2002年，劳动分配率还保持了73.6%这样的高水平，但从那之后开始逐步下降，2007年降到69.4%，回到了正常水平。

从2002年至2007年，日本全国都在实施工作分摊的薪酬策略，其间，日本法人企业薪酬总额从190万亿日元仅仅微增到198万亿日元。随着经济的持续回暖，企业销售额也在不断上升，利润额也有了一定的增加，这些利润大部分用于设备投资和扩大内部留存。

本章在介绍银行重组的背后及金融宽松政策时提到过，1999年银行大规模重组后，日本企业的自有资本率持续上升，这也是企业看到银行已经不能像从前那样值得信赖后的自我保护手段。一边扩大雇佣，一边降低人均薪酬，使薪酬总额控制在微增的范围内，以此获得利润用于自我保护和发展壮大自身企业，这也许就是这个时期日本企业的总体姿态吧。

昙花一现的增长和走向次贷危机的扭曲步伐

日本的经济增长率从2003年至2007年连续五年稳定在1.5%多一点的水平上，虽然不算太高，但让世人看到了日本经济在稳步恢复。这种增长也可以说是由出口主导的经济增长吧。同时，日本法人企业的销售额也在增长，就像此前介绍过的那样，营业利润率渐渐恢复到3%以上的水准。

2007年，许多人感觉日本的经济仿佛就要走出长期低迷的隧道了。这一年，日本矿业生产指数达到了110.7点，这个高点在泡沫经济期都未曾出现过。可惜的是这一切都只是昙花一现，新的世界性经济危机正在悄悄地酝酿着。如果说2007年8月发生的巴黎银行案是此次危机的预演的话，真正的"演出"则是从2008年9月爆发的美国雷曼兄弟公司破产案开始的。突如其来的打击让刚刚从泡沫经济的伤痛中渐渐走出的日本企业又一次跌入谷底。

2007年8月，法国第一大银行巴黎银行突然宣布冻结旗下的3只基金，理由是美国次级房屋抵押贷款市场出现混乱，随即暂停了一切基金相关业务。美国次级房屋抵押贷款的信用评级极低，这意味着其不能偿还的可能性很高，而美国的房屋贷款市场中充斥着大量的此类贷款。贷款机构向贫困人群发放贷款以让他们购买房屋，但是贷款机构为了规避自身风险，将这些信用等级极低的贷款债券化，然后迅速转卖，这也被称为债券化债券。在如此这般的运作下不能还款的贷款量不断增加，意味着不良贷款越来越多。

这种现象与泡沫经济期日本银行的做法如出一辙，但是两者之间有一个重要的不同点。日本的银行在不能回收放出的贷款时损失的是自己的利益，而已经将次级贷款债券化转卖给其他机构（主要是欧洲的银行）或个人的美国放贷金融机构本身没有遭受损失。所以在美国次级房屋贷款危机露出端倪时，欧洲的银行开始变得惴惴不安。日本泡沫经济破灭后带来的只是日本国内的危机，而这一次由美国引发的次贷危机随即就演变成一场全球性的金融危机。

这一次的危机并不只是次级贷款的危机。由于将次级贷款债券化后，又与其他债券化的产品重新组合形成了各种各样的金融衍生产品，这些产品在各个金融机构之间被投机性地不断交易着，渐渐形成了一个巨大的泡沫，在这些交易中，投资银行起到了推波助澜的作用。

购买这些金融衍生产品的主要买家是欧洲的金融机构，巴黎银行就是其中一家，因此这个由美国吹起的金融泡沫迅速蔓延到国际金融市场。2007年8月，巴黎银行的突然举措就是这个泡沫即将破裂的前兆。在此后的一年时间里，虽然美国政府不得不积极应对这次危机，但在这个过于巨大的泡沫的重压下，美国政府也无力回天。所以，拥有158年历史的雷曼兄弟公司，在投资次级抵押贷款产品而蒙受巨大损失申请破产时，美国政府也只能选择"见死不救"了。雷曼兄弟公司在2008年9月15日宣告破产，以此为界，各种经济指数旋即发生剧变，引发了国际金融市场的剧烈动荡。毫无疑问，雷曼兄弟公司的破产扣动了世界经济大停滞的扳机。

由于雷曼兄弟公司事件是金融机构破产事件，所以日本最先受到影响的是股票市场。2008年10月28日，日经平均指数跌至6 994点（泡沫经济后的最低值）。2008年的股市下跌率为42.1%，是史上最大跌幅。对于日本实体经济的打击同样也是巨大的，尤其是对日本出口贸易的影响。2008年9月，日本的出口额为7.4万亿日元，依然延续之前的良好状况，从10月起开始减少，到12月已经只剩下4.8万亿日元了，仅仅三个月时间出口额"蒸发"了35%。2009年1月，日本出口总额减少至3.5万亿日元，相比四个月前减少了一半多。2008年，日本经济负增长规模与1998年的-1.1%相比肩，比石油危机后的负增长规模还要大，日本的矿业指数也急跌次贷危机对日本经济的影响之大由此可见一斑。

1998年是平成第十年，2008年是平成第二十年，每到大节点时，日本因国内金融崩溃和国际金融形势的冲击，经济发展都被逼入负增长。不可思议的"疾风"每十年一轮回，在平成时代即将结束的2018年又是这一周期轮回的年头，更使人有不祥的预感。

在由美国引发的次贷危机中，欧洲的金融机构因为持有大量相关金融衍生产品而首当其冲，日本的金融机构因自身"体力"的原因，没能参加这次的泡沫盛宴，故受到的直接影响不算太大。当时，有相关人士推测这次的危机应该不会对日本造成太大伤害。不幸的是，这个推测落空了，此次危机对日本的产业冲击是巨大的，2008年只是一个开端，翌年，日本的经济和产业跌入了平成这三十年的最大深渊中。

第三章 从深渊中恢复（2009—2018 年）

"倒栽葱式"跌入悬崖

用"倒栽葱式"跌入悬崖来形容美国次贷危机后的日本产业状态再合适不过了。我们制作了平成这三十年间的矿业生产指数（以 2010 年设定为 100）图。通过下图，可以清晰地明白这一点。

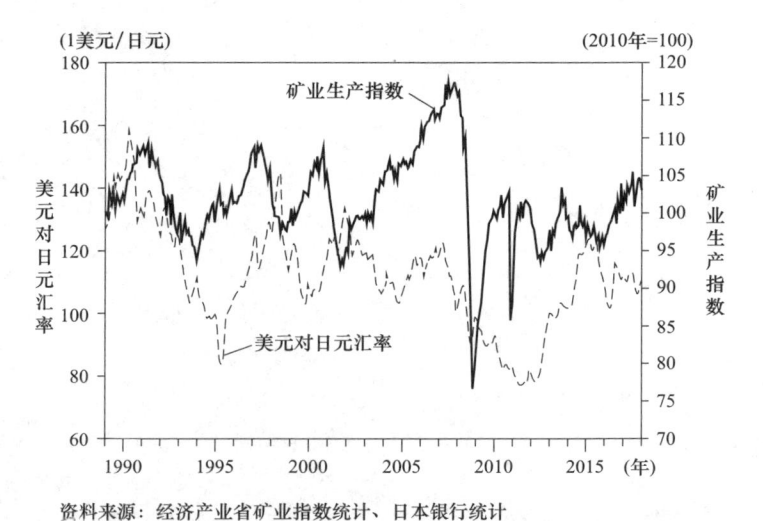

资料来源：经济产业省矿业指数统计、日本银行统计

图 3-1 美元对日元汇率、矿业生产指数（每月）

从图3-1可以看到，2008年中期到2009年2月，日本矿业生产如同跌入深渊般直线下降，任何人都明白必定发生了异常之事。这是在泡沫经济破灭的1991年、日本金融崩溃发生的1998年，甚至更早的石油危机等时期都没有发生过的。

2008年9月，日本矿业生产指数是110.0，最差的2009年2月为76.6，仅仅五个月时间便跌落了三成。在前一章末尾介绍的出口下跌情况，仿佛与此相呼应一般，生产活动也迅速减少，这一段时间工厂的开工率仅为以往的50%，异常事态发生了。

在这之后半年多，出口贸易才稍有回升。直到2009年9月，日本矿业生产指数才恢复到1990年前后的水平，这种事态整个平成时代也只在此时和东日本大地震发生后的那段时间出现过。

日本各种各样的经济指标在2009年悉数跌入谷底。经济增长率为-5.4%，下跌程度远远超过了石油危机时期，也远超了日本金融崩溃的那一年（-1.1%），是迄今为止最大的负增长值。出口规模也在急剧减少，54.2万亿日元的规模退回到了六年前的水平，和前一年相比减少了1/3。对美国及欧盟的出口减少了40%左右，对中国减少了23%，出口减小的比例勉强控制在了30%内。股票价格同样创下了泡沫经济破灭后的最低值，日经平均指数为7 054点。日本经济仿佛跌入了无底洞，失业率在2009年7月创下历史最高纪录，达到了5.5%。受次贷危机影响，2009年3月的企业财年决算"一地鸡毛"，营业出现赤字的企业不在少数。丰田公司的营业赤字达到了4 100亿日元，销售额比前一期减少了22%。这是丰田公司设立七十年来首次出现营业赤字。

雷曼兄弟公司的破产本是美国金融的破产，却让日本的实体经济受到重创。放眼全世界，如果从实体经济的损失程度上来看的话，日本遭受了极其巨大的损失。从经济增长率来看，2009年日本的经济增长率为-5.4%，美国是-2.8%，而韩国是0.7%。从2007年与2009年的生产指数减少率来看，日本减少了26.4%，美国只减少了14.5%，而韩国增加了2.6%。雷曼兄弟公司破产后，日本的金融机构因与此次金融泡沫关联甚少，大家都认为对日本的影响程度应该是有限的，那么为何日本却成为此次危机的重大受害者之一呢？

第一，次贷危机引起的金融危机导致全球性需求紧缩，直接影响了日本的出口贸易。自2003年以来日本的经济恢复主要依靠出口的稳步增长，此次危机直击其核心部位。从图3-1可以看出，日本的矿业生产指数从2003年开始长期快速增长，出口贸易功不可没。从图3-1中还可以看到，从2003年至2007年，日元兑美元汇率一直保持在110日元左右的水平，在平成时代也是比较少见的稳定期了。

第二，日元对美元升值的结果。在2008年8月，日元对美元的汇率是109.2∶1，是这一时期的顶峰。从那以后至2009年1月，日元对美元汇率升至90.4∶1，五个月时间日元升值了17%，之后日元仍在持续升值。发生在全球性需求紧缩的背景下，日元升值给日本出口贸易以重重一击。

第三，此次危机引起了资源性物品价格的急速下跌。这对于采用订单式生产的制造大国日本来说，采取何种应对方式就显得格外重要。例如，石油价格（WTI①一桶价格）从2004年（40美元左右）开始一直上升，进入2007年涨势更猛（6月涨至67.5美元），到2008年6月涨到了这一时期的顶峰（113.9美元），是一年前价格的两倍。次贷危机发生后，石油价格急速下跌，2009年12月下降到77.7美元，五个月时间下跌了近三成。以同样方式急涨急跌的资源性物品还有很多，资源市场演变成了投机市场。资源性物品价格的大起大落对于以制造业为主的日本来说，十分难以应对，并且这还涉及各个产业中的各家企业。在价格快速上升的时候，为了防止价格再上升而匆忙下单购买的情况应该不少，这会产生"假需求"。在价格快速下降的时候，则需要迅速调整产品的库存，这是采用订单式生产的国家独有的烦恼。但是企业在看到生产下降的数字后，对前途感到不安使得企业变得想要"控制一切"。所以，在众多的产业中产生了需求降低的断档期。这就是2009年前半年日本经济必须要面对的局面。

也就是说，日本作为采用订单式生产的制造大国，在面对这样局势的时候应对尤其困难。需求紧缩、日元升值、资源性物品价格的急速下跌等因素叠加在一起，使日本的实体经济遭受了难以想象的沉重打击。

---

① WTI（West Texas Intermediate），即美国西得克萨斯轻质原油。

东日本大地震

日本的产业在2009年的上半年被逼入了谷底,但这之后在日元升值依然继续的情况下,以出口贸易为中心的日本经济竟然早于预期得到恢复。资源性物品的价格有所上涨,与此同时,日本矿业指数也迅速恢复,2010年的日本经济增长率达到了4.2%,这是泡沫经济破灭后的最好成绩了。尽管国内生产总值还没有回到2008年的水平,但比起前一年-5.4%的经济增长,成绩已相当惊人。

2011年2月,日本矿业指数为102.7,与2017年经济稳定成长时期的数据基本持平,放在次贷危机后的这些年里看,也算是不错的成绩了,日本经济终于又踏上了回归之路。然而3月11日,东日本大地震突然袭来。大地震对日本产业的影响体现在以下几方面:第一,各行各业在受灾地设立的事务所被迫停止,长期无法正常营业;第二,由于福岛核电厂发生泄漏,日本政府关闭了所有核电厂,引起了全国性的电力供给不足;第三,由于建立在受灾地的各种生产工厂不能正常生产,供应日本全国的零部件及材料发生断供,造成了全国性供应链断裂的局面。

为解决电力供给不足的问题,电力公司和电气机械工厂齐心合力,努力增大火力发电量,短期内实现了供给保证,使电力供给危机没能成为现实。但是供应链的断裂给各个产业带来了很大的影响,从图3-1可以清晰看到矿业生产指数"倒栽葱式"跌入悬崖的现象再一次发生。举一个典型的例子，某公司生产一种广泛应用于汽车和电子器械等产品控制系统的微型计算机，这个公司设立在受灾地的那珂工厂的产量占整个日本市场使用量的四成。工厂受灾关闭，微型计算机停止生产，可以想象将给他们的用户带来何等程度的影响，比如丰田、佳能等公司，它们都必须要大幅度减少本公司的产品生产量。

为了能够让工厂早日恢复生产，本应是用户的丰田及佳能公司组织公司内部的技术人员组成了一支规模 2 000 人的专业技术支援队伍驰援那珂工厂。通过共同的努力，工厂恢复生产的计划提前了好几个月完成，在当年 6 月成功恢复生产。日本文化所孕育的厂家与用户之间的紧密关系，在供应链重建的关键时刻起到了相当大的作用。

紧接着在 10 月，泰国发生了罕见的洪灾，给日本产业带来了相当大的负面影响。在国际分工理念的浸透下，相当多的日本汽车及电器公司在泰国设立生产工厂，这场洪灾给日本企业在海外的生产带来了不小的冲击。

日元汇率异常上升到历史最高值

除了自然灾害的袭扰，外汇市场也发生了异常变化。美国次贷危机后，国际性金融危机让刚刚因自然灾害受到严重打击的日本又一次陷入一个历史性的日元异常升值的不幸局面。原本受东日本大地震的影响日元应该贬值，但事实并非如此。2011 年 2 月，日元对美元的汇率升至 82.5 日元，一段时期内相对稳定在110日元的汇率如海市蜃楼般地消失了。东日本大地震后日元持续升值，2011年10月达到了75.3日元，成为日本第二次世界大战后最高值。不仅是对美元，对欧元也同样在升值。

日元异常升值的主要原因不在日本，而在美国和欧洲。

2010年前后，尽管由美国次贷危机引起的欧洲金融危机开始显现，但真正象征这一危机开始的事件发生在2011年8月5日。这一天，美国国债的信用评级从AAA级下调到了AA+级。这是历史上第一次美国国债信用评级从最高等级的位置上滑落，这意味着人们对作为国际重要通用货币美元的信任大幅动摇了。

从次日开始，美元在国际市场被大量卖出，日元继续升值，并向着历史最高点迈出步伐。同一天，欧洲危机国家，比如希腊、意大利的国债价格开始迅速下跌。市场意识到美国对国际金融危机的处理能力消失和国际金融市场的基盘开始崩溃的日子，也许就是2011年8月5日。

从那天起，日元加快了升值的步伐。但这并不意味着日元自身变强大了，而是美元和欧元在变弱，所以作为规避风险货币的日元没有因为东日本大地震受到影响，反而得到市场的关注吧。

这样和日本经济实际状况完全相悖的日元大升值，本会给日本产业带来重创，但实际上日本的出口贸易尽管步履蹒跚却并未受到太大的打击，日本的生产状况在东日本大地震后完成了"V字型"恢复。

电气机械产业的"战败"

不幸的是,有些产业却没能挺过来,其中曾雄冠全球的日本电气机械产业就是一个典型。

提起次贷危机时的日本大型电器企业,有以综合电器为主的日立、东芝和三菱电机,有以家电为中心的松下、索尼、夏普和三洋电机,还有以通信和计算机为中心的日本电器和富士通等为人们熟知的公司。如今,三洋电机已经不是上市企业了,它在次贷危机后发布了和松下之间的并购意向信息,并于2009年12月正式并入松下。接下来是夏普,它虽然作为上市公司至今依然在运营,但在东日本大地震及日元急速升值这两记重拳的打击下,夏普2011年的年度决算出现了巨额赤字,无奈之下,夏普于2012年接受中国台湾大型电子器械代工制造公司鸿海精密工业股份有限公司的资本援助,并于2016年被该公司正式收购。

夏普是这一时期受冲击电器公司中最不幸的一家。2007年7月,夏普决定斥资4 000亿日元在大阪兴建液晶电视新工厂,但决定投资的时间,正是次贷危机发生的前一年,也是巴黎银行事件的前一个月。在工厂建设期间,发生了雷曼兄弟公司破产事件,启动生产则是在次贷危机发生后经济整体状况处于最谷底的2009年10月。这就是夏普赌上公司命运而建设的新工厂。

日本的大型电器公司在次贷危机和东日本大地震后,曾两次出现过巨额经营赤字。在次贷危机刚发生后的2009年3月的企业决算中，日立、东芝、松下、索尼、夏普、日本电器和富士通7家公司经营赤字共计2.2万亿日元。在东日本大地震和日元升值后的2012年3月的企业决算中，松下、索尼、夏普和日本电器4家公司共出现经营赤字1.7万亿日元。受此打击，在2013年3月的决算中，松下和夏普又分别出现了7 000亿日元和5 000亿日元的经营损失。2009年3月至2013年3月这四年中，没有出现损失的只有三菱电机一家。除去三菱电机外的7家公司（三洋之后并入松下），用这五年的净利润与损失相减后得出的数字是45 542亿日元的赤字，多么惊人的数字！连续五年，每家公司平均每年的经营赤字为1 301亿日元。

从20世纪80年代以来，日本的电气机械产业一直是日本经济发展的领头羊，在日本经济中所占比重比汽车产业要大得多。就是这样一个产业，在经历次贷危机和东日本大地震后，发展全面落后。此后，在半导体、电视机市场引领行业的是韩国，在手机市场独领风骚的是美国，在电器硬件生产领域则是中国台湾。在竞争中获胜的标志性的企业有韩国三星电子、美国苹果公司以及中国台湾的鸿海精密工业公司。

在半导体存储器市场，日本尔必达因经营不善于2012年破产。曾经在世界市场中将"日本的半导体"名号打响、经3家大型半导体公司（日本电器、日立、三菱电机）整合存储器技术力量后而成立的尔必达，竟然就这样草草地败给了韩国三星电子。随着三星电子在液晶电视领域取得长足进步，夏普在大阪工厂的巨额投资从一开始就注定了其失败的结果。在手机领域，美国苹果公司于2010年推出的搭载着崭新设计和软件的全新智能手机,一经面世便在全球大卖,日本企业全无招架之力。中国台湾鸿海精密工业公司最初因承接日本企业的外包生产,在2005年左右迅速发展,并于2010年成长为一家年销售额为7万亿日元的大型企业,其规模超过了任何一家日本大型电器企业。

我们来看一下这些成功企业取胜的关键点,三星电子靠的是大胆的设备投资和设计意识,苹果依靠的是设计与压倒性的软件开发能力,鸿海精密工业凭借的是绝对性的设备投资。设备投资、设计和软件开发,泡沫经济破灭后日本企业在这些方面的短板暴露无遗。泡沫经济的破灭在资金方面给日本企业造成了巨大影响,因资金短缺无法进行设备投资,再加上日本在计算机科学领域人才培育的滞后,直接影响了其软件开发能力。

在日本电气机械产业飞速成长的20世纪70年代和80年代,日本硬件电子工程学专业毕业的本科大学生人数是美国的两倍,那时的产业竞争可以说是人才的竞争。但自20世纪80年代中期开始,美国每年培养的计算机科学领域的本科生人数都在4万人以上,而日本这一时期在这一方面的毕业生人数极少,以至于没有出现在日本文部省的分类统计数据中。在美国强大的计算机软件基础能力面前,日本显得不堪一击。这些内容将会在第五章再做介绍。

汽车产业牵引下的国际化

所幸的是,东日本大地震对日本经济的影响最终并没有预想的那么大。2011年,日本的经济增长率为-0.1%,与2009年的-5.4%相比,2009年时的环境显然恶劣得多。

日本产业跨越过日元升值这一困难期后逐步迈上了恢复之路。我们来比较一下次贷危机前经济顶峰期的2007年和之后的2009年。比起2007年,2009年日本的国内生产总值"蒸发"了42万亿日元。其中与财产及服务相关的出口额减小量是32万亿日元,占减少部分的76%。减少的出口贸易额随着2012年日元贬值后开始快速恢复,但是出口贸易额增加的很大一部分来自日元贬值后计算上的增额,如果用美元计算得出的同等出口额换作日元计算的话,出口贸易会因日元贬值而在数值上显得大一些。但是,哪怕仅用美元来计算,出口贸易额依然增加了。更重要的是,以日元计算得来的数字也许会给人们的心理传递更加积极的影响吧。对于出口企业来说,日元贬值不仅使其销售额上升,企业的利润也会相应增加。

当然,日元贬值会使日本制造的产品在国际竞争力(美元价格)上有所提升。2011年10月,日元对美元的汇率达到了历史最高值——75.3日元,此后,日元逐步贬值。2013年2月,日元对美元汇率贬值到90日元左右的水平,2015年6月贬值到123日元。2012年12月,日本自民党重新取得了执政权。为了重新振兴日本经济,时任日本首相安倍晋三提出了"安倍经济学"。随后,日本中央银行总裁黑田东彦推出了被称作"异次元"的金融宽松政策。这就是此番日元贬值的大背景。出口贸易在国内生产总值中所占比例由2012年的14.5%快速上升到2015年的17.6%。

日本的出口逐渐恢复，但这一时期表现更为突出的是作为日本企业国际化一环的海外生产的扩大。2009年，日本制造业海外现地法人的全球销售总额为78.2万亿日元，到2016年增长到123.6万亿日元，同时日本制造业企业的海外生产比例从2009年的30.5%上升到2016年的38.0%。在日本海外现地法人45.4万亿日元的销售增加额（从2009年至2016年）中，运输器械产业（主要是汽车产业）占了近六成。2016年，海外现地法人的全球销售总额中，运输器械产业占52%，电器产业只占15%；海外现地法人的营业利润所占比例中，运输器械为48.2%，而电器只占9.9%。在日本的出口商品中，汽车所占比例非常高，并且在2013年超越电器产品，成为日本出口占比最高的产品。也就是说，在次贷危机后，日本企业国际化活动中汽车产业才是绝对的主角。其中，丰田公司在2012年至2015年间成为世界范围内汽车生产台数最多的公司（2016年以微小的差距被大众公司超越），丰田等日本汽车厂家成为这一时期日本产业的模范标兵。其间，日本不仅扩大了海外生产，还保持了相当程度的作为生产基础的国内生产规模，同时也维持着一定的出口量。

我们来看一下日本汽车厂家在海外的生产数量。2009年是1012万台，2017年上升到1974万台，几乎增加了一倍。但是日本国内的生产数量只是微增，从2009年的793万台升至2017年的969万台。在日本国内生产的数量中，有六成在本土销售，其余则转向了出口，但出口的数量几乎没有变化，也就是说，日本汽车产业采取了依靠海外生产来应对海外需求增加的战略。这一战略有着重大的意义，利用维持日本国内生产规模来巩固企业成长能力的基础，利用扩大海外市场来提高日本国内供给能力。

汽车厂家海外现地法人的销售额增加，直接导致当地采购量的增加，这给日本汽车的零部件供应商带来了丰厚的收益。实际上，2016年，日本在海外的汽车厂家零部件采购总额为47.4万亿日元，其中41%（19.9万亿日元）的采购额用于从日本供应商（包括日本国内及在海外当地建厂的）那里采购零部件。零部件采购范围极广的汽车产业，利用整车销售的提高带动了大批日本国内及在海外建厂的零部件供应商的业务增长，这对日本整体经济的增长影响十分显著。采取这种战略的并非只是汽车产业，还有其他众多产业。2016年，日本整体制造业在海外的现地法人企业从日本本土采购进口的总额为18.6万亿日元，这个数字占当年日本出口总额的27%，这种战略效果之大可想而知。

不管是从从业人员的数量看，还是从营业利润方面看，给这些活跃在国际舞台上的日本汽车供应商企业带来最大利益的国家是中国。2016年，日本在中国的汽车相关现地法人企业有3 205家，从业总人数为132.7万，总营业额为29.3万亿日元，营业利润额为3万亿日元，利润率超过了10%；与其他国家和地区相比，这里是最高的。中国在2007年成为日本最大的出口贸易伙伴国，现地法人企业营业额也在2011年超越了美国成为第一。之后，中国也一直是日本最大的出口贸易国，日本现地法人企业营业额的第一位则由美国和中国轮流

"坐庄",而从营业利润率上看,2008年以来一直是中国最高,并且遥遥领先于美国。

由于中国人工劳动成本的上升,中国作为劳动力密集型产业基地的魅力逐渐消退,日本企业开始将眼光移向了亚洲其他国家。但是随着中国市场购买力的快速提升,现地法人企业逐渐将中国的定位逐渐由原来的劳动资源利用型转变为市场布局型。

官方主导的企业经营者监督管理改革

受日本银行总裁黑田东彦推出的金融宽松政策的影响,货币市场逐渐形成了日元贬值的局面,由此又带动了股市向好,国外投资者向日本投资的意向同时高涨起来。这一系列金融宽松政策本身就是2012年末日本众议院大选时,自民党安倍政权所提出的安倍经济学的重要组成内容。自民党和民主党的政权更替以及"新经济政策"的实施,不断地给人们带来话题,再加上海外投资者大手笔购入日本股票的推波助澜,日经平均指数从2013年开始上升。2012年12月只有10 398点的日经指数在一年内就涨到了16 291点,并在之后仍然保持上升态势。到2015年5月,在十五年后又重回20 000点以上。2012年至2015年,经济增长率也稳定在1.3%的水平。

2015年6月,在日本金融厅和日本证券交易所的主导下,《企业经营者监督管理改革规定》(以下简称《管理规定》)开始实施,这引起了日本上市公司经营者们的极大关注。这次改革是安倍内阁"日本再兴战略"的重要组成部分,也就是说,这是一场官方主导的企业管理方法的改革。具体来说,所有的上市企业都要遵守这个《管理规定》中各种各样的规则,若不遵守,则必须说明理由并向证券交易所提交文字报告。绝大多数企业都提交了可以遵守规则的意见汇报书。该《管理规定》的主要内容包括:确保股东的权益及公平性;倡导企业与股东之外的、与企业利益相关的第三方成员保持恰当的互动交流等五大基本原则。另外,还增加了上市公司董事会必须选举任命2名以上的外部董事的内容。

2018年6月修订版推出,要求积极推进削减企业政策性持有股票、增加经营者任免手续的透明度,以及选任女性和外国人进入董事会,以促进董事会的多样性等。另外,在2014年9月,经济产业省也提出了有关企业经营者监督管理改革的政策要求,企业应将自有资本率达到8%以上作为目标。在文件中,不管是有关规则的内容还是提出报告书,都并非硬性的规定,只是要求尽力而为,这种做法也许就是日本让人感觉不可思议的地方吧。

就在推出《管理规定》的同时,日本发生了一件震惊社会的经营丑闻——在东芝这个极具代表性的企业,连续三任社长被指控财务数据造假。在日本,这是前所未闻的经营丑闻。这一事件极大地损害了人们对资本市场的信赖,由此引发的有关如何监督限制社长权限的企业监督管理改革受到了日本民众极高的关注。另外,在这一时期,日本媒体大量报道了有关美国的质询机构如何应对机构投资家们在股东大会上提出的公司提案的活动，比如建议在企业的净资产收益率连续三年低于5%的情况下否决企业的社长进入公司董事会，以及被称之为社会活动家们①的行动情况。

关于《管理规定》的基本信息，笔者认为除去一些过细的提案外都是有意义的。《管理规定》未让"强调公平"流于形式，这一点值得赞许。其中"基本原则"的第二项中明确写道，"企业与股东之外的与企业利益相关的第三方成员保持恰当的互动交流非常重要"，对于第三方人选的定义，首先提到了公司从业人员，这一点非常值得称赞。但是大部分人认为，这只是更加强调重视股东的一个规定，这可能与这一时期活动家们频繁活动有关。通俗点说，就是给人一种把美国式的企业管理方式强加给日本企业的感觉，有经营者甚至将此观点撰稿投给了某经济杂志。

活动家们对于企业有着典型的共同的诉求，那就是增加分红比例、减少公司持股比例，这就意味着要将公司的资产更多地分配给股东们。从企业长期健康发展的角度来看，这样的做法到底是好是坏还有待讨论。正如前文针对企业管理的议论一样，这些活动家们提出的要求容易偏向股东的利益。从企业经营者们的角度来看，这些活动家在做提案发言时是否真正考虑过这些意见对企业将来的长期发展是否有利还值得商榷，一种无言的"违和感"笼罩着众多的企业经营者们。

---

① 作为股东，敢于对公司经营做出质疑的机构投资家。

经营者们无言的"违和感"

针对个别企业要求增加分红比例也许具有一定的正当性，但若针对所有上市企业，这种要求是否恰当就值得考虑了。实际上，东证一部的上市企业的分红比例已经相当高了，截至2017年，五年间的平均红利倾向比例为30.7%，这一比例和美国相比并无太大的差距。而根据包括非上市企业在内的大多数日本法人企业的数据统计，红利倾向比例时常超出这一数字10个百分点。日本的企业为了保持股东利益分配的稳定性，常常在公司未盈利的情况下，照样保障着股东的利益分红。次贷危机后的2008年是日本企业决算最坏的一个财年，东证一部所有上市公司（1 715家）的当期利润总额只有2 492亿日元，却向股东支付了4.7万亿日元，比上年仅仅减少了一点。算起来，2008年的实际分红率就是1 898%这样的一个天文数字。为保障股东利益，日本企业在没有盈利的情况下依然向股东们支付了巨额分红。

另外，代表这些活动家们的海外机构投资者的持股方式，让日本企业的经营者怀疑他们是否真正在考虑企业将来的长期发展这个问题的重要原因，也让经营者对投机动机过于强烈的短期获利操作行为开始反思。比如说，截至2017年末，外国法人等企业的外国人持股比例为26.5%，最高为2014年的28.0%，但这些海外投资者的股票交易额却占到了整个交易额的69.3%。这两个数字的差异意味着这些海外投资者们以远高于市场平均交易频率的速度进行股票买卖行为，也就是说其短期获利的倾向性极强。不过这一点一直以来从未改变过，他们的这种市场交易行为使东京证券交易所所有的股票交易率都随之上升了。从有责任为企业的长期发展而考虑的企业经营者们的角度出发，在面对这样一个短期获利、投机性极强的股东群体所提出的意见及提案时，采取什么样的立场和态度来应对不是一件容易的事。经营者们这种无言的"违和感"可以理解。诚然，股票的持有意味着在股东大会上的投票权和对公司经营的发言权，其背后存在这样一个问题，那就是从社会公正的视角来看，我们到底要在多大程度上保护这些短期持股的股东们的权益呢？

从这次由官方主导的企业经营者监督管理改革内容上可以发现，其主张的方法与上述股东们所要求的基本内容有着同样的方向。比如，经济产业省的指导性文件中提到"以提高净资产收益率为目标"的说法很容易使人联想到重视净资产收益率的美国式经营。文件明确提到"日本企业净资产收益率低下是由利润率低下导致的"，如果真是这样，为何不直接写成"以提高企业利润率为目的"而选择了"以提高净资产收益率为目标"的措辞呢？

提高净资产收益率其实有两个途径：一是增加计算分子利润，二是减小计算分母自有资本。这两个途径拥有同样的效果。增加企业利润需要经营者的努力，这也是传统的经营之道。而为了减少自有资本仅仅卖掉一些自持股票就可以轻松地达到目的，也就是说通过财务手段即可达成目标。这种方式在美国被众多的企业采用，原因来自美国股东们强大的经营参与力。但是日本企业在银行已经不能成为企业最后支撑力量的金融环境下，从自我防卫的角度上来说，企业不愿意选择减少自有资本。

就这样，人们从这次官方主导的企业经营者监督管理改革的背后，渐渐看到了美国的影子。如果一定要说这种方法是世界资本市场通用规则的话，倒也无法反驳，但总感觉有一丝"违和感"，这也许是对泡沫经济后一直流行的"日本异质论"的"违和感"吧。

稳定的雇佣与人工成本

前面已经介绍过，在次贷危机之后，日本上市企业不顾超低的利润额，依然维持股东利益分配的惊人之举，同样的惊人之举还发生在雇佣和劳动分配率上。2008年至2009年，日本的就业率急速下降。2008年9月（次贷危机发生当月），日本的失业率为4%，10个月后，也就是2009年7月，失业率为5.5%（这也是日本失业率的最高值）。之后，在日本经济并没有完全恢复的情况下，日本的失业率持续走低，终于在2013年6月回落到了3%左右的水平。再之后，随着日本经济的逐渐恢复，失业率进一步降低，2018年5月下降到2.2%，这意味着日本又回到了1993年前后的低失业率水平。

次贷危机发生后的10个月里，日本的失业率上升了1.5%，如果考虑"倒栽葱式"跌入悬崖般的生产状况，以及东京证券交易所一部全部上市企业营业利润总额只有区区2 492亿日元的话，那么，失业率仅仅恶化了 1.5% 可以说是一个奇迹。与美国同期的失业率相比即可理解，美国在次贷危机中"受害"程度比日本轻。2008 年 9 月，美国的失业率为 6.1%，10 个月后上升至 9.5%，10 个月间上升了 3.4 个百分点，是同一时期日本失业率恶化幅度的两倍以上。之后，美国的失业率继续上升，2009 年 10 月达到了顶峰 10.0%。这是美国 25 年来失业率首次达到两位数。达到顶峰后，美国的失业率开始逐步下降，但回归到次贷危机发生前的水平时已经是 2014 年 7 月了，用了整整 70 个月。而日本只用了 57 个月的时间，比美国所需的时间短得多。

美国的劳动市场流动性很大，企业在应对经济情况变化时调整雇佣计划的速度非常快，这一做法很久以前就为世人所熟知。这也是在遇到次贷危机这样的大事件时，日美两国企业选择的应对方法有如此差异的原因吧。从这一点就可以看出，比起美国，日本企业有着极强的维持雇佣传统的观念。从劳动分配率的比较来看，二者之间的差距更加悬殊。

由于经济发展环境变化，企业经营产生的附加价值发生变化时，日本是将支付从业人员的薪酬作为企业固定费用来考虑的，所以劳动分配率的变化幅度是相对较大的，而美国企业是将薪酬费用作为变动费用来处理的，所以经济发展环境的变化对劳动分配率的影响很小。

在次贷危机后出台的《日本法人企业统计报告》的数据显示，2007 年，日本全部企业（除去金融和保险业）劳动分配率为 69.4%，2008 年为 74.7%，上涨了 5.3%。这和以国家经济为基础的计算得出的劳动分配率基本一致，之后的2009年也基本保持了相同的水平。在这以后，日本的劳动分配率才逐渐走低，到2017年回归66.2%，比泡沫经济鼎盛时期的1989年还低1.4%。

用以国家经济为基础的计算方式得出的数据来看一下美国的情况，2007年和2008年，美国劳动分配率几乎没有变化，2009年下降了2%，也就是说，如果只是参照劳动分配率的话，美国基本没有受到次贷危机的影响。不！倒不如说，由于经济危机的原因，美国的劳动分配率下降了，因为美国企业是配合附加价值的减少额整齐划一地削减了相应的人工成本费用。同时期急速上升的失业率就是美国削减人工成本费用最直接的体现，且高失业率长时期保持着。美国企业通过减少雇佣这种简单的方法来降低人工成本费用，而日本企业在同一时期稳定地维持着从业人员总量和人工成本总费用。当然，在遇到次贷危机这样重大危机的时候，日本企业也会相应地减少雇佣以减轻企业的经营压力。根据《法人企业统计数据》，日本企业2008年的从业人员总数为4 137万，到2010年降到4 052万，减少了85万，与同期失业者的增加数据（79万）基本持平。这一时期，日本雇佣减少的人数只占总从业人数的2%，并且从业人员的人均年薪稳定保持在480万日元左右，几乎没有变动，从业人员薪酬总额里只是减少了被裁人员的那部分薪酬。

日本企业从业人员薪酬总额从2007年至2009年减少了约1.4万亿日元，而同一时期减少的附加价值总额为22.1万亿日元，这个数字远远超过了从业人员薪酬的减少额，造成了从 2007 年至 2009 年日本的劳动分配率急剧上涨了 5.3% 的局面。在企业生产附加价值大幅下跌仍维持着巨大雇佣的局面下，劳动生产性（从业人员人均产出附加价值）也从 2007 年的 698 万日元大幅降到 2009 年的 641 万日元。维持从业人员薪酬变动的一个重要因素，就是劳动生产率的上升要与人均薪酬的上涨率保持平衡。而日本在泡沫经济破灭后的一段时期违反了这一原理，从业人员薪酬大幅上涨。美国次贷危机后，日本企业再一次违背了这一原理，在劳动生产性大幅下跌的情况下仍然维持着原有的人工成本费用。

在这次席卷全球的经济危机中，日本是最大的"受害者"。即使如此，日本企业依然坚守着对雇佣的承诺，冒着劳动分配率高涨的经营风险，并未减少对劳动者的利益分配，这一点值得高度评价。从 2013 年开始，日本企业随着经济状况的恢复，生产力也得到了快速提升，这一时期的人工成本的增加虽远远低于劳动生产率的上升，却并没有引起劳资双方的纠纷。究其原因在于，在困难时期，劳资双方不离不弃，共同经历了磨难后形成了经营者和从业人员之间长期的、稳固的信赖关系。当经济情况不好的时候，企业依然给予从业人员相当的薪酬待遇，在局面稍微好转时也希望从业人员再忍耐一下。

从 2013 年开始，随着经济形势的好转，日本法人企业的营业利润率也回到了 3.5% 的水平，2017 年又顺利地达到 4.4%，净资产收益率的数值也从 2013 年的 6.8% 上升到 2017 年的 8.4%。

重振精神：提高了自身实力的日本企业

日本企业经历了次贷危机"倒栽葱式"跌入悬崖的磨炼，又经历了东日本大地震的洗礼，提高了自身实力后又回到了经济发展的大潮中。在面对"疾风"的侵袭时，重振精神的企业应该不在少数。

从2017财年的决算数据中可以看到，许多日本企业取得了历史最高收益，1/4的东证一部上市企业刷新了之前的企业经营收益纪录，东证一部上市企业的利润总额比上年上升了近25%，达到了36.9万亿日元。回想次贷危机发生后的东证一部上市企业的利润总额（2 492亿日元），仿佛是一场噩梦。从2011年起，日本企业的自有资本率和净利润都保持上升态势，2017年度东证一部上市企业的净资产收益率上升到10.5%，在没有采取减少自有资本来提高净资产收益率的方式的情况下，日本企业使净资产收益率远远超过了日本经济产业省所划定的8%的红线。

从能够反映日本法人企业整体指标的法人企业统计数据来看，也有着完全相同的倾向。2017年日本法人企业的净利润总额为61.5万亿日元，净资产收益率为8.4%，都保持了一贯的增长态势。1999年金融危机后，日本企业在近二十年的时间里，一边不断致力于自有资本率的提高（2017年为41.7%），一边努力改善自身财务状况，使净资产收益率达到了一个前所未有的高水平，这一点令全世界瞩目。另外，从序章的图2中的曲线走势中可以看出，次贷危机后的这八年，日本企业的营业利润率和劳动生产力都实现了完美快速攀升，经营效率能够如此程度得以提高，意味着企业的创收实力已经有了相当程度的提升。

我们再来看一些宏观经济数据。从2013年后，日本的商品出口几乎是一路增长的态势，终于在2017年达到了78.3万亿日元，这是历史新高。尽管矿业生产指数并没有回到次贷危机前的110点的水平，但生产活动没有受2015年日元升值的影响，顺利地扩大了生产规模。2017年，日本的经济增长率回调至1.7%，失业率在2018年5月下降到2.2%的低水平。

2015年以后国际原油价格的大幅下跌，应该是日本产业能够如此顺利实现恢复的一个重要原因。2014年，国际原油价格代表性指标WTI重油每桶的价格为93.1美元，2015年竟然下跌至48.8美元，下跌了48%。2016年跌势持续，2017年回涨到50.0美元的水平。据说，下跌的主要原因是美国壳牌石油公司大量增产原油。国际原油价格在次贷危机发生前的高点是2008年的99.6美元，之后一路下跌，一直到2014年才重新开始上涨，这段时期的原油价格几乎是那个高点价格的一半。日本是一个原油完全依赖进口的国家，国际原油价格的上涨会给日本的产业发展带来巨大的负担。对于一边承受着能源价格上涨带来的负担，一边在次贷危机后步履蹒跚、一路向下的日本产业来说，2015年开始的国际原油价格的下跌着实是一件值得庆祝的事。

谈到价格，再谈一谈与价格相关的内容。日本泡沫经济破灭后，公示平均土地价格在2006年短暂停止了跌势，2009年又开始再次下跌，2013年在56万日元/平方米这个价位不再下跌，从此日本的土地价格开始转向上升趋势，2016年上升趋势更加明确。2018年的公示平均土地价格回涨到70万日元/平方米，泡沫经济破灭的巨大伤痛（那时的公示平均土地价格为241万日元/平方米）终于得到些许"愈合"。尽管回涨的金额并不是很大，但对人们心理上的影响还是相当大的。

尽管日本经济从美国次贷危机中完美地得到恢复，但要消除次贷危机对消费者的消费意识产生的影响还是花费了一些时间的。依据日本内阁府进行的消费者消费态度指数的调查，可以清晰地看出，从2015年初开始逐渐显示出明确的改善意向。泡沫经济时期及次贷危机发生前，消费者消费指数为50点[①]左右，次贷危机发生后，2009年初为27.0点，这是从1982年实施这项调查以来的最低点，2015年初反弹到40点左右，到2018年初又上升到46.6点。

日本企业在内忧外患的夹缝中积极前行

到2016年，美国次贷危机已经过去了十年。它所带来的负面影响是巨大的，无论是产业界还是消费者信心的恢复都用了将近十年时间。尽管恢复之路曲折艰辛，但日本还是一步一步地走了过来。

时至今日，还谈不上一切都让人充满希望，在日本企业今

---

① 50点是判断生活向好还是向坏的一个分水岭。

后的发展中至少还存在着两个外患与两个内忧。

外患之一是在IT领域，特别是在软件的生产设计以及平台建设方面，日本已经被美国远远地抛在身后，这方面的内容会在第五章详述。技术差距的背后是IT人才绝对数量上的巨大差距。IT时代，或者叫作"第四次工业革命"时代即将到来，日本在传感、末端器械以及通信硬件等领域还有占据一席之地的实力，但在软件设计、电子体系以及以电子体系为基础的平台建设方面，日本的劣势一目了然。如何缩小差距挽回劣势，是日本必须要思考的问题。

外患之二是反对美国主导型国际化的浪潮在全球此起彼伏，就连原本应该是推动者的美国人民也加入到这个浪潮之中。例如，"9·11"恐怖袭击这样极端的事件突然发生，而解决问题的方法至今却仍在探索之中；2016年，英国决定脱离欧盟，特朗普当选美国总统。这一连串事件的发生，背后都有主张本国利益至上的"民粹主义"被选民接受的背景。已经浮于表面化的欧盟难民政策，以及美国的自我保护主义政策，让世界贸易、世界经济的基础产生动摇。

在内忧中，人们最担心的是日本企业的投资不足。如果把营业利润额和折旧额之和当作投资资金来源的话，日本企业用于设备投资的资金只占四成，并且这种状态几乎稳定地持续了近二十年时间。在泡沫经济时期，日本企业几乎将可投资财源的九成用于设备投资，这种方式的确不够慎重，但是只将其中的四成用于设备投资，而将其余都作为内部留存的做法未免又太过慎重，将设备投资和内部留存保持平衡才是日本企业的正确做法。

内忧之二是并不重视国内设备投资的日本企业不断扩大的具有重大风险的海外大型并购行为，并且已经出现了多起失败案例。考虑到今后日本企业的国际化布局，海外并购当然是一个重要的途径和手段，但更重要的是如何使日本企业拥有让并购行为成功的实力。

在这一章内容即将结束时，如果只是强调外患与内忧的话，未免显得太过悲观。本书第一部分将平成时代的三十年分为三个十年，每十年构成一个阶段，以十年为单位，概览日本经济和日本企业的发展历程。读者应该已经可以感觉到这实在是充满波澜的三十年，如果与昭和时代的后三十年相比较的话，环境的变化要激烈得多。

面对未来，总会有各种各样的不安与担忧，但是日本企业在充满波澜的平成时代的三十年中，经历了"疾风"的洗礼后成功回归，让我们见到了"劲草"。用"日本重新回归"这样的基调来结束本章，终于可以让笔者长舒一口气了，因为日本企业终于能够在积极面对未来的状态下，见证平成时代的结束。

第二部分 世界、技术、人和钱的三十年

第四章　在美国和中国的夹缝中生存

国际秩序激烈变化的平成时代

在第二部分，将针对平成这三十年日本企业的经营状况，从世界、技术、人和钱这四个视角，用全面观察的方法来分析这三十年的历史。另外，笔者打算在最后一章，也就是第八章，对日本汽车产业的代表企业丰田公司和日产公司这三十年的经营情况加以比较分析。

在第四章，在描绘平成时代"世界地图"的日本企业史这一点上，笔者有着个人的意图和考量。在思考日本今后的经营时，特别是对于以日本人口减少的环境为基础的日本企业来说，如何找准在世界舞台当中自己的定位，是众多企业在经营方面将要面对的一个重要问题。面对未来不同的企业采取何种自我定位当然会有所不同，但是我们试图从剧烈变动的平成历史当中，找出所有企业都能借鉴的东西。在思考这一问题前，我们需要来回顾一下平成的历史。

首先应当确认的一点是，围绕着平成时代，日本企业面临的国际秩序发生了极大改变。由于这些变化，日本企业一边被"愚弄"，一边积极应对这些变化并坚定地走了出来。冷战格局的结束几乎和平成时代的开始处于同一时期，此时中国也开始实施改革开放政策。这些内容在序章中介绍过。同时新兴国家也在平成时代加速成长。

所有现象都意味着企业活动进入了国际化时代。但在平成时代即将结束的今天，历史却开始稍稍有些逆回转的动向。美国总统特朗普提出的，可以说是反国际化的"美国第一主义"言论引发了中美贸易摩擦，接着以向难民开放边境为契机的英国"脱欧"问题，这些做法都表现了欲将本国国境线门槛提高的动向。所以在上一章的最后，作为外患之一，笔者列举出了这种反国际化的动向。

但是这种动向的影响和冲击力都是有限的。这些历史的逆转只是稍微摇摆一下而已，完全的逆转基本没有实现的可能性。对于经历了平成时代巨大国际秩序变化和磨砺而重新归来的日本企业来说，虽然这些状况值得忧虑，但比起曾经面对过的问题则显得小之又小。站在曾经在"日本异质论"中被攻击有"闭锁性"的日本企业的角度来说，美国和欧盟等的做法将过去和日本有着相似倾向的问题显现了出来。

这一时期更让日本企业担忧的是，日本企业在国际社会中到底有多大的存在感，他们感觉要比平成时代开始时的存在感更低。日本经济在全球的地位的确在走低：2017年，日本的实际国内生产总值约为531万亿日元；从1989年至2017年的二十九年里，日本的国内生产总值只增加了1.4倍。而美国同期的国内生产总值增加了1.9倍，中国更是达到了12.6倍。这样的经济成长差异，势必使日本企业在国际社会中的存在感变得越来越低。例如，《胡润百富》杂志从1995年开始刊载世界500强企业的排名情况，1995年入围这一名单的日本企业有149家，是继美国（151家）之后的第二名，但2018年，日本入围的企业数下降至52家（丰田排名最高）。从国家层面来看，美国同年为126家，排名第一，中国以120家成为第二，日本名列第三。

日本企业存在感变弱的最大原因，是因为新兴国家令人不可思议般的经济发展速度和日本经济的长期低增长。美国的入围企业数只减少了25家，而日本减少了97家，这一变化不仅让人们对日本经济的低增长产生了担忧，更让人对日本企业的增长动力产生了担忧，这意味着日本企业在国际上的发展速度受到了日本国内经济低增长的影响。

2018年，日本排名第一的丰田公司在世界排第六位，比1995年上升了11个位次，这是丰田公司不受日本国内经济低增长影响，在整个平成时代坚定积极实行国际拓展的结果，也证明了日本企业只要制定好了发展战略，以及拥有强大的发展动力，依然可以屹立于世界企业之林。有关丰田公司的国际拓展的情况将在第八章讲述。

为汇率变动所累的日本企业

日本企业存在感变弱的原因，除了以上所述，还有一个让人同情的原因就是日元汇率的变动。在第一部分中，笔者多次提到极其动荡的日元汇率变动。在如此动荡的汇率变动下日本企业的国际拓展表现已属上乘了，或者说日本企业在汇率变动的影响下硬挺了过来。上一章的图3-1可以让我们很快明白这一点。美元对日元汇率从160日元左右至75日元左右，约两倍以上的巨大变动多次出现，这样的汇率变化状况使日本企业在做出海外生产投资等重大决策时变得相当困难，这一点是很容易想象的。

比起其他国家，日本的汇率变动幅度要大得多，时而升值时而贬值，反复变动。将1989年日本的外汇汇率设定为指数100，用该指数作为变动标准指数，图4-1反映了日本的实际汇率变动情况和其他国家的汇率变动情况。对于日本来说，主要的流通对象是美元及欧元，当然对于其他货币也有酌量考虑。

如果某国的货币在指数100上方激烈变动，就意味着该国的货币的价值在走高（如果是日本的话，就是日元升值），反之则表示此国货币的价值在走低。此图清晰地显示出日本、美国、德国、韩国的汇率变化走势，其中，日本的震荡幅度最大，并且几乎整体倾向于日元升值；美国和德国的汇率基本保持平稳，升值或贬值的幅度有限；韩国几乎享受了三十年的韩元贬值的出口红利。

(1989年=100)

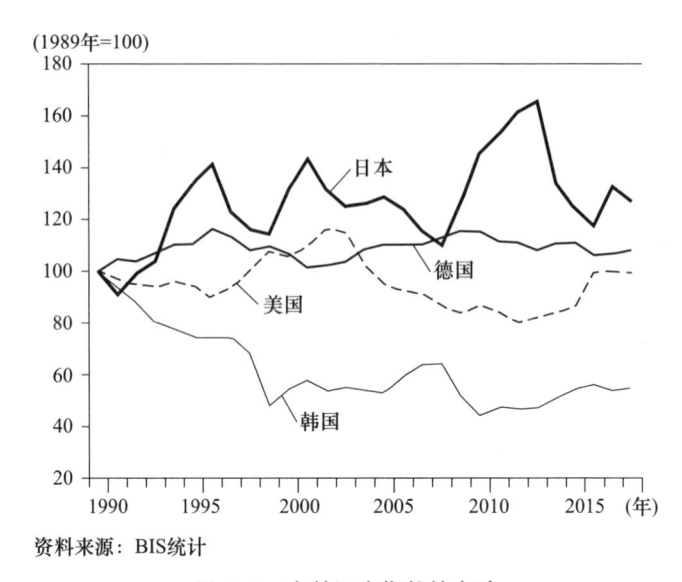

图 4-1　有效汇率指数的变动

资料来源：BIS统计

图 4-1 还显示出日元三次升值的顶峰时期，分别是在 1995 年、2000 年和 2012 年。这三个顶峰时期都是在 140 或 160 这样的高位顶峰。值得注意的是，顶峰过后几乎都是"陡峭"地进入日元贬值期。也就是说，在平成这三十年里，日元汇率一直处在日元升值与日元贬值反复交替的剧烈动荡中。反观其他国家的汇率走势，变化幅度相对小，特别是德国。到 1998 年，德国一直使用的是马克，1999 年后改为欧元，但不管是马克还是欧元都同样保持着稳定的汇率。看到这种情况，日本企业的经营者也许会非常羡慕德国企业的经营者，可能美国的企业也在羡慕吧，不过更让人羡慕的是韩国企业经营者所处的外汇环境。韩元在 20 世纪 90 年代几乎贬值了五成，并且之后也一直保持着稳定的贬值态势，因此韩国商品的国际价格

竞争力在不断提升，90年代也是韩国各产业一口气赶超日本产业的年代。

图4-1还反映出日元的升值期持续时间较长的特点。特别是在1995年和2012年，在升值达到顶峰前，日元升值的时间竟长达五年之久，并且在这两个五年中，日元升值到顶峰的升值幅度，分别是1995年的54%和2012年的50%，以年平均10%升值的幅度持续了五年之久！从日元升值到顶峰再到日元贬值到最低谷，这两次都只用了短短三年。从1995年的顶峰到1998年的谷底，贬值率为20%；从2012年的顶峰到2015的谷底，贬值率为30%。尽管贬值的坡度相比升值的坡度稍显平缓，但也比升值爬坡少用了两年的时间。日本企业就这样经历了"过山车"式的周期性日元升值和日元贬值。如此大的变动幅度，以及如此多频次的汇率变化，给日本的企业经营者带来了怎样的影响呢？

首先，它迫使日本企业向海外的直接投资变得难以判断，轻易做出的投资决定可能很快就会尝到苦果。例如，看到日元升值的态势一直在持续，企业决定增加向海外生产的投资，不料，之后很快转为贬值态势。到这个时候，哪怕你想利用日本的国内生产来渡过难关也为时已晚，留下的只会是投资负担。如果扩大海外生产是为了向日本市场进行反向进口的话，因日元贬值很有可能使反向进口的商品价格上涨，从而给企业经营造成赤字。

其次，它迫使日本企业在国际市场上展开并购时的判断也变得困难。在日元升值期，如果以日元为基准来换算海外企业投资行为，账面上会显得比较便宜，所以花高价购买的风险性较高；在日元贬值期，日本企业在进行海外并购时，尽管用美元结算，当时价格并无差异，但对作为资金来源的日元需求就会变得更大，这就使得企业在决定并购的时候瞻前顾后，以致贻误时机，周期性的汇率变动使得这一切变得更加混乱。

在如此大的振幅以及如此频繁的日元汇率变动下，最大的受害者可能就是日本的电气机械产业了。与汽车产业相比，电气机械产业在拓展海外事业时，单笔业务的投资规模相对较小，在日元升值时海外投资的倾向增大，但到了日元贬值时期，企业考虑到成本负担增加又希望重新回归日本国内生产。在如此反复的跨越国境投资行为中产生了很多浪费，最终这些浪费都变成了企业负担。而像汽车等牵扯领域极广的产业，因投资建设一个海外生产工厂而涉及的相关零部件及生产材料的领域太多，在决定投资时并不会轻易下结论。钢铁及化工等装备产业，由于单笔投资都是规模比较大的投资，也使他们在投资时不得不慎重。反而像电气机械产业这种由于投资规模不大而能够轻易投资的产业更容易成为汇率大幅频繁变动的牺牲品。

以前，笔者多次听到一位公司经营者说："我们公司的经营理念，就是要像马戏团一样，向货币更加便宜的国家转移生产基地。"如果能像马戏团一样，拥有可以轻装上阵的公司反倒无所谓了，但众多的日本电气机械企业的投资规模并非那么小，并不能像马戏团那样轻松转身。处在这两类产业之间的产业的国际事业经营行为，更容易受到汇率激烈变动的影响。事实的确如此，每逢日元升值浪潮来临之际，电气机械产业都会在海外进行大规模的投资，在中国或是东南亚国家建立出口生产基地。但这种果敢的经营战略却因激烈的日元升值及日元贬值而收效甚微，这是因为日元贬值拥有特殊的"逆进口"功效。

海外生产是国内出口规模的1.8倍

日本企业在国际上的存在感的确是降低了。尽管有着日本国内经济低增长的背景，还伴随着日元汇率激烈变动，日本企业依然一直致力于谋求国际事业上的发展。首先是从日本国内商品出口的形式开始，之后进入海外生产阶段。

图4-2显示的是平成这三十年中，日本制造业的出口额和海外现地法人销售额的变化情况。制造业的海外销售，我们权且认为大致相当于日本企业的海外生产规模。

资料来源：贸易统计、海外事业活动基本调查

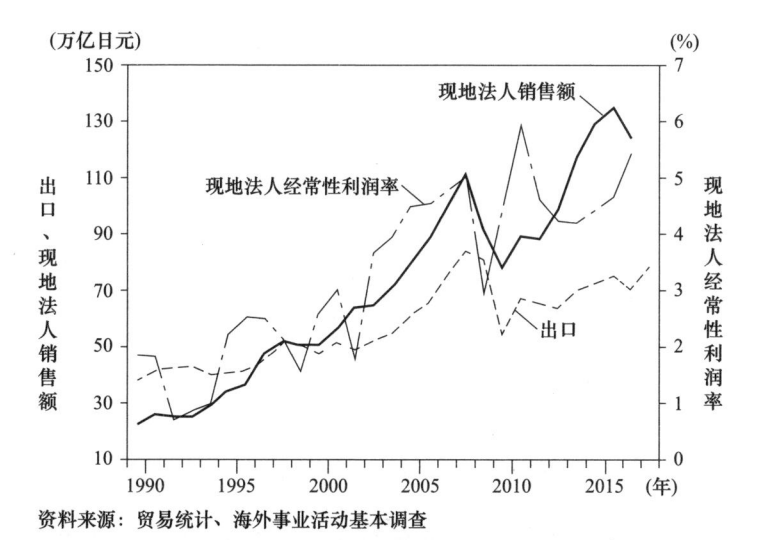

图4-2　日本出口和海外现地法人销售额

从图 4-2 可以看出，和日本国内出口的低增长相比，海外现地法人销售的高增长一目了然。海外现地法人的销售在 1996 年超越了日本国内的出口，这之后现地法人的销售额也一直保持着持续高速增长的态势。在 1989 年时，日本国内出口规模是现地法人销售规模的 1.7 倍，而 2016 年，反转为现地法人销售是日本国内出口的 1.8 倍（海外事业活动基本调查的最新数据截至 2016 年，贸易统计截至 2017 年）。其间尽管受到了美国次贷危机的影响，但在那之后海外现地法人的增长情况恢复明显。如果将 2009 年与 2016 年做一个比较的话，日本国内出口额只有 1.3 倍，而海外现地法人的销售额则为 1.6 倍。

并且从图 4-2 中的现地法人经常性净利润率的变化可以看出，现地法人利润率随着海外生产规模的不断扩大持续呈现上升态势。1989 年，现地法人利润率只有 1.8%，2016 年增加到 5.4%，这个数字比日本国内法人企业 4.8% 的经常性净利润率还高出许多。2016 年，海外现地法人的经常性净利润总额达到了 6.7 万亿日元，日本的海外生产变得可以赚钱了。如图 4-2 所示，现地法人销售规模与现地法人经常性净利润率步调一致的上升态势，意味着现地法人生产规模的扩大带动了经常性净利润率的提高，即生产规模越大，规模扩大的速度越快，生产利润的上升速度更快，这就是我们所说的规模经济效应。

海外生产规模的快速扩大给日本的出口贸易带来了不小的影响。从《海外事业活动基本调查》数据来看，日本国内总公司在2016年的出口贸易额中的69%出口给了日本海外现地法人企业。从海外现地法人企业情况来看，总采购额中来自日本本土（从日本国内来看就是出口）的份额在2016年占到了23%，也就是说日本企业在海外的生产活动与日本国内的贸易往来非常紧密，从日本海外企业的发展历史来看，这种倾向从未改变过。随着日本企业海外生产规模的扩大，对日本总公司的收益贡献度也越来越大。2016年数据显示，日本总公司从海外现地法人企业得到的总收益为5万亿日元，其中，股息分红额占到了2.6万亿日元，专利使用费占到了2.2万亿日元。

尽管如此，日本企业的国际事业发展程度相比其他国家并不算太高。用宏观经济对外直接投资总额占国内生产总值的比率做一个国际性比较，2016年，日本为28.4%，同期的美国为34.3%，德国为39.3%，就连近年来才开始渐渐扩大海外直接投资的中国也达到了24.3%。这样看来，日本的海外直接投资还有很大的上升空间。从出口贸易占国内生产总值的比例来看，2016年，日本为13%，德国为38.4%，中国达到了22.5%，日本在出口贸易上同样也有着很大的上升空间。尽管日本比美国的出口贸易率（7.8%）稍高，但美国的海外直接投资总额要比日本大得多。

所以，从海外直接投资与出口贸易两个方面综合考虑，日本企业的国际化程度在美德日三国中是最低的，日本企业的国际化发展仍需加倍努力。日本企业在国际上存在感低下，不仅仅是由日本经济的低增长和日元汇率的激烈变动造成的，也因为日本企业欠缺国际化发展的动力。

从单一依赖美国转向美中均等

在拓展国际化事业时,应当将作为发展动力的资金投向哪些国家和地区,这将是日本企业进行国际化发展时的资金运用战略。把资金投向哪些国家和地区以及投入多大比例,这个问题对今后日本企业的海外发展相当重要。回顾平成时代,日本企业的发展从压倒性的单一依赖美国渐渐转变为美中均等。

20世纪80年代末,美国的存在对于日本企业来说依然具有超群的重要地位。不管是作为出口贸易国,还是作为海外现地法人企业生产活动的场所,美国占据了日本企业海外活动40%以上的份额,由此,日本对美国的依赖度可见一斑。可以说,那时候日本产业构成中相当大的一部分是由美国市场的需求决定的。

例如,从20世纪70年代中期开始,日本对美国的汽车出口规模如洪水般迅速扩大。这是因为1973年的石油危机导致全球原油价格暴涨,消费者愈发注重汽车的油耗,一直以低油耗为卖点的日本汽车在这一时期得到了众多美国消费者的青睐。正因为如此,美国汽车产业的经营业绩急速下滑,这也成了日本通商产业省在遭受美国非难后不得不修改对美汽车政策的重要原因——一场典型的日美间的贸易摩擦。作为对策,日本的汽车生产商在20世纪80年代后期,在美国本土陆续建立了汽车生产工厂,日本企业的海外生产规模以在美国的汽车生产的形式开始扩大,美国作为生产地成了日本企业海外现地法人企业生产上最重要的存在。只是这一切与其说是出于经济动机的考虑，不如说是日本为了避免日美间贸易摩擦，出于政治性动机选择了来美国现地生产。进入20世纪90年代中期，由于中国经济开始高速发展，对日本的企业来说，对美国出口的比重在减少，中国的重要性日益增加。以1997年至2017年这二十年间公开的日本企业海外事业活动基本调查统计数据为基础，制作了图4-3。

首先来看出口情况。1997年，日本对中国的出口额为5.9万亿日元，对美国的出口额为14.2万亿日元。从2007年开始，日本对中国的出口规模超过了对美国的出口，中国成为日本的第一贸易出口伙伴国。此后，中国一直居于日本出口贸易第一大国的地位。2017年，日本对中国的出口贸易额达到了18.9万亿日元，超出对美国出口贸易额4万亿日元。

资料来源：贸易统计、海外事业活动基本调查

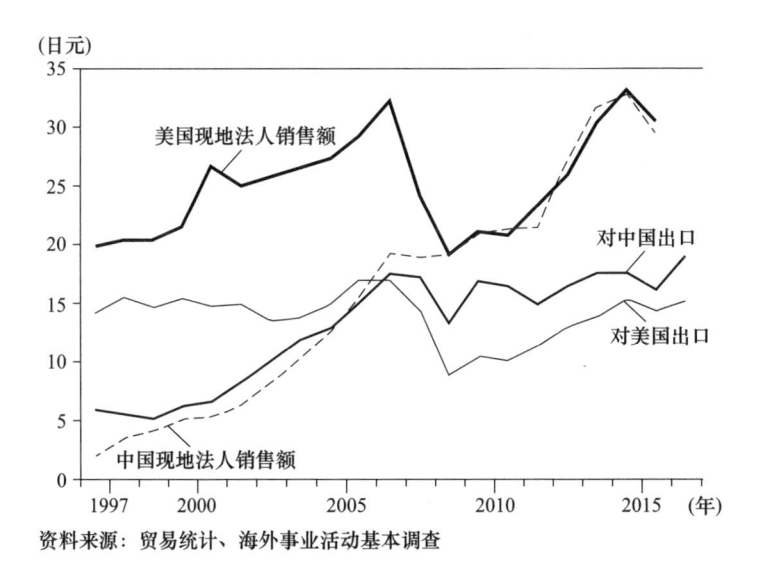

图4-3 日本国内出口和海外现地法人销售额：美国和中国

接下来看一下日本海外现地法人销售额。在中国的日本现地法人销售额在1997年时仅仅只有1.9万亿日元，美国为19.8万亿日元。随着中国经济的高速增长，在中国的日本现地法人销售额也在持续快速增长，2009年达到19万亿日元的规模，与美国基本持平。从图4-3的走势可以看出，美国次贷危机的发生使日本在美现地法人销售额骤然下降，这也是使美中对于日本变得均等的重要原因。另外，图表走势还显示出次贷危机后，两国从"谷底"开始的现地法人销售额规模基本保持同量持续上升的状态，在2016年并列上升到了接近30万亿日元的规模（美国略占优势）。

从日本对美国与中国的出口总额和现地法人销售额所占比率（比重）方面比较，2016年的数据显示中国现地法人销售额的比重为23.7%，美国为24.5%，美国所占比重稍大。但从出口贸易规模上比，中国的比重是22.9%，美国的比重是20.2%，中国稍重一点。也就是说，从日本企业的海外活动角度看，中美两国终于走进了几乎同样重要的阶段。从压倒性地对美国依赖型转变为中美均等型，这就是中美两国在平成这三十年里对于日本企业重要性的演变。

东盟地区，不可舍弃的重要存在

对于日本而言，排在中美两国之后第三个重要的地区是东盟地区。东盟地区对日本企业来说，一直以来都是一个不可舍弃的重要地区，其存在的意义远大于字面上的第三位。特别是从日本和中国关系的角度看，东盟地区实在是不可舍弃的重要存在。

将日本的出口总额和海外现地法人销售额，分别在东盟地区和中国所占比例的变化加以比较制作了图4-4。在1997年时，东盟地区无论是对于日本的出口总额，还是海外现地法人销售额，比起中国要重要得多。从图4-4中可以看出，当时日本对东盟地区的出口额占17%，海外现地法人销售额的规模占20%，东盟地区重要性仅次于美国。这一时期中国的重要性，特别是在现地法人销售额上还相当小。但是随着中国经济的高速增长，中国的比重渐渐超越了东盟地区。在出口贸易方面，早在2002年中国就已经超过了东盟地区，在海外现地法人销售额方面，中国在美国次贷危机后的2009年也超越了东盟地区。当然，由于次贷危机的影响，东盟地区现地法人销售额的锐减也是被中国超越的重要原因。在这之后，中国和东盟地区的现地法人销售额规模表现出你追我赶，增减波动（一方上涨则另一方下降）的态势，所以图中的比重线也是基本平行的。如图中的比重线显示，在出口贸易方面，次贷危机后中国依然保持着相当高位平行的状态，但在现地法人销售额规模方面，东盟地区却一直扮演着和中国同等重要的角色。另外，东盟地区虽然在出口贸易上没有中国所占的比重大，却能给人长期稳定的印象。1997年，东盟地区所占比重为17%，到2017年略微降为15%，而美国的比重在这二十年里从28%下降到19%。对比后发现，东盟地区对日本来说简直是一个不可舍弃的重要存在。

现地法人销售规模方面，中国和东盟地区的比重曲线在次贷危机后，如同一种互补关系，进行着变动幅度不大的逆联动。中国的比重一旦下降，东盟地区的比重就会上涨，对于日本企业来说，东盟地区实在是一个值得欢迎的存在。在现地法人销售规模方面，同中国互补性的互动，在出口贸易方面起着如船锚般的作用。

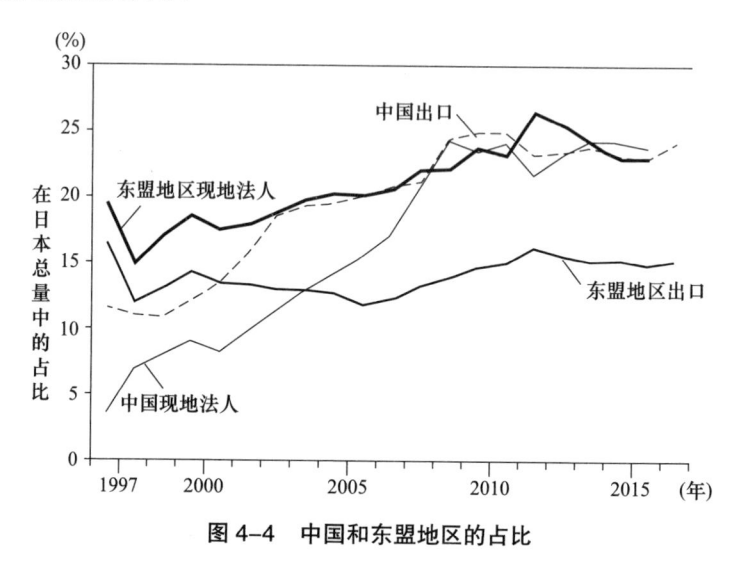

图4-4 中国和东盟地区的占比

正如此前所述，日本企业在不同国家和地区拓展国际事业的状况，在平成时代刚开始的时候是压倒性地依赖美国，在平成时代即将结束的时候，海外现地法人在销售规模上形成了美国、中国和东盟地区"三足鼎立"的局面。在出口贸易方面，美国和中国基本势均力敌（中国稍占上风），东盟地区则变成规模小得多的第三名。

再来比较一下这三个国家和地区从1997年至2016年的合计比重。1997年，现地法人销售额规模占日本整体的61%，2016年大幅上升至71%，出口贸易从56%上升至59%。对日本企业来说，这三个国家和地区在这二十年中变得越发重要了。当然，中国的重要性最为显著，所以为了不太过依赖中国，日本企业也采取了一些措施。例如，美国次贷危机后，日本努力增加对美国的出口，试图保持美中两国同等的重要性；在现地法人销售规模方面，使中国和东盟地区一直保持着互补的关系。

汽车产业压倒性的地位

前面从不同国家资金运用角度入手，分析了日本企业拓展国际事业的状况，那么如果从产业资金运用的角度来分析的话，平成时代是怎样变化的呢？哪些产业是国际事业拓展时真正的主角呢？表4-1显示了在现地法人销售总额和日本出口贸易总额中，活跃在国际市场上的四个产业（汽车、电气机械、化工、一般机械）所占份额在这二十年当中的演变过程。需要说明的是，因现地法人销售额数据中只有运输机械这个分类，但包含的几乎都是汽车，故以汽车的数据来使用。同时，因出口数据中有汽车的分类故直接使用。

表4-1 二十年间各产业占比变化

年份	现地法人销售总额（万亿日元）	现地法人销售占比（%）			
		汽车	电气机械	化学	一般机械
1997	52.1	29.5	33.6	8.4	6.9
2016	123.6	52.0	14.7	7.2	7.8

年份	出口总额（万亿日元）	出口占比（%）			
		汽车	电气机械	化学	一般机械
1997	50.9	17.5	30.9	7.1	16.6
2016	70.0	21.1	19.5	10.2	17.5

这二十年的变化是非常明显的，汽车产业所占比重大幅提高，电气机械产业所占比重大幅降低。汽车产业的现地法人销售比重在二十年间上升了22.5个百分点，而电气机械产业则下降了18.9个百分点，也就是说，这两个产业是朝着相反的方向变化的，并且这两个产业所占比重的变化，在这二十年时间里基本上都是一个基调，并没有出现反复上升、下降的现象。汽车产业所占的比重几乎是一条直线般地上升，而电气机械产业所占比重的走势则刚好相反，一条直线般地下降。只是现地法人销售额和出口贸易额的情况稍有不同。电气机械产业出口贸易所占比重下降了11.4个百分点，而汽车产业的出口贸易所占比重仅仅上升了3.6个百分点，没有上升的部分转向了化工及一般机械产业领域，使这些产业的出口贸易所占比重上升。简单地说，失败的只是电气机械产业这一行业。另外，现地法人销售总额和日本出口贸易总额在1997年时还难分伯仲，二十年后，日本现地法人销售总额几乎增加了70万亿日元，而出口贸易总额仅增加了20万亿日元，日本企业在这二十年时间里展开国际事业的状况，以压倒性的现地法人销售总额增加的形式展现了出来，这也是表4-1传达出的重要信息。

通过这些演变，2016年，日本的汽车产业在日本企业的国际事业拓展中逐渐成为具有压倒性的重要存在。在1997年，电气机械产业还是日本企业国际事业拓展的"领头羊"，后来被汽车产业完全替代。我们在此用一组数据（见图4-5）作为"电气机械产业的战败"的一个旁证。

为了能够让大家切身感受到汽车产业与电气机械产业地

位更替的变化程度的巨大,我们没有采用两个产业所占比重百分比的方式,而是采用现地法人销售和出口贸易绝对额的方式,来体现汽车产业和电气机械产业所处地位时间经纬的变化状况。

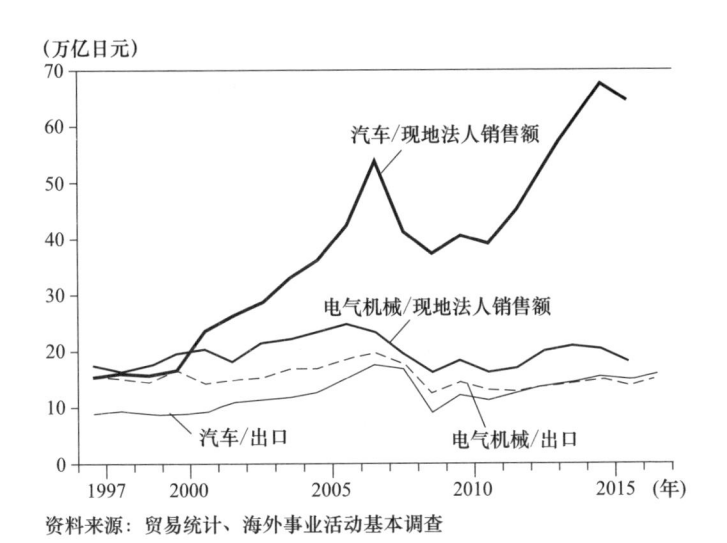

图 4-5　汽车与电气机械的主角更替

资料来源:贸易统计、海外事业活动基本调查

从图中可以看出,只有汽车产业的海外现地法人销售额快速增长,电气机械产业的海外现地法人销售额基本没有太大的变化。在出口贸易额上,两个产业都是除了在美国次贷危机后有所下跌外,其他时期都没有太大的变化。

这里就不再提供更详细的数据了。日本的电气机械产业在20世纪80年代还在引领和推动着日本企业的国际化进程,特别是1985年因《广场协议》导致日元急速升值后,电气机械产业进行了大规模的海外事业拓展活动,这里还留有1997年的相关数据。日本电气机械产业在1997年的海外现地法人销售额为

17.5万亿日元，汽车产业为15.4万亿日元，前者比后者多了2.1万亿日元。同年，电气机械产业在出口贸易额上为15.7万亿日元，汽车产业却比这个数字小得多，为8.9万亿日元。

电气机械产业的海外现地法人销售额早在2001年就已经被汽车产业超越了。20世纪80年代后期，为了避免日美间贸易摩擦，日本汽车生产商在美国密集地建立了汽车生产工厂，这是汽车产业能够早在2001年就超越电气机械产业的重要原因。但在出口贸易额方面，电气机械产业的规模比汽车产业大得多，这样的局面持续了相当长的一段时间，直到2013年才被汽车业超越。变化的结果是2016年汽车业的海外现地法人销售额扩大到64.3万亿日元的规模，相比之下，电气机械产业只有18.1万亿日元。尽管如此，这个成绩在日本产业中仍然可以排在第二位。在出口贸易方面，2017年，日本的汽车产业为16万亿日元，电气机械产业为15.2万亿日元，二者稍有差距，电气机械产业在日本产业中依旧排在第二位。

从图4-5中还可以看出，美国次贷危机的确给日本的海外现地法人销售和出口贸易带来了巨大的负面影响，但汽车产业自危机后扭转了劣势。汽车产业在2011年的海外现地法人销售额达到了39万亿日元，2016年达到了64.3万亿日元，仅用五年时间就增加了25万亿日元，平均以5万亿日元/年的规模在增加。当然，由于这一时期日元贬值造成了以日元计算销售额的增加，也是日本汽车产业能以如此规模增加的一个原因，尽管如此，也是一个了不起的成就。同样受日元贬值影响的电气机械产业的海外现地法人销售额，从2011年的16.3万亿日元增加到 2016 年的 18.1 万亿日元，仅有不到 2 万亿日元的增加规模。

究竟是何种原因导致汽车和电气机械产业之间产生了如此大的差异呢？一个原因是亚洲国家和地区自 2011 年起掀起了汽车普及化的浪潮，日本的汽车产业恰好赶上了这波浪潮。另一个原因是在介绍日本汇率剧烈变动时已经分析过的，电气机械产业是最容易成为汇率大幅变动牺牲品的产业，所以那一时期的日本电气机械产业的海外生产战略很难提出。

但最大的原因是，这二十年来，汽车产业坚强地维持着日本企业在国际上的传统竞争力，电气机械产业的国际竞争力在逐步弱化。为何同样是日本发展起来的两个重要支柱性产业，在国际竞争力上会产生如此大的差距呢？这里面有两个产业的技术类型以及技术人才供给等更深层次的原因，同时产业中被认为是产业"盟主"的企业是否强有力也是一个原因。

从产业技术类型上看，电气机械产业属于容易被后发国家超越的类型。在这二十年时间的人才供给方面，比如大学技术人才的供给方面，电气机械产业与汽车产业相比一直处于不利局面，这两点会在下一章做更深层次的分析。关于产业"盟主"，笔者将在第八章通过分析汽车产业"盟主"的丰田公司的完美战略来加以解释。遗憾的是，电气机械产业中始终没有出现能和丰田这样的企业相匹敌的产业"盟主"。

为了能赶上 2011 年后在亚洲地区掀起的汽车普及化大潮，日本汽车生产商采取了非常有趣的应对办法。这波汽车普及化的大浪潮当然是从中国开始掀起的，但是日本为避免过度依赖中国市场的局面出现，在这一时期也同时加大了对东盟国家的海外现地法人企业的投资，这也是日本汽车产业"盟主"——丰田的企业战略。这一做法的结果是，日本汽车产业海外现地法人企业在 2016 年的销售数据为：美国 17 万亿日元，中国 12.5 万亿日元，东盟地区 14.7 万亿日元，这三个国家和地区的数据保持了一定的平衡，并且东盟地区的日本海外现地法人企业的销售额竟超越了中国，东盟地区对于日本企业来说的确是一个不可多得的存在。

"比萨型"国际化国家——日本

在前文中，我们从不同国家和地域的资金运用及不同产业的资金运用的视角，分析了日本企业在拓展国际化事业时的特征。在这里，笔者想从第三个视角，也就是从以本国为起点的企业内国际分工的视角来分析日本企业的特征，即从日本企业是选择让海外生产基地与日本国内的生产体系紧密相连的延长扩大式生产方式，还是选择让海外生产基地像"飞地式"的独立基地式的生产方式的视角，来分析日本企业的特征。

日本国内的企业生产体系与海外生产基地紧密相连式的海外事业拓展的典型特点是，海外工厂使用的基础零部件及基础生产原材料的供给，由日本国内企业的工厂或关联企业的工厂生产后，再提供给海外工厂。另一个特点就是，根据产品的不同，将本土生产与海外生产区分开，建立统一向世界市场提供产品的供给体制。最终目的都在于使企业集团内的本土生产基地与海外基地之间形成紧密的分工关系，从而建立起最适合世界市场的综合生产体制。

让海外生产基地成为"飞地式"的独立生产基地的海外事业拓展的典型特点，像美国企业经常采用的那样，是将所有的生产业务全部转移到海外的生产基地，甚至还从那里供给国内市场的生产方式。这种方式避免了由本土生产体系与海外工厂紧密联系的集团内分工生产方式所带来的困难，有着明显的将本土生产体系的绝大部分全部转移至人工成本更低的国家的倾向。

如果选择了这种海外"飞地式"的生产方式，就意味着有可能出现一旦展开海外生产，就会停止本土生产的局面。这样一来，随即就会出现本土产业"空洞化"的问题。举一个形象的例子，就是不重视本土产业"空洞化"导致的企业整体发展体系变成"甜甜圈"的情况，也就是说，这一选择志在全球。但如果选择的是海外生产基地与本土的生产体系紧密相连的延长扩大生产方式的话，积极建立起与本土生产紧密相连的分工体系，就不会使企业的整体发展体系变成"甜甜圈"。尽管这样会带来一些本土生产体系与海外工厂生产之间协调上的具体作业困难，但是可以像比萨饼那样，使中心部分得以留存，这种选择有意地保持本土和海外的全面发展。

笔者将这种海外事业拓展的方式表述为"比萨型"国际化。巨大的圆盘形比萨饼不但整体紧密相连，还在最中心的部分撒上美味的调料，不会使中心部分变成空洞。并且比萨饼在制作的时候，厨师将又厚又小的比萨面饼利用离心力变得越来越大，这个时候正中心部分的面确实会渐渐变薄，但也正因为如此，其周边才会变大。中心部分永远不会消失，最后在中心部分撒上美味的调料，这样比萨饼就制作完成了。

这就是"比萨型"的国际化——处在最中间的本土内生产会变得薄一些，但变薄那一部分转移至海外，也带动了海外业务的拓展，本土的产业非但没有变得"空洞化"，反而常常会把最好吃的那部分留下来。整体来说，这样的比萨饼变得更大，从中心到周边完美地结合在一起，才是最美味的比萨饼。

本土最中心部分和周边连接的基本动作，就是在企业内部工序之间进行国际分工，也可以说成国际性的网络分工。企业尝试将一个很长的产品生产工序细分为不同部分，将一部分生产在国内进行，另一部分在其他国家和地区布局、建厂、生产，从而形成复杂的国际性分工形式。例如，建设机械生产商的小松公司采取的是这样的国际分工形式：将产品的设计放在日本进行，将产品的发动机及油烟装置等基础零部件，以及各种各样的控制装置也放在日本本土生产，将并不需要高技术含量作为支撑的零部件的生产与最终的总装组合放在散落于世界各地的现地工厂来完成。当然，面向日本国内市场的产品主要放在国内的工厂组装完成。在面向日本国内市场时，国内工厂起着"现地工厂"的作用，而对于散落在世界各地的工厂来说，它又是"母亲工厂"般的存在。从大的方面来划分，企业的国际化分工可以分成产品设计、基础零部件生产、一般零部件生产以及产品组装四个工序。当然从更小的方面来说，将一个较大的工序更加细化的工序间国际分工形式也是可能的。

企业的国际化经常会带来产业"空洞化"现象，这就是国内生产变得像"甜甜圈"那样，中间部分空空如也，只是简单地将国内生产转移到周边国家去生产了。日本国际化的绝对主角——汽车产业中的日本企业不是"甜甜圈型"的国内产业"空洞化"，而是"比萨型"的国际化行动。正因为如此，日本的汽车企业在扩大海外生产规模的同时，必须要维持或者在某些时期还要扩大国内的生产，因为能够左右国际分工的"秘密武器"必须要牢牢掌握在日本国内。正如第八章中将讲到的，丰田公司鲜明地提出了"维持日本国内的生产规模"这样的战略。

这种在国内的生产系统、研发系统及海外的产品生产运转之间建立起紧密的分工关系的经营方式，与一般美国企业选择的干脆利落地把某个产品的生产运转完整转移到海外其他国家生产的做法相比，操作起来的确更困难。日本企业宁愿选择背负更大的国际经营负荷，建立复杂的企业内部工序间国际分工的经营架构，也要将重要的工作内容留在日本国内，以此来维持国内的雇佣和技术积累。技术的"空洞化"现象的出现是日本企业最不愿看到的，一旦将某个事业部门从研发到生产的所有工作内容全部移转到海外的话，不单会出现日本国内雇佣的"空洞化"，更可怕的是还会出现日本国内技术的"空洞化"。

这样的预测并不是平成时代才开始有的，日本企业真正大规模地进行海外直接投资始于1985年。由《广场协议》的签订导致的日元升值是掀起这次海外直接投资浪潮的契机。日本企业从那时开始就在尽量避免"甜甜圈型"的海外投资方式，将"比萨型"作为经营目标。选择"比萨型"经营志向不仅可以避免国内的产业"空洞化",而且有可能使国内生产因向海外生产工厂供给所需的零部件、生产材料及生产设备从而得以扩大。这其中的一个理由就是,海外生产所必需的工厂设备及机械等生产材料都需要从日本国内进口。第二个理由就是,随着海外生产规模的扩大,日本国内零部件等中间材料的出口也会随之增加。这些中间材料的供给虽然也有由日本其他生产厂家完成的,但大部分都来自企业内部。比如日本的汽车生产厂家,从日本国内向海外生产基地大量提供发动机及变速箱等汽车的基础零部件,这一点带来的效果就如同在前面介绍过的在比萨饼的中间撒上美味的调料,使之成为最好吃的部分一样。如果能将这样的国际分工顺利进行下去,随着比萨的规模扩大,日本国内的雇佣不但不会减少还会增加。例如,根据日本工业统计调查数据,汽车产业的雇佣人数在1989年为76万,2016年增加到86万,整整增加了10万,"比萨型"的国际化的确完成了。

引起了多大程度的"空洞化"

美国企业确实经历了"甜甜圈型"的"空洞化",但美国利用IT产业及金融产业中的服务性产业填补了雇佣的"空洞化",这很容易让我们联想到日本的"空洞化"。实际上,日本的汽车产业的做法给我们提供了解决"空洞化"的另一条途径。笔者认为不仅是汽车产业,日本有众多产业在如何维持、扩大企业自身能力方面都做出了相似的努力。

虽然日本汽车产业扩大了雇佣，但是电气机械产业的雇佣却大幅减少。雇佣人数从1989年的192万减少到1997年的169万，至2016年大幅减少到99万。日本电气机械业不要说做到像汽车产业那样将不断扩大的海外需求变成自己的业绩，更不要说在比萨的中心位置撒上美味的调料，就连中心部分的面饼好像都开始陷落了。回看图4-5中的海外事业活动停滞的状况，就会发现这种认识不无道理。

但如果把所有的雇佣减少都归罪为"空洞化"似乎也不太正确，雇佣减少从大的方面来说应该有两个原因。第一，因国内需求持续低迷，促使企业不得不致力于提高劳动生产力，进而导致在国内完成同等销售规模的状况下，雇佣需求逐渐减少。第二，由于电气机械产业的国际竞争力逐步降低，不仅没有抢占国际市场，还让国外的电器企业打进了本就需求低迷的日本国内市场，智能手机业的苹果公司就是最典型的例子。

日本电气机械产业国内销售的低迷态势让电器生产厂家所处的环境变得相当严苛。根据日本海外事业活动基本调查所提供的数据可以看出，拥有海外现地法人企业的日本总公司的销售总额，从1997年至2016年减少了7万亿日元。前面提到，电气机械产业在这一时期的现地法人销售规模和出口贸易都是微增长，所以这个数据说明在这个时期，日本国内市场的销售规模大幅减小了。依据同一调查数据可知，日本汽车企业的总公司的销售额在同一时期增长了10万亿日元，二者相比差距太过鲜明。日本电气机械产业国内销售低迷的根本原因在于日本国内经济的持续低增长。汽车产业成功地利用海外事业的拓展部分弥补了日本国内经济的低增长,而电气机械产业由于各种各样的理由未能做到这一点,日本国内的经济低增长对这两者的影响差异竟如此之大。

当然,并不只是电气机械产业经历了平成这三十年的雇佣减少,其他产业也大多有过雇佣减少的经历。这样看来,与其说汽车产业是一个例外,倒不如说其成功开展的国际业务是一个例外。化工产业从1998年至2016年减少了10万的雇佣的人数,一般机械产业的雇佣人数竟然减少了29万。日本全部产业合计的雇佣人数减少将近350万,从1998年的1 096万减少至2016年的750万。

当然这些雇佣的减少并不意味着产业"空洞化"。在经济发展日趋现代化的背景下,随之而来的变化就是社会雇佣向服务性产业的转移。另外,日本企业为应对低迷的国内需求而带来的必要性雇佣减少大概也是其中一个原因。

看到日本汽车产业这个华丽的案例时,人们不得不认同,全体竭尽全力地获得国际市场的需求才是真正的道路。"空洞化"现象不只出现在平成这三十年里,日本在开展国际业务的各个时期一直存在着巨大的不足。

其实,从思维方式上讲,电气机械产业在拓展国际化业务时,采用的也是这种"比萨型"国际化方式,并且投入过相当程度的努力。电气机械产业为减少因海外生产而引起的国内产业"空洞化",同样采取了在日本国内持续生产产品零部件,然后向海外现地法人企业出口的措施,所以日本总公司出口贸易中,电气机械产业面向海外现地法人企业的出口占比相比其他产业要高得多，电气机械产业的海外现地法人企业从日本进口的零部件的比例与汽车产业相比反而要稍大一些。

但是，我认为日本的电气机械产业在包含日本国内所有环节的国际分工体制上，并未形成能夺取世界需求市场的国际竞争力，所以没有像汽车产业那样获得应有的成就。是否拥有国际竞争力，以及拥有维持国际竞争力的相应力量才是问题的本质。这个问题就像已经介绍过的那样，主要是技术本质以及人才供给方面相关的更深层次的问题。关于这一点，笔者将在下一章再做更深的探讨。

处在美国和中国的夹缝中

处在美国和中国这两个国家的夹缝中，被两个无论是经济规模还是政治关系都极为重要的国家裹挟，日本的企业不得不考虑是否将东盟地区作为"平衡装置"来使用。在东盟地区找出一条生存之路的议论在本章的前半部分已做介绍，前文所述的内容主要是从市场的视角来分析的。

但正如前面叙述过的，日本企业主要倾向于"比萨型"。那么围绕着这个方向，要在海外的各个国家建立国际分工体制（企业内工序间国际分工）时，把哪个国家作为重点非常重要。

因此，对日本企业而言，在选择作为重要合作伙伴的国家时，就要从市场魅力和作为国际分工生产地是否合适这两个视角进行综合判断。生产地是否合适包含两个重要因素，一是分工生产地所在国家的人才供给的量和质，二是包括了政治问题在内的综合风险。对这两个问题的思考最终都将与海外直接投资的风险大小的问题联系在一起。

平成这三十年时间里，不管是从市场来说，还是从国际分工对象[①]来说，美国、中国和东盟地区逐渐发展成了基本拥有同等重要性的国家和地区，在前文的分析中已经讲得非常清楚了。形成如此局面的背景就是中国和东盟地区经济的快速增长。但日本企业针对美国、中国及东盟地区的市场魅力及综合投资风险的判断存在相当大的问题，我也不认为在本章的分析中可以轻易得出结论。可是，我们可以了解一下日本企业在现实中实施的、能够表明日本企业基本立场的行动的数据（图4-6）。图4-6表示的是现地法人企业的销售规模是日本国内出口贸易规模的倍数，也就是现地法人企业销售额对日本国内出口额的比率图线。

（现地法人销售额/出口额倍数或出口额=1）

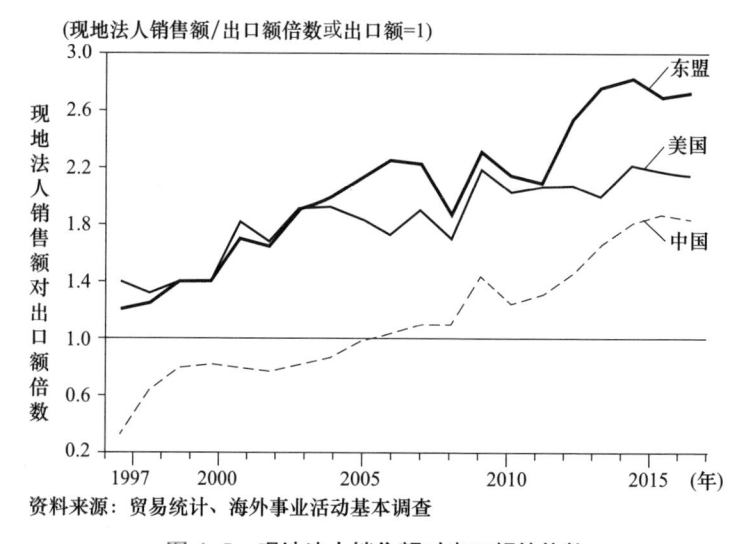

资料来源：贸易统计、海外事业活动基本调查

图 4-6　现地法人销售额对出口额的倍数

[①] 也就是说在那里注册现地法人企业从而进行生产的国家和地区。

要扩大现地法人企业的销售规模需要进行两方面的大型投资：一是面向海外生产基地的直接投资，二是为了构建海外生产基地与日本国内、国际分工体制的投资。巨大的投资会带来不小的投资风险。扩大本国出口规模的投资在碰到"万一"的时候，不管是在转向还是在沉没成本方面，其投资的风险都要比海外现地生产投资小得多。所以，如果市场魅力很大，并且作为国际分工对象国家也很合适的话，企业就会将风险看低而重视扩大现地法人企业的销售规模，也就是说，比起扩大国内出口规模，会优先考虑扩大现地法人企业的销售规模。但如果市场魅力很大，国际分工投资的风险也很大的话，选择适当扩大国内出口规模来应对国际市场需求的可能性就会很高。

在图4-6中可以发现一个有趣的现象，东盟地区的走势线条在平成这三十年时间里几乎一直处于最上方。日本企业在这三十年中，基本上一直选择的是重视扩大现地法人企业销售规模的经营路线。所以，相关国家和地区的线条应该都是向右上方发展的，但东盟地区的走势线条一直处于最上方的位置，这个现象值得深思。2000年前后，东盟地区与美国的走势线条几乎是重叠的。到日本企业国际化活跃的2003年前后，美国的走势基本还是平行的，但东盟地区的走势线条上行而去。在次贷危机后的阶段，美国的数据在2.0（现地法人企业销售的规模是国内出口规模的两倍）的水平上稳定向前推移，而东盟地区的走势线条自2012年起再一次上行，一下子跃升到了比美国高得多的位置。

中国的走势线条一直处于最下方的位置，原因大概来自大部分日本企业出于对在中国设立现地法人企业从事现地生产的风险比较大的考虑。中国的市场魅力当然是非常大的，因此中国的数据线条也是一直倾斜向右上方推移，同时保留了相当一部分对日本国内出口的依赖。日本企业针对中国采取了略显保守的现地法人企业销售规模的扩大路线。

在之前的图4—1中，全球范围的日本海外现地法人企业经常性净利润率在平成这三十年时间里基本上都是上升的。比较一下美国、中国及东盟地区的现地法人企业利润率。中国和东盟地区的现地法人企业利润率，基本上和世界整体的走势保持了一致向右上方推移的态势（2016年数据），中国为6.7%，东盟地区为6.4%，而美国为4.1%。美国的现地法人企业利润率的线条呈现出剧烈变动又有微增倾向的走势，并非一直向右上方推移。

2016年，美国的现地法人企业利润率比这二十年的平均利润率还稍高一些，三个国家和地区该年利润率的差距与这二十年的平均利润率的差距基本相同。也就是说，美国的现地法人企业利润率是最低的，最近这一阶段是中国和东盟地区的现地法人企业收益最好的一个时期。中国的现地法人企业利润率在这当中是最高的，并且市场魅力也是最大的。中国现地法人企业销售额与日本国内出口额的比率远没有达到两倍的水准，并在这一水准上平稳推移。从这个事实中可以看出，日本企业对中国现地法人企业的投资还是犹豫不决的，也可以看出，日本企业对利润率几乎没有变化的东盟地区现地法人企业的投资要比对中国的投资更加积极。背后的原因应该是日本企业在选择分工对象国家时，认为东盟地区更合适，其风险性更小。

在平成时代刚刚开启的时候，中国才作为出口对象国家进入日本企业的视野当中，那时还是不会优先考虑在中国设立现地法人企业的时代，当时还是首选美国。市场方面也同样如此，对于日本企业来说，美国市场是压倒性的重要存在。东盟地区在那个阶段作为生产分工对象地区的确非常恰当，但那时其市场魅力还很小。从那时算起，经过三十年的岁月变迁，世界发生了巨大的变化，穿梭于世界的日本企业的行动方式当然也发生了改变。美国是强大的，中国也是强大的，日本企业不得不将这些因素考虑一番后再付诸行动。

在平成时代即将结束的时候，如果要总结一下日本企业的基本立场的话，可以这样描述：日本企业对中国是期待与防范交织在一起，对美国则是感到前途不安，对东盟地区是期待。这就是处在美国和中国两个大国夹缝中的日本企业选择与行动方式。

第五章 复杂性产业变为核心——产业构造的变化和技术

日本产业构造的变化

我们在上一章，回顾了日本企业在平成这三十年里的国际业务拓展情况，这些国际化活动的基础当然是在日本国内，这也是理所当然的事情，因为失去了国内市场也就失去了世界。本章将回顾日本国内产业活动的历史，将各个产业积蓄下来的、各自最引以为傲的技术作为基本的回顾视点。不管是制造业还是服务业，我认为，支撑所有企业长期发展的竞争力的根本在于技术的力量。

日本国内的各个产业拥有何种程度的重要性，其重要性又是如何在这三十年内变化的？在思考这个问题时，笔者将把各个产业产出的附加价值额作为衡量其重要程度的尺子，也就是大概将多少的附加价值加在各个产业自己购买的原材料上，能够通过市场的买卖转化成销售额这样的指标。

简单地说，附加价值就是从销售额里减去为实现这个附加价值而购买各种各样的原材料的费用后的金额，只是这里没有减去人工成本的费用。人工成本的费用要从企业产出的附加价值里向从业人员支付。全国企业产出的附加价值的总额就是国家的国内生产总值，这也可以说是国内生产总值的定义。

依据日本经济产业省的工业统计调查数据，我们将日本的主要产业（2016年附加价值额前五名的产业）所产出的附加价值额，在这三十年中的变化走势制作成了图5-1。不过这个调查的产业分类在这三十年时间里有所变化，因此为了能够持续性地使用这些数据，我们将最新产业分类的合计值作为各个产业的数值来使用。比如，现在的一般机械包括普通机械、生产机械和业务机械，现在的电气机械包括电子产品装置和电器机械情报通信机械。该图最大的特点，就是让我们可以再一次直观感受美国次贷危机带来的巨大影响。在2009年这个时间节点上，"倒栽葱式"地跌向最底部的走势再一次出现。首先从那里强有力地反弹恢复的是汽车产业，接下来是一般机械产业和化工产业，而电气机械产业只停留在了稍有反弹的程度便停滞不前了。唯一没有受到影响的就是食品业，不仅如此，在最近一段时期还表现出了强劲的增长势头。

美国次贷危机后，汽车产业表现出的超强反弹和电气机械产业的微小反弹走势，与上一章介绍的海外现地法人企业销售规模在美国次贷危机后的走势基本相同。另外，汽车产业的附加价值，在美国次贷危机发生前的七年里的增长走势也与同一时期汽车产业的海外现地法人企业销售规模的增长走势基本相似。

非常明确的是，海外现地法人企业销售规模的扩大与国内产业附加价值的规模扩大有着很强的关联性。因为各种各样面向海外现地法人企业的出口的增加，使国内产业的附加价值规模也在不断扩大，从这个意义上也可以说，没有了海外市场也就失去了国内市场。

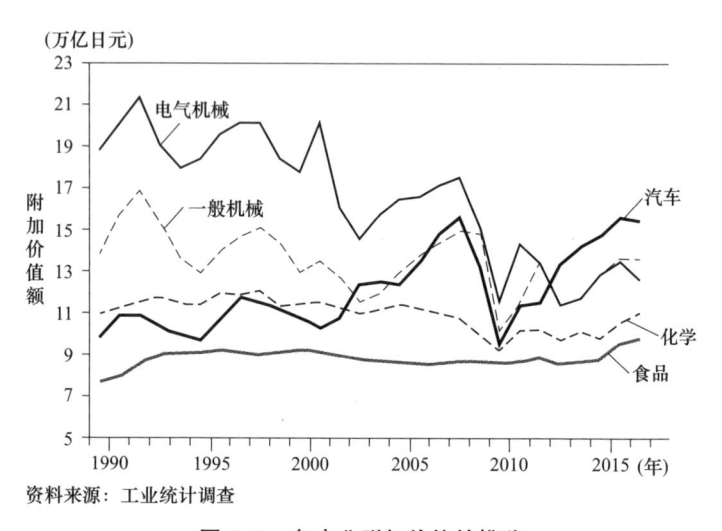

图 5-1　各产业附加价值的推移

资料来源：工业统计调查

我们以每年计算的各个产业的附加价值增长率为基础计算出了这二十七年来的平均增长率，汽车产业为 2.1%，食品产业为 0.8%，一般机械产业为 0.5%，均为正增长，化工产业几乎是原地踏步，仅为 0.1%，而电气机械产业为 -0.9%。制造业整体来看是 0.7% 的负增长。值得注意的是，日本国内的产业整体上呈现出规模缩小的态势。

长期存在的增长差距的结果，导致电气机械产业的附加价值规模从 1989 年至 2016 年减少了 33%，汽车产业则增加了 56%。电气机械产业在平成初期还是日本压倒性的排名第一的产业，现如今却退到第三名。从附加价值规模的意义上看，汽车产业从2012年开始成为日本排名第一的产业。

事实上，在昭和时代的最后十五年里，也就是石油危机之后，日本电气机械产业的增长异常显著，日本众多的产业间，在那个时期甚至出现了被称作"电子工程学化"的现象。那一时期的电气机械产业，不仅成为附加价值规模压倒性第一的产业，众多产业的产品及生产工序中都导入了电子工程学产品，由电子零部件替换了原来的机械零部件，围绕着自动控制领域的电子控制装置开始被使用，出现了各种形式的电子化现象，这必然使电气机械产业附加价值的规模不断扩大。但是，形势一片大好的电气机械产业到了平成时代突然变成了最大的负增长产业。电气机械产业在进入平成时代后，虽然依然发挥着向其他日本国内产业供给产品的重要作用，无奈的是，在获取海外市场需求方面没有取得太大的成功，因此成为国内负增长最大的产业。尽管如此，今后的电气机械产业作为向国内其他产业供给各种各样电子零部件及电气系统的支撑产业，仍会继续发挥其重要的作用。

从依据日本几个主要产业在平成时代的浮沉变化所绘制的图5-1中可以看出，化工和食品这两个产业的表现非常稳定。尽管化工产业也在开展国际化事业，但仍然是以国内市场为中心的产业，是为其他众多产业提供基础材料的支撑性产业。虽然它提供支撑的对象产业可能会有变化，比如从向电气机械产业提供基础材料转向为汽车产业提供材料，但整体来说，其产业附加价值的规模基本没有发生太大的变动。

食品产业则显得更加稳定，几乎每年都没有变动（哪怕在美国次贷危机发生后），一直在以非常缓慢且稳定的方式不断扩大，这也许是以国内市场需求为中心的缘故吧。但有一点很有趣，尽管食品产业的出口规模非常小，但它却是少有的、海外现地法人企业的销售规模持续扩大的产业。在开始有海外现地法人企业数据的1997年，食品产业在日本国内的出口规模只有3 000亿日元，但海外现地法人企业的销售规模却达到了1.2万亿日元，海外现地法人企业的销售规模竟然是国内出口的4倍，一般来说会是两倍左右，这是极为少见的。2016年，食品产业的出口规模仅仅微增到6 000亿日元，而海外现地法人企业的销售规模却扩大到了5.4万亿日元。这一年，食品产业是排在化工产业之后的全日本第五位的产业，因此，食品产业的海外现地法人企业销售规模的增加额在这一时期要比国内的附加价值的增加额大得多。为什么食品产业在出口规模如此小的情况下，现地法人企业的销售规模却如此之大呢？这里面有着与食品产业的产品和技术类型深度相关的问题，对此以后再做专门论述。

"复杂性产业化"是平成时代的关键词

将平成时代整个日本的附加价值分产业所占份额的变化情况制作成表5-1，表中有一组可以显示电气机械份额下降和汽车份额上升的数字。应特别指出的是，所占份额上涨幅度第二（上涨3.1个百分点）的食品产业，在整体制造业负增长的大环境下，其附加价值尽管是微增长，但是所占份额还是增加了，增加的幅度几乎接近电气机械产业的下跌幅度（4.1个百分点），这里就不再介绍更详细的数据了。实际上，在电气机械产业当中，下跌最为惨烈的是情报通信机械产业，电子零部件及电子器械等稍好一些。机械产业中的普通机械产业是下跌最多的，生产机械产业和业务机械产业反而是增加的，这种倾向在海外现地法人企业的销售规模上也得以体现。

表 5-1　各产业附加价值占比的变化　（%）

年份	汽车产业	电气机械产业	一般机械产业	化学产业	食品产业
1989	8.9	17.0	12.5	9.9	7.0
2016	15.8	12.9	14.0	11.4	10.1

哪些特性的产业段落份额在平成年间得到了扩大，又有哪些产业段落的份额下跌了呢？笔者将这些整体动向的倾向称为"复杂性产业化"。复杂性产业，指的是不管是产品机能还是生产工序都拥有很高的技术复杂性的产业或产业段。这些产业或产业段正逐步成为日本产业构造的核心部分，在这里把该过程叫作"复杂性产业化"。不管是作为产品机能或者是作为产品的生产工序，都拥有很高复杂性产业的意思指的是，对于众多工作人员复杂地交织在一起共同参与的工作，每个人要正确利索地将属于自己的那一部分工作实施及完成，若非如此，最终的整体工作将无法顺利地完成。有的时候还意味着，每个工作人员不能零散地"各自为政"，还需要有很好的工作协调性，否则最终不能成为发挥作用的产品以及服务等。

这种复杂性产业中最具代表性的就是汽车产业。一台乘用车大概由3万个零部件组成，而且所有零部件都要保证在各种各样的环境中长期发挥机能效用，所以每一个零部件都必须要具备高品质。为了汽车的生产，需要将这3万个零部件以正确的装配顺序在最终组装现场成功完成，所以生产工序会变得非常复杂。再加上还要不断地导入电子技术等各种各样的最新技术革新成果，汽车变成了越来越复杂的机械产品。无论是从制造汽车本身来说，还是从生产工序上来说，都具有很高的技术复杂性。

另外，单是用非常类似的商品构成的四轮汽车这一个产业段，在全世界就有着9 680万台的市场需求（2017年数据）。也就是说，整体汽车产业是一个拥有巨大魅力并且极具技术复杂性的产业。与电气机械产业中的发电机、电视机及半导体等各种各样的产业段相比，汽车产业中的一个段落就有着巨大的规模。

四轮汽车里还有一个叫作混合动力汽车的补充产业段，即将电动机和发动机两种动力源装载在同一车辆上，视情况任意切换使用，是一个具有非常高的技术复杂性的汽车补充产业段。在这个产业段，目前世界上的领头羊是丰田公司，本田公司紧追其后，可以说在这个技术复杂性超高的补充产业段里，日本企业是世界的先行者。

在一般机械产业中也有像生产机械（比如说半导体制造装置及建筑机械）和业务机械（比如说复印机）这样的零部件件数多、组装工序复杂的机械类产业段，这一领域是日本企业的强项。例如，一台复印机的零部件有近 3 000 个，要将机械部分（传送纸张）、电子工程学部分（读取部分）及化学部分（色粉）等复杂的部分组装到一起，若整体的机能无法发挥的话，它作为复印机的功能也将不复存在。在具有如此复杂性的复印机的生产上，日本的生产厂商在全世界最具竞争力。

像这样的复杂性产业段实际上存在于各个产业中，一般机械产业的复印机只是这里面的一个例子。在纤维、化工及食品产业中都有这样复杂性的产业段。另外，在服务业中当然也有存在的可能。

例如快递业，将货物从一个地方送往另一个地方的业务。仅日本国内每年就有将近 50 亿件需要次日送达的货物，且要在几乎没有任何意外的情况下顺利送抵。从集中货物到货物分拣，再将货物准确无误地配送至目的地，整个配送的流程中其实也使用了各种各样的高科技。这个过程其实是依靠各种复杂的体系才得以实现的，还有就是快递业工作人员的人与人、面对面的服务也经常受到好评，这也是日本引以为傲的"待人接物式服务"方面的复杂性技术的代表行业。这是为什么呢？因为"待人接物式服务"的流程出人意料地包含着很多的复杂性，这种服务并不是某一个快递工作人员单独的事情，为实现高品质的服务，需要众多工作人员细致的工作积累。而这种积累必须是参与其中的众多工作人员在进行相当程度上的互相协调后才能完成的，这当然也存在复杂性。

混合动力汽车的研发生产和快递服务体系的开发，以及二者在工作现场对待工作一丝不苟的工作态度，如果使用一个具有象征性的词语来概括这两方面共有的特征，那就是"复杂性"，这也是我们在这一小节强调的关键词。在上一小节中，我们介绍了日本的五大主要产业，包括化工产业和食品产业当中各种各样的具有复杂性的产业段，但这些产业段，也是出于其所在的产业对多方面的复杂性的要求而出现的。这些内容将在本章的后半部分做详细介绍。

因此在日本的各个产业中都存在着复杂性产业段。这些产业段渐渐扩大，"复杂性产业化"在日本平成年间的产业构造变化中是核心般的存在。日本汽车产业在这一时期的巨大成长就是这一点的象征。

支撑复杂性产业的技术

为何"复杂性产业化"的行为在日本平成时代能够不断扩大呢？原因大致有两个，一个是来自日本企业内部的技术性需求，另一个是为了应对外部技术环境的变化而必须要采取的应对手段。两个原因都出于技术方面的考量。

企业内部的技术性理由指的是支撑复杂性产业所需的技术刚好和日本的企业组织所擅长的内容相吻合，所以从全球来看，日本企业的技术在复杂性产业上都比较容易达到一个相当高的水准。这样以技术为基础的产业段在国际竞争中更容易获胜，只要有恰当的国际业务拓展战略的引领，获取海外的市场需求应该是水到渠成的事情。正因如此，这些产业段才会不断扩大，从而成为日本产业构造的核心。

外部技术环境的变化指的是（特别是同电气机械产业息息相关）模拟集成电路技术向电子工程学基础性技术的数字性技术的转变（也就是数字化），以及互联网IT时代的到来。这两个外部技术环境的变化使日本电气机械产业在模拟集成电路时代所拥有的复杂性技术的价值消失殆尽，日本失去了国际竞争力中的一股优势力量。由此，复杂性缩小了的电气机械产业部分渐渐远离了产业的核心部分。

首先，从企业内部的技术性理由来看，日本进入高速增长期以来，成功的产业技术的共性有三点。第一，制造工序的技术在产业整体的技术中是产品竞争的核心。钢铁产业、汽车产业和半导体产业就是其中的典型，在生产工序的每一个细微处都要凝神聚气地细致作业，就是将前面介绍过的"作业积累"作为必要条件才能够顺利完成。第二，拥有综合性和协调性的技术特征。从综合性讲，以汽车产业为例来说明。只有一种出色技术是不可能制造出品质良好的整车的，必须要同时具备高水准的发动机技术、悬挂技术、焊接技术以及电器技术才可能达到目的。第三，综合性发展后，会出现有必要将异类技术真正融合进来的局面，综合融合的终极目标不单是把已经存在的技术合理地融合，而且要通过技术的融合孕育出与现存技术不同的新技术。模拟集成电路时代的日本电器生产厂家在录像磁带方面拥有绝对优势就是一个典型的例子。日本企业将电子技术和机械技术融合到一起，又将精密加工技术和大量生产技术融合到一起，通过这两个成功的技术融合，电气机械产业一直到平成时代初期都是日本众多产业中规模最大的产业。

　　拥有了"作业积累"的协调、综合、调整和技术融合等特性的技术，将会在整体上形成具有很高复杂性的技术体系，这就是支撑复杂性产业的技术的基本形态。对于这样的技术体系的积累、维持和发展，日本企业良好的组织管理做出了很大贡献。因为日本企业重视生产现场，重视人与人之间的调整，使人与人之间相互接触及相互刺激，日本企业还重视从日常的努力工作中积累微小的技术革新。

　　日本企业这样的特质容易引起三件事情的发生。第一是现场学习，现场的工作人员在现场学习作业。第二是自律性的调整，每一个个人及每一个岗位，很少会有个人主义的主张，大家都是一边观察着周围的变化，一边调整着自己。第三是信息情报的交流融合，情报融合是指将原本不太有联系的若干情报融合在一起变为一个崭新的情报。在人与人的相互接触和信息情报相互交换下，可能就会出现崭新的信息情报。能够反映情报融合作用的一个例子就是融合技术。

　　现场学习、自律性的调整、信息情报融合，日本企业的这三个特征可以说是现场的产业民主主义所带来的成果吧。为了现场能够如此运转，为了让人们联结在一起共同从事事业活动，日本的经营一路努力走了过来。所以这三个特征变成了日本企业组织的特长，这又和企业夺取海外市场的需求紧密地联系在一起。尽管日本企业有着如此的技术积蓄特征，但是，在自己所在产业领域的基本技术有了变化的局面下，还能否发挥出原本拥有的优势？这依然得不到保证，不幸的是这种情况还真发生了。这就是电气机械产业领域的数字化及互联网IT技术的进步对该产业造成的巨大冲击。

数字化使众多电子工程学领域的复杂性产业消失得无影无踪。由于数字化的快速发展，电子零部件的机能发生了跳跃式的扩大和提高，导致用模拟集成电路式系统来装配电子产品的必要性大大降低。比如，电视机产业、半导体及液晶板等零部件变得能够从外部直接购买，这些零部件的性能决定了电视机的性能。另外，由于所需零部件的数量大幅减少，组装技术的重要性也变得不像从前那么高了。因此与模拟集成电路时代相比，数字化时代下的电视机产业已经变成了一个技术门槛并不是太高的产业了。

像这样的复杂性技术的重要性日趋变小的产业段落，在与东亚企业竞争时，日本企业就变得毫无优势可言了。因为只要购买到高品质的零部件就能够制造出高品质的产品，在面对以低人工成本和大规模投资为武器的东亚竞争企业时，日本企业显得毫无用武之地。

因为这些产业段在电气机械产业中的比重变得越来越小，那么，那些复杂性较高的产业段在电气机械产业中的比重自然也就变高了。但是，在国际竞争中败下阵来的非复杂性产业段越来越多，所以电气机械产业整体的规模也渐渐缩小。这一变化的结果是，在电气机械产业中同样是复杂性的产业段逐渐成为产业的核心。

败在 IT 和互联网上的日本

就企业外部技术环境而言，在平成时代一个很大的变化，不，应该说最大的变化就是 IT 和互联网技术的发展。由于这些技术并非日本电气机械产业所擅长的技术领域，所以它们的进化与发展也是日本电气机械产业规模缩小的一个外因。

互联网真正作为民间商用技术出现是在 1989 年的美国。这一年，商用网络与学术研究用的 NSFNet 网络完成了相互连接，这一年也正好是平成时代的开启之年。四年前的 1985 年，美国将一直发挥着互联网先驱作用的 ARPANET（国防部关联的分散通信网络）的网络核心部分，移交给了美国公共科学财团 NSF（National Science Foundation）所设立的 NSFNet，这意味着拥有更大应用范围的电脑通信网络完成了从军事领域向学术领域的应用移转。随着 NSFNet 和商用电脑通信网互相连接的开始，互联网的核心技术部分对公众开放。1990 年，以瑞士研究人员为中心的团队制作了为满足万维网（World Wide Web）系统的最初的服务器和浏览器系统。从那以后，系统及软件不断升级改良，全世界的数据基础和电脑依托着互联网连接在了一起，互联网的时代一下子到来了。

互联网技术的进化给众多产业带来了各种各样的影响，比如电子商务的扩大、情报服务产业的扩大，以及硬件系统的生产现场也进行了经由互联网的生产体系的革新。利用高速的互联网通信硬件产业，互联网硬件（比如智能手机）和软件产业就此诞生。IT 和互联网技术的进化使得与此相关联的上述各种各样的产业从软件的意义上变成了复杂性较高的产业，复杂性高且规模大的软件技术无论怎样都成为必要的存在。

日本企业在面对 IT 和互联网系的软件复杂性产业的态度从互联网进化的初期便不明朗，这导致其很多方面都输给了美国企业。日本的优势是在像汽车产业那样的硬件系的复杂性产业上。另外，在电脑等情报通信机械领域，日本也在不断变弱。可以说平成时代的日本败给了 IT 和互联网。

截至 2017 年末，公司市值排世界前五的全部是美国的互联网相关企业，这里说的并不是和互联网相关企业的排名。世界上所有产业中市值前五的公司依次是苹果、谷歌、微软、亚马逊和脸书，日本并没有能够达到这样层次的软件系复杂性技术的企业。当初在这一领域还展示了对抗姿态的日本电器厂商这时已经完全没有了踪影。

互联网 IT 人才供给的稀缺

在过去相当长的一段时期里，日本软件人才的供给数量一直很少，和美国相比，日本在人才供给方面处于劣势，这也许是日本在与互联网相关的软件产业方面如此孱弱的原因吧。在这个领域里，即便日本想抗争，但囿于在人才数量上处于严重劣势地位，也只能心有余而力不足。

我们来看一下美国的大学统计数据（Digest of Education Statistics），从很久以前开始，电脑情报科学和工程学在类别上是并存的。1986 年，在这一领域毕业的美国大学本科生为

42 000名，硕士研究生为8 000名，到了2015年，大学本科生达到60 000名，硕士研究生竟然增加到31 000名，硕士研究生的毕业数字尤其值得注意。美国的大学在这三十年中，为社会提供了如此大量的互联网IT人才。反观日本，就连电脑科学和情报工程学的分类，都没有出现在日本文部省（现改为文部科学省）的大学统计（学校基本调查）数据当中，相近的分类也就只有经营工程学。或许在电器通信工程学的领域里，可能有相当一部分学生在学习电脑专业，也有可能在工程学领域的其他分类里有一些是和电脑专业相关的。

由于没有正式的统计数据，在这里我们假设经营工程学专业的占六成，电器通信工程学专业的有两成，剩下的两成学生中有一成学习电脑专业，这已经是相当大胆的假设了。据此可以推断，日本的大学向社会提供的互联网IT人才的总量在1986年时为本科846名、硕士研究生653名。即使到了2015年，本科生也未过万，仅为9 990名，硕士研究生为3 024名。比较来看，1986年，美日两国人才供给人数的倍率（美国是日本的多少倍）为本科生5倍、硕士研究生12倍，2015年为本科生6倍、硕士研究生10倍。在这三十年当中，日本同美国的差距没有任何缩小，且一直存在。

这是一个让人绝望的人才供给量差距，特别是对于专业知识程度要求更高的硕士研究生的差距竟然是10倍，这样的差距早已超越"软件技术人才的培育与大学的专业没有关系，就职后再锻炼就可以"这种认知水平上的差距了。这样一来，日本在互联网IT领域的竞争力变得如此之弱也是理所当然的事了。

在 20 世纪 70 年代至 80 年代，日本电气机械产业超越了美国，在世界市场上表现活跃。在 20 世纪 60 年代，日本的大学向社会供给的电子工程学领域的学生人数一直长期保持在美国的两倍以上。这个人才供给量的差距是日本能够长期在电子工程学领域超越美国最根本的原因。

贯穿整个平成时代，与之完全相反的现象又出现在了日本的互联网 IT 领域，日本在这一领域的失败也是自然的。在前面列出的市值排名世界前五的公司，的确都是作为互联网高科技公司在这几十年中创立的，尽管不能否定美国式的高科技公司的构造对其成功的帮助，但这并不是日本在该领域里失败的本质上的理由。

我认为日美两国在大学这个层面上存在的互联网 IT 人才巨大的供给量差距，一个很大原因是在这个领域的技术发展初期阶段的军事壁垒的存在。电脑最初的科技研发就是为了计算洲际弹道导弹的轨道应运而生的，互联网初期的技术开发都是由美国国防部来组织的，美国为了在受到核打击时确保国内的防卫体系不至崩溃才建立了作为军事设施的分散通信网络。

出于军事目的，美国政府在 IT 与互联网领域向相关大学投入了大量的科研资金和人才培育资金。而在日本，不管是政策方面还是资金方面都不存在对 IT 与互联网领域的大规模支持行为。在这个以军事用途为目的而开端的技术领域里，日本明显滞后了。

模拟集成式的化工和食品产业也很有趣

硬件系的复杂性产业绝不只是汽车产业,在本章开始介绍过的日本产业构造变化走势图线上,在平成年间显示规模增长的一般机械、化工及食品三个产业,也同样存在着许多需要复杂性技术支撑的产业段。受到这些技术基础的支持,日本顺利完成了海外市场需求的获取任务,从而使这个产业逐渐成为全体产业中的增长产业段。

我们来了解一下这三个产业的海外市场需求的获取状况。根据最新数据(出口数据为2017年,现地法人企业数据为2016年),一般机械产业的出口贸易规模为14.2万亿日元,现地法人企业销售规模为9.7万亿日元;化工产业的出口贸易规模为8.2万亿日元,现地法人企业销售规模为8.8万亿日元;食品产业的出口贸易规模为6 000日元,现地法人企业销售规模为5.4万亿日元,其中大部分销往当地。除食品产业的出口贸易规模外,其他两个产业的出口贸易规模在平成年间都有了巨大的增长,并且这三个产业的现地法人企业的利润率都很高。以2016年数据为例,一般机械产业的经常性净利润率为5.5%,化工产业为13.2%,食品产业为7.7%,明显比电气机械产业的3.7%高得多,连汽车产业的5.1%都无法与之相比。如果从重视利润率的角度来看,化工和食品产业的确是很有趣的产业。

这些产业,包括海外市场产业在内的需求的增长背后,是各个产业中的复杂性产业段的比重不断扩大。作为这样的复杂性产业段的例子，在一般机械里，有分类在生产机械中的半导体制造，以及分类在建设机械和业务机械中的复印机及精密测定机器的产业段。一般机械领域中的复杂性产业的产业段的特征，与前面以汽车为例介绍过的特征基本没有差异，那就是要同时满足零部件众多、基础零部件性能高、多类零部件的高品质精度及组装工序的复杂性这些条件，才能最终生产出高品质的终端产品。将这些特征与日本企业的擅长之技融合在一起，成为支撑各个产业段的复杂性技术的基础。

可是令不少读者感到意外的是化工产业和食品产业，这两个产业到底有着怎样的复杂性产业段呢？特别是在平成时代，它们的比重还一路增加。化工产业中的原材料类产业是拥有复杂性产业段较多的典型产业。实际上，化工产业包括多种多样的化学产品，既有像合成树脂这样的普通材料，也有半导体光致抗蚀剂（在半导体生产工序中使用的感光控制材料）以及医药制品那样构造非常复杂的产品。此外，还有很多纳米材料也用于化工产业的产品中，太阳光发电装置以及锂电池中使用的尖端材料也几乎来自复杂的化学产品，为了扩大液晶板的视野角（可看见的角度）而使用的感光材料的生产工序也异常复杂。

另外，如果考虑到加工以及和加工相关联的领域，具有复杂性的产业段还会出现在化工产业中。为了使最终产品有均衡的产品性能，不能只依靠高分子化合物等化学原材料的特质来决定产品的胜负，在这些原材料的加工方法上反复钻研，有可能创造出更多的产品性能。例如，从高尔夫球杆到飞机的构造材料，再到汽车的构造材料中被经常使用的碳纤维复合材料。碳纤维与塑料素材的复合材料的加工方法更复杂，如果我们将化学原材料加工产业中典型的塑料产品制造业纳入化学这个视野中的话，化学的复杂性产业的特征将会变得更加清晰，这有助于更好地理解它们的巨大增长规模。

在图5-1中，在化工产业的附加价值数据的基础上添加塑料产品制造业的附加价值，再计算广义上的化工产业的附加价值的话，2016年的广义化工产业附加价值的规模是15.3万亿日元（大约增加了4万亿日元），这个规模与起汽车产业15.4万亿日元的规模相比仅相差一点，几乎是比肩而立的态势。实际上，广义的化工产业在2011年就超越了电气机械产业的附加价值总额。在那之后，同样持续保持着坚挺的上升势头，努力保持着接近日本第一大产业的产业状态。

在食品产业中，也存在着相当多并不引人注目的复杂性产业段。食品原料的细腻加工，最后调味的加工，产品的最终成型（包含包装部分），以及确保食品安全的品质管理等，在食品的开发及生产工序中，存在着很多能够演变为复杂性的要素，很多情况下甚至要使用最先进、最高端的测试装置与生产机械。日本消费者对食品的味道和外观异常挑剔，经他们长期洗礼过的日本食品企业的技术基础即使被称为"复杂性技术"也毫不过分，达到这种水准的日本食品企业不在少数。这些技术基础默默支撑着并不引人注目的复杂性产业段落。

当然，食品行业不迎合消费者的喜好就无法销售商品，这是基本理念。因此，为日本国内消费市场而开发的食品在喜好不同的海外市场并不一定能够销售得很好,所以食品产业从日本国内出口的贸易规模并不是很大。如果能够迎合当地消费者的喜好,通过海外生产的产品在当地市场大卖的可能性也会随之变大,日本企业在日本市场培育起来的复杂性技术基础,在海外市场将大有"用武之地"。正如在本章开始的内容中强调的那样,日本食品产业是一个出口规模并不大,但现地法人企业的销售规模却在平成时代快速成长的一个"罕见"产业,上述的食品产业复杂性技术在日本国内的不断积累,也许就是形成这种罕见局面的技术层面的理由。

日本企业不断积累包括加工业在内的复杂性技术,也许就是化工和食品两个产业能够成长起来的关键。加工业领域也是模拟集成式生产的领域。另外,不管是化工产品的研发还是食品的开发,各种各样的调和(化学药品的调和、食品原料的调和)是成功与否的关键。从这个意义上讲,模拟集成式的直觉和感性发挥了作用。

到现在为止,这两个产业作为国内型产业,一直扮演着日本产业大船安定之锚的角色。但从现在起,笔者更期待它们在国际事业拓展及复杂性技术特别是在发挥模拟集成式生产特性等各个方面能有更大的建树。

"日用品式"的生产和复杂性产业段的组合

在本章,笔者强调了复杂性技术的重要性,强调了以这些技术为基础的复杂性产品的产业段存在于各个产业中,其中的典型例子就是化工产业和食品产业。在这里还应该强调一点，这些复杂性产品大多采用了"日用品式"大量生产而培育出来的生产技术和生产设备。因此，复杂性产业段实际上很容易和"比萨型"国际化联系在一起。

要顺利实现大量、低成本的生产目标，生产工序上的各种钻研和严格的管理制度是必备的基础条件。生产技术的积蓄，设备技术的钻研，或者是对于生产体系的反复凝练，使得复杂性产品的生产在更为经济的成本核算范围内成为可能。假如不能做到高性价比地付诸生产，即便在实验室中完成了复杂性产品的生产，在市场上作为产业供给的行为也不能成立。如果在市场供给上不能实现产品的市场经济性，它作为产业将难以为继。

这是一件非常重要的事。由于生产技术的积累不够充足，导致产品的成本核算不能成立的复杂性产品为数不少，这样的生产技术的积累常常需要经历类似日用产品这样的大量生产后才能实现。所以复杂性产品产业段和日用品产品的组合实现后，产品经济性的成立才开始变为可能。也就是说，如果以复杂性产业段为产业目标的话（尽管是一种反论），就要以某种形式来维持或确保"日用品式"生产的基础。

例如，正是因为丰田公司擅长小型家用轿车领域，又有足够的生产技术积累，再加上长期以来对成本的严格管控，才使得混合动力汽车能够在很好的经济性的基础上进行量产。再比如，正是因为能够将纤维的高销量产品一路严谨地保持下来，东阳纺织公司才成功地完成了碳纤维和吸湿保暖性材料等复杂性产品的研发及生产。丰田是以"丰田生产模式"而著称的世界著名企业，东阳纺织则是日本纤维企业中一个特立独行的企业，从20世纪80年代开始便发出了"不是要脱离纤维业，而是要将纤维业定位为产业的基础事业之一"的宣言。

这样的例子不只这两家企业，凡是在复杂性产品的技术革新上取得成功的企业都有一个共同的特点，那就是拥有极其深厚的生产技术的积累，并且这些技术的积累都是通过长期致力于改进"日用商品式"低成本生产流程得来的。另外，生产技术基础的维持不仅是为了复杂性产品的经济性生产，从复杂性产品的研发技术革新角度来看也非常有必要维持这些生产技术。因为在产品的研发、试运行以及在产品的初期生产阶段，这些生产技术都是不可或缺的。把生产据点放在距离较近、组织文化类似的日本国内显得更加恰当，近距离也更有助于生产、研发间的协调与沟通。

综上可以看出，量产技术本土据点的存在对于复杂性产业段的发展是十分必要的，这对于日本企业来说也是一个非常有利的条件。不将这样的生产据点完全转移至海外，而是留在国内以助力复杂性产业段的发展的经营方式的国家并不多。这种选择的结果，也许就是日本在复杂性产品产业段的国际竞争中常常处于优势的原因吧。

但是，维持量产技术国内据点的存在这件事，也让许多日本企业因此陷入困境。这是因为，为确保大批量生产产品的竞争力必须要考虑成本。另外，从应对汇率变动方面考虑，尽量避免以日元计算的生产行为的发生也是无奈之举。企业在生产成本带来的压力下，仍然把大批量产品的生产据点放在日本国内的做法变得愈加困难，但考虑到为了维持生产技术的国内积累，又有必要保持国内生产据点的存在，这种矛盾把日本企业带入到了一种进退两难的困境之中。

要走出这种困境，从大的方面来说有两个方向。

第一，对生产成本稍微放低要求，优先考虑在某种规模上维持本土的生产。这种做法不仅是为了维持本土的人员雇佣，更主要的目的在于维持本土的技术基础及其发展，由此带来的成本增加应区分对待。当然也不必占据本土生产产品的全部份额。因为其目的是维持本土的生产技术，那么生产规模只要某种程度上能够满足这种需求即可，这之上的生产需求完全可以放在海外生产基地完成。

第二，企业的基本方针是将大批量产品生产全部放在海外基地，在此基础上再考虑如何利用海外工厂的特质，最终使之成为能够满足维持本土复杂性产业段的研发、生产据点，这需要开动脑筋。如果选择了这个方向，尽管因批量生产而带来的雇佣增加只能让海外享用，但这种选择的目的在于通过提高国内外的技术交流密度，从而做到实质上的技术维持。在朝着这个方向摸索的时候，经常会出现"大量使用交通费式的经营"现象。为了确保内外技术交流的紧密性，人与人之间接触式的信息情报交流的密度会变得非常重要。

就这样，"日用品式"的产品生产为了复杂性产品的产业段落默默贡献着自己的力量，也就是说，它在很多情况下发挥了基础设施般的作用。所以"日用品式"生产和复杂性产品产业段的结合显得非常重要。这就是一边坚守着已存在工作当中的"可能成为基础设施"的那一部分，一边大力发展复杂性产业段。由此产生的国际化模式大概就是"比萨型"的国际化了，也就是保存某种程度上的国内的量产能力，从而形成在国内进行复杂性产业段的研发和生产的同时，也进行着海外市场的拓展这种国内和海外分工方式。

广泛的技术基础及强有力的模拟集成和IT的强化

本章一开始就讲到，在昭和时代的最后十五年里，电气机械产业的增长异常显著。这一时期，日本众多的产业都出现了"电子化"的现象。那个时代之后，复杂性产业的时代到来了，这样的历史性出场顺序有其相应的理由。

首先，从复杂的机械产业（汽车产业以及一般机械产业）意义上讲，复杂性产业想要成功，必须同时具备高度的电子零部件供给和高度的复杂的生产工序管理。也就是说，为了提高产品性能，电子零部件供应以及为了管理复杂的生产系统的信息情报体系要同时具备。正是因为有了能够提供这些的日本电气机械产业，日本的复杂性产业段才得以形成。

无论是对于化工产业还是食品产业，电子工程学技术都在以各种各样的形式帮助提高生产工序上的复杂性以及研发上的复杂性。如为维持生产工序的高品质而投入的自动控制系统，研发流程中所使用的高精度分析机器，支撑控制和分析的半导体等。也就是说，20世纪70年代和80年代日本产业的"电子工程学化",是90年代后向"复杂性产业化"发展的必要的准备阶段。从这个意义上讲,在20世纪90年代后,电气机械产业依然为日本做出了很大的贡献。不幸的是,在巨大技术变革的浪潮下,电气机械产业成为日本整个产业技术革新的牺牲者。复杂性产业的时代应该还会持续一段时间,至少复杂性技术将会是日本企业在这个世界上赖以生存的基础,只不过这个复杂性的内容也许会有所变化。

例如,如果将IT和感性要素加在以前的这些复杂性里,日本整个产业的姿态很有可能发生改变。日本在IT和互联网产业上的确是在步美国的后尘,但是笔者认为,日本已经具备了使用工厂技术和互联网技术使复杂性产业更加进化的基础。只是这个技术水准还达不到直接把IT和互联网作为产品华丽地活跃在国际市场上,仅此而已。

要将IT这个要素顺利地融汇到日本的产业基础上,应尽快拿出缩小互联网IT领域日美间人才供给差距的对策。这些对策基本上有三个:第一,扩大大学的电脑学科的教育规模;第二,加强针对非电脑专业大学毕业生在产业内的IT相关知识的现场教育;第三,寻求日本以外的IT人才供给源。在这三个对策中,除第一个对策外,日本已经做了相当程度的努力。尽管如此,这个领域实际上的人才还是远远不足。所以为日本整个产业技术基础的将来着想,就有必要尽快加大这三个对策的实施力度,力争不使IT产业成为日本发展的软肋。

仅在IT方面努力还远远不够。如果在接下来的时间里,日本国内整体的技术基础不能得到充分巩固和发展的话,日本的复杂性产业时代将无以为继。在很多情况下，复杂的产品、零部件以及制作材料的研发和生产，实际上需要各个产业、各个领域的技术积累作为支撑。由于对构成复杂性产品的各个部分的要求是多样化的，如果不具备与此相对应的技术力量和供给力量的话，那么复杂性产业段的形成也将沦为一句空话。比如，一个用于混合动力汽车电力发动机旋转控制角度感应的分解器的零部件，是混合动力汽车这个复杂性产业段的基础零部件，这个零部件是由总部设立在日本长野县饭田市的多摩川精机公司为丰田一手研发和生产供给。作为精密机械零部件生产商的多摩川精机公司，原本并不是汽车零部件的生产厂家，而是以生产飞机零部件为主的生产商，也就是说，该企业的技术被灵活地运用到了混合动力汽车的研发和批量生产上了。

向全世界提供高复杂性建设机械的日本小松公司，一直将基础零部件的研发和生产放在日本国内，它给出的理由是：能够一揽子提供用于高效研发和生产基础零部件所必需的各种各样的技术（金属材料、精密加工及控制机器等）及供给能力的地方只有日本。也就是说，不管是丰田还是小松，多样性的产业积累和深厚的技术积累支撑了复杂性产业领域在日本的持续存在。换言之，有必要使日本国内广泛的技术基础企业得到巩固和发展。

要想维持日本国内这种广泛的技术基础，重要的是让拥有各种各样技术的企业继续保留某种规模的生产，因为持续保留国内生产直接关系到日本国内技术能力的维持与否。当然这个生产基础的维持并不是单纯为了维持雇佣而继续生产，而是为了维持未来的能力积累而继续生产。由于日本电气机械产业在日元升值的压力下过于急迫地展开了海外市场的拓展业务，才造成了轻视维持国内生产基础的遗憾局面。

在复杂性产业上再添加模拟集成式的感性要素，对于下一个时代的日本企业来说会变得非常重要。有一件事可以认为是这种思路的试行先驱，那就是东阳纺织在一种具有吸湿保暖性能内衣上的技术革新。这一技术革新的研发有三个要点。第一，对于衣物核心原材料的研发，也就是对拥有特殊性能的聚酯纤维材料的研发至关重要。第二，将多种合成纤维在低成本的条件下混织和染色的技术研发。第三，从女性角度，通过内衣手感是否适合来决定混织构成的方法。对于第一和第二个要点来说，没有相当高的复杂性技术水准是行不通的，这也正是与复杂性产业段相关的内容。但第三个要点就不是简单的技术性问题了，感性能力成为关键。在设计上如何能够完美体现出让消费群体感觉合适的良好手感，作为商品如何能够在市场上得到消费者的青睐，这些都需要感性认知能力。第三个要点也可以称之为模拟集成式能力。不单单是科学及技术领域革新能力的问题，还要用模拟集成式能力来判断感性价值的问题，或者说能够成为将理想变为现实的模拟集成技术。这不仅对于吸湿保暖内衣很重要，对于众多的复杂性产品的技术革新来说也很重要。化工产业及食品产业领域之所以能够成为日本优势的秘诀也许就在于此。

在平成时代结束的时候，日本的产业还拥有着广泛的技术基础，有必要将它们努力维持下去进而发展壮大。感性能力在日本食品产业的背后，存在着对于包括传统和食在内的味觉模拟集成式的感性认知，实际上日本的传统工艺也使人们能够感觉到日本在感性认知上的历史传承。以京都为代表，从日本古老都市存在的传统工艺上，可以看到匠人的技术和对美的感性认知的叠加积累，在这里希望大家回忆一下，画家尾形光琳先生呈现给我们的感性和技术的魅力，今后这一切也有必要认真传承下去。

第六章 变化的表象,不变的基础:日本企业的雇佣和人事

回到原点的失业率和离职率

前两章分别从全世界日本企业的姿态和日本企业的技术存在方式的视角回顾了平成时代这三十年当中的日本企业。不管是国际事业的开展还是技术基础的形成,它们具体的实施者都是企业组织——作为人与人的结合体的企业组织、钱与钱的结合体的企业组织。

毫无疑问,不管愿不愿意,企业都拥有这两个结合体的属性。对于企业活动的开展而言,一定是需要人的,也一定是需要钱的。本章和下一章将从作为人与人的结合体的企业雇佣、人事政策以及作为钱的结合体的企业财务和投资政策两个视角描述平成时代日本企业的巨大变迁。

如果要大致描述平成时代日本企业的雇佣和人事状况的变化历程,笔者的基本结论就像本章的题目所表达的那样,表面上的政策特点,尽管看似有着各种各样的变化,但是与雇佣和人事相关的基本观点的基础并没有太大改变。

表面上的政策特点在变化,指的是从长期雇佣转向了短期

雇佣，从按工龄排序转向了成果主义、转向了根据实力来拉开待遇差距，从重视从业人员转向了重视公司股东——这些变化表面上都带有疑似转向"美国式"雇佣和人事政策的强烈色彩。但是，日本企业的雇佣和人事的基本核心部分的实际状态并没有大的变化。

关于"不变的基础"这个事实到底是不是人们希望看到的也许存在分歧。笔者有着"因为并不是可以轻易改变的东西，所以没有改变也是很自然的事情"这样的感觉，在这一章将依据事实来描述。从泡沫经济的破灭到金融崩溃，再到美国次贷危机，尽管经历了两次"疾风"的洗礼，日本被卷入了激荡的旋涡当中，但日本企业的雇佣和人事政策并无根本性变化，这一点让人感慨颇深。

在平成时代将要结束的时候，失业率和离职率的水准又回到了平成时代刚开始的时候，这件富有象征意义的事也让人们更容易理解"不变的基础"。失业率是指想和企业保持关系但被拒绝了的人的比率，离职率是指自身希望离开企业的人的比率，这两个数字都是描绘企业与从业人员之间关系最基本的数字。在平成时代里，尽管企业希望失业率再增加一些、离职率再高一些，但在这样的激荡变化的外部环境中这两个数字又回到了原点，实在让人感到惊奇。

关于失业率请参照图6-1，为了在后述中能够将美日两国做长期的比较，故采用了1970年以来的数据。在平成时代，日本的失业率在1989年相当低，为2.3%，尽管在2002年达到了顶峰的5.4%，但自此以后便长期下降。2017年日本的失业率为2.8%，2018年上半年的平均值为2.4%，又回到了平成元年的水平。失业的背后当然也有离职，不管是自己的原因还是公司的原因，离职的人变多了，他们再去求职而又找不到工作的话，失业率就会变高。当然，就算离职率很高，但假如入职率同样也很高的话，失业率就不会变高。就像日本的失业率在平成三十年又回到了原点那样，日本从业人员的离职率也回到了原点。1991年，日本的离职率为15.2%，和失业率走势一样，到了平成中期上升到18.0%，之后在2016年又下降到15.0%。平成年间，失业率的走势的形状（平成中期左右达到顶峰）与离职率的走势的形状几乎一样。本书第二章介绍的平成中间的十年间（1999年至2008年）对于日本来说是一个特别动荡的十年，既有金融崩溃也有美国次贷危机。在这一时期，日本的失业率和离职率都有某种程度的增加。对于这种增加，即使日本企业的雇佣和人事政策的基本观点没有改变，但对于处在那样激烈变动的经济环境中的日本企业来说也实在无奈。

将美日两国的失业率走势做一个比较的话，就可以感觉到在平成的三十年时间里，日本企业的基本观点几乎没有大的改变。一直以来，日本企业的行动原理与美国有着明显的不同，图6-1就体现了这一点。为了便于长期比较，而不仅仅看平成时代，笔者将1970年以后的这四十七年时间的数据做成了图。从图6-1中可以看出，一直以来，日本的失业率要比美国低得多，并且在经济环境激烈变动的情况下依然保持着极强的稳定性，每年的变动幅度都非常小，而美国的失业率则随着经济环境的变化而大幅变动。相比之下，日本的失业率在激烈变动的经济环境中，依旧可以保持让人惊讶的微小变动，这就是两国的不同之处。

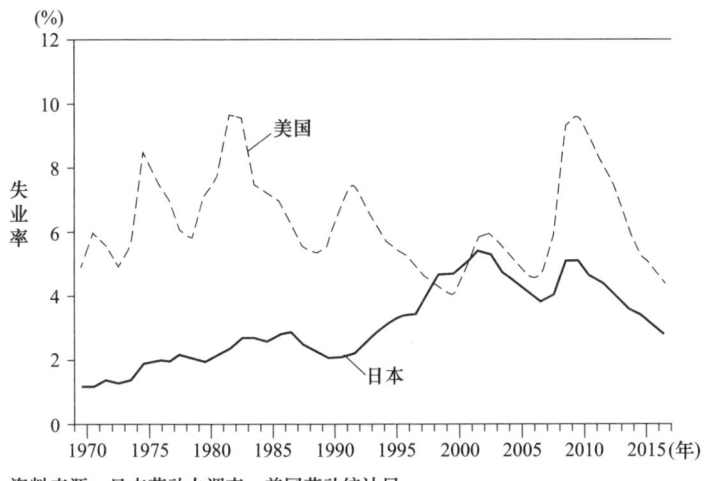

图6-1 日美失业率的长期比较

资料来源：日本劳动力调查、美国劳动统计局

石油危机时，日本的失业率几乎没有上升，即便是泡沫经济破灭后，日本的失业率才从2%上升到3%多一点。由此可以看出，在泡沫经济破灭这样剧烈变动的情况下，日本失业率的上升的幅度都要比美国在一般经济环境的变化下的上升幅度小得多。从1997年开始，也就是看到"妖怪"的这一年至2002年，日本的失业率又上升了2个百分点左右，尽管如此，也只是稍稍超过了5%。日本的失业率只是在1999年至2001年这三年中比美国略微高出一些。这在当时已经成了一个话题，甚至有人向杂志投稿说日本的失业率离8%的日子已经不远了！当时的媒体一片哗然，所幸这个预测并未成为现实。

从图 6-1 中还能认识到日美两国之间的另一个不同处，即次贷危机发生后两国失业率上升方式的不同。日本的失业率在这两年中仅仅上升了 1 个百分点多一点，而美国的失业率竟然上升了 5 个百分点以上。这一时期，美国失业率的走势表现为急升急降。据此，人们可以发现美国企业明确的姿态是，随着经济环境的剧烈变化迅速地解雇了从业人员，而后又迅速地再雇佣。

日美两国之间这些表象上不同的背后，其实是两国企业对于雇佣的基本观点的差异。日本企业重视长期稳定的雇佣关系，所以在经济环境剧烈变化的时期，通过对从业人员的工作时间进行调整等对策来应对危机，努力使雇佣量不减少。直到经济长期不景气并十分低迷的情况下，日本企业才不得不采取裁员的对策。与之相反，美国企业随着经济环境的变化会毫不犹豫地采取裁员、减少雇佣的方法，以应对企业所处的不利环境，所以许多美国企业重复着解雇、再雇佣，这也增大了失业率的变化幅度。也许有人会认为，日美两国之间的雇佣政策不同是日本经济高度成长时期的历史产物，现在早已不复存在了，但在美国次贷危机发生后，日美两国失业率变动的巨大差异，显示了日美两国之间的雇佣观点至今未变。

不同产业间的雇佣构成

作为雇佣的基础，在平成年间没有改变的并不只是企业的雇佣政策，不同产业间的雇佣构成的基础同样几乎没有改变。

当然，鉴于这三十年中发生的巨大技术变化以及人口构成的变化（少子、高龄化），不同产业间的雇佣构成也发生了变化。如果考虑到这些环境变化的巨大程度，雇佣构成发生的变化并不算太令人意外。

具体的情况可以通过表6-1来看，该表比较了从1989年至2017年日本不同产业的雇佣人数。雇佣总人数在这二十八年中增加了将近1 200万。尽管平成年间日本也的确有过总人口数增加的时期，但这个总人口的增加规模远不及雇佣总人数的增加，可见女性和高龄者的雇佣增加应该是雇佣者总数增加的主要原因。另外，就像任何一个国家的经济状况那样，第三产业的雇佣都在逐渐增加，平成年间的日本同样在从运输、通信产业等第三产业的领域不断扩大雇佣规模，特别是服务产业的雇佣增加非常显著，增加部分近半数来自医疗、福祉产业，这也许是日本高龄化的一种自然反应吧。

表6-1　各产业雇佣人数　（单位：万人）

年份	1989年	2017年
总数	4 679	5 819
建筑产业	451	407
制造产业	1 276	1 006
运输/通信产业	451	531
批发零售食品	1 041	1 326
金融保险不动产	225	277
服务产业	1 084	1 874

资料来源：劳动力调查

在前一章已经简单介绍过制造业雇佣人数小规模减少的情况，从表6-1的数据计算的不同产业的构成比例来看，制造产业大约减少了10%的份额，减少的部分在服务产业得到了相应的增加。但是制造产业雇佣人数减少中的将近一半来自电气机械产业，其他许多产业的雇佣人数基本没有太大的变化。

从表6-2中可以看出这些状况。具体来说，化工产业和一般机械产业雇佣人数略有减少，食品产业稍有增加，制造产业的数值与表6-1中稍有差异。由于劳动力调查的对象有所不同，所以制造产业的雇佣者数字在工业统计调查中稍小一些。在这里列举的除去电气机械产业以外的食品产业、化工产业、一般机械产业以及汽车产业这四大产业的雇佣者占日本整体制造产业雇佣者总数的比例在1989年时为31%，2016年大幅增加到46%，这意味着从雇佣方面来看，这四大产业在日本制造产业中的重要性在不断提高。

表6-2 制造业从业人数 （单位：万人）

年份	1989	2016
总数	1 096	757
食品产业	108	113
化工产业	39	36
一般机械产业	115	111
电气机械产业	192	100
汽车产业	76	88

资料来源：工业统计调查

尽管有了这样一些构成比例上的变化，但从产业的重要性来看，除了电气机械产业，其他产业在平成年间基本没有大的变化，汽车产业不管是在附加价值的规模，还是海外市场的拓展方面，都毫无争议地成为日本的产业领头羊，但从雇佣数量上讲并不是很多。

危机到来时劳动分配率飞涨

作为雇佣和人事政策基础中的一项，也是在第一部分提及每个年代的变化时介绍过的劳动分配率，即企业从经营活动中产生的附加价值总额里面支付给从业人员的报酬的分配比率。

日本企业的劳动分配率有着和美国企业不同的变化动向，这已经在第三章介绍过。每逢萧条或者经济危机到来时，日本企业所支付的从业人员劳动报酬基本维持不变。另一方面，由于萧条造成的企业附加价值额减少，那么日本企业的劳动分配率就会出现较大的上升。也就是说，每逢危机劳动分配率飞涨，这个特征可能就存在于日本企业中。笔者将平成年间的劳动分配率以及附加价值中其他的分配内容比率制作成图6-2。其他的分配内容指的是以分红的形式支付给企业股东和以贷款利息的形式支付给金融机构的分配内容，二者分别被称为股东分配率和金融分配率。

从这个图中可以读出几个有趣的事实。首先，日本的劳动分配率大幅上升的时期有两次，分别是20世纪90年代前半期和2008年至2009年，也就是泡沫经济破灭后和美国次贷危机发生后的两个时期。另外，日本还有一个较小幅度的劳动分配率上升期，即1997年的金融机构连续破产期之后。这三个时期全部出现在危机发生后的时期，这样看来日本企业的劳动分配率的确是每逢危机到来时就会飞涨。

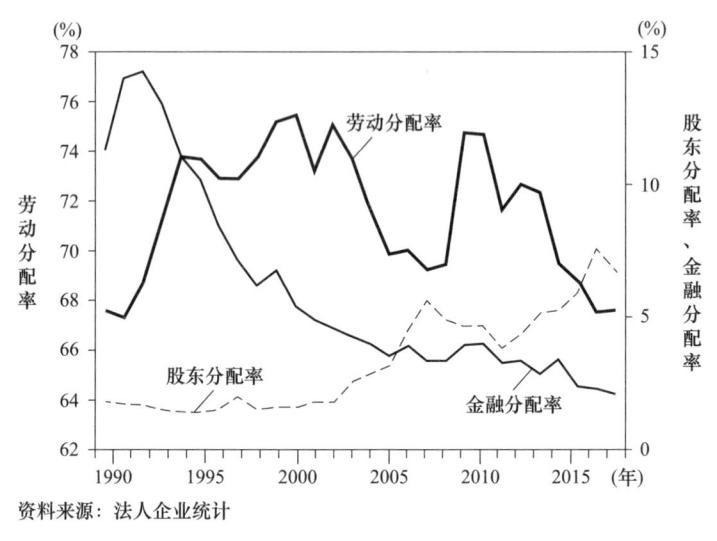

资料来源：法人企业统计

图 6-2　附加价值分配率：劳动、股东、金融

其次，虽然不太显眼但是也想说明的一点是，劳动分配率的起点和终点几乎是同一高度，也就是说，通过平成时代的这二十七年间的变化，劳动分配率又回到了开始时的水平，也就是68%。不仅仅是失业率和离职率回到了原点，继续分析可以发现，劳动分配率大幅下降的时期也有两个，分别是2001年至2004年和2012年至2016年的两个时期，任何一个时期都是经济状况向好或者经济状况缓慢恢复的时期，这两个时期都和面向企业股东的分配率的上升期基本保持一致。到2001年为止，面向股东的分配率一直特别稳定地维持在2%的水平，从那之后一直到美国次贷危机到来前都呈上升趋势。但是在次

贷危机后的附加价值低迷期，股东分配率再一次呈现下降趋势，再到下一次的经济恢复期，股东分配率又开始上升。平成年间的股东分配率整体看来一直在平稳上升，从最初的2%左右上升到最后的7%左右。

在由经济状况恢复带来的企业附加价值额增加的时期，股东分配率上升。劳动分配率在危机时期飞涨而股东分配率保持不变（泡沫经济破灭后）或下降（美国次贷危机发生后），这样的表现意味着日本企业的分配原理是优先考虑从业人员的收入，即使从业人员的收入得到保证。尽完这份责任后，如果还有盈余的话，再考虑增加股东的分配额。日本企业这种面对股东"假如有盈余再考虑"的思维模式在2001年以后有所改变。在此之前的日本企业将股东分配率一直稳定维持在2%这样一个相对较低的水平，如果将这一变化理解为企业从重视从业人员转向重视股东也不是不可以。

作为这种观念转变的一个证言，21世纪前半期，一位供职于某财阀集团企业、主管人事的高层管理人员在一次私人酒会上说的一番言论直到现在都让我记忆犹新。他是一位一直以来都持有相较于股东的利益分配应该优先保证从业人员稳定收入这种具有很高合理性观点的企业管理人员。这种合理性指的是首先加强从业人员对企业的忠诚度，从而使他们更加忠诚努力地工作，以便给企业带来更大的利益，这样股东就可以通过公司股票价格的上涨来获得相应的利益。

就是这样一位曾经持有类似观点的企业高层管理人员，居然说出了"如果不更加重视股东的话……"这样深刻反省的话语，在这之后，他的一番话更使我感觉到，这也许是那个时期日本企业经营者的真心话了。他所说的必须要更加重视股东利益的理由是，企业一直以来几乎从未考虑到股东的利益分配问题，这样的话对提供企业经营资金的他们来说是不公平的。这种观点绝不是将从业人员和企业股东简单地比较一下，就得出应该重视企业股东的所谓"股东重视论"的观点，而是由于在此之前太过轻视企业股东的利益分配，而从现在开始必须要"稍微"重视一下股东们的利益这种意义上的"股东重视论"。

这种意义上的重视股东的观点，其实和遇到危机时相较于股东优先考虑从业人员利益的思维方式并不矛盾，我们从图6-2中的劳动分配率和股东分配率的走势可以看出日本企业的基本姿态。事实上，在美国次贷危机这样的"疾风"来临时，日本劳动分配率依然高涨，而面向企业股东的股东分配率开始下降。到2012年后的经济恢复期，劳动分配率开始下降，而股东分配率再次上涨。

更进一步分析，可以说面向股东利益分配扩大的资金源实际上是来自2000年以后企业对银行还贷利息的减少，以及贷款规模的降低而节省的那一部分资金。面向股东的利益分配率在增加，而面向金融机构的金融分配率在持续降低。股东向企业提供股份资本，银行以贷款的形式向企业提供资金，暂且将这种针对资金提供者的综合分配率称为资本分配率（股东+银行），这个分配率的数字实际上几乎是一直在下降的。泡沫经济破灭后的1991年，日本的资本分配率为16%（最高值），到2016年资本分配率仅有8.8%。在这期间，股东分配率的确是上升的，但上升部分的规模要比同期金融分配率降低的那一部分规模小，也就是说，企业只是将面向银行减少的利益分配中的一部分重新分配给了企业股东。

尽管如此，人们依然对日本企业在泡沫经济破灭前后支付给银行的利息的巨大规模感到震惊，因为它已经远远超出了企业附加价值的10%，这就仿佛那个时期的日本企业仅仅是在为支付银行利息而从事企业经营的。

劳动分配率和失业率的有趣关系

事实上，日本企业在平成时代一直都秉承着重视从业人员的利益分配的传统，维持社会雇佣的经营理念。我们将劳动分配率与失业率的走势制作成了图6-3，从中可以看到两条线几近重叠的有趣现象。

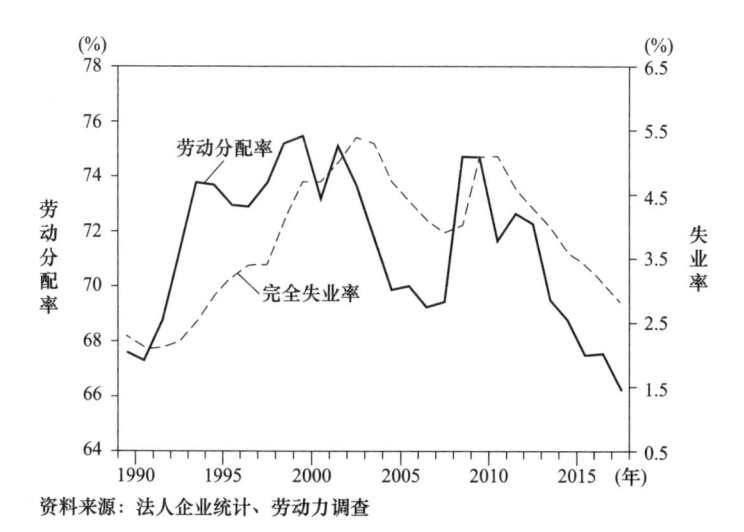

资料来源：法人企业统计、劳动力调查

图6-3　劳动分配率和失业率

两条线的走势动态极为相似，并且是稍微间隔时间差的相似形状，这种相似表现出劳动分配率的走势首先开始上升或者下降，在此后的一至两年里失业率也以同样走势上升或者下降。也就是说，失业率就像向右平行移动般地紧随着分配率的变化而变化，这意味着两条线是一个稍有时间间隔的相似型图像。这个走势图，特别是存在时间差的相似性，看上去似乎有些意味深长。

日本企业在危机来临时首先保证从业人员的雇佣，并且基本不减少人工成本费用，所以劳动分配率就会上升。数字的上升是因为作为劳动分配率计算公式分母的附加价值受到经济不景气的影响而减少，但作为分子的人工成本总额却基本没有减少。但是如果已经恶化到了企业无法盈利的恶劣境地的话，企业则只能被迫采取裁员的对策了。因此，失业率间隔一段时间后开始上升。

另一方面，经济环境一旦开始变好，劳动分配率会首先得到改善，这是因为哪怕人工成本总额基本没有变化，但随着企业营业额的增加，附加价值也会随之增加。如果这种动向持续一至两年的话，企业开始扩大雇佣，那么失业率则开始下降。

图6-3是劳动分配率走势与失业率走势的比较，而图6-2是劳动分配率与股东分配率走势的比较。从这两个比较中能够读取到日本企业的行动原理，那就是在危机来临时优先考虑从业人员的利益分配，面向股东的利益分配与企业的附加价值总额联动（也就是减少分配额），在经济形势好的时期考虑在盈余的范围内尽量扩大股东的利益分配。

日本企业的行动原理与美国企业的行动原理有所不同。如在第三章中介绍过的一样，美国企业是将面向股东的利益分配和面向从业人员的利益分配全部与企业的附加价值总额进行联动。所以从数字上看，无论经济状况的好坏，劳动分配率和股东分配率都保持着相当平稳的演进。经济状况一旦变坏，美国企业会立即着手裁员，从而产生和日本企业刚好相反的劳动分配率下降的倾向。这样看来，日本的人工成本费用实际上就是企业的固定费用，失业率也基本没有大的变化，日本的劳动者所背负的风险程度和美国相比要小得多。

这样的劳动分配率的动向不仅可以在平成年间看到，其实从 20 世纪 70 年代以前就一直存在，这也显示了日本企业在利益分配上的优先顺序——从业人员第一，企业股东第二。

我认为，正是因为日本企业选择的是以从业人员主权为主[①]的行动理念，才有了日本第二次世界大战后的高速发展。这也是我在这三十多年里一贯的主张，这样的劳动分配率的动向也许就是证据之一。

但是，正如前面那位企业人事高管所说，是时候反省一下之前过于轻视企业股东的思维模式了。这种言论在日本企业经营者中不断发酵，2000 年后，企业表面上的雇佣和人事政策逐渐开始向"重视股东"的政策特点倾斜。尽管企业表面上的政策特点被替换了，但实质的基础并无改变。当美国次贷危机这样的非常事态发生时才能看出一个国家的真实情况。美国失

---

① 统治企业的主权者以从业人员为主，也就是说首先是从业人员拥有这个企业，然后股东辅助性地拥有企业的主权。

业率高涨，日本劳动分配率却大幅攀升。日本企业在面对最高级别的"疾风"时，采取的仍然是从前的企业雇佣人事基本理念指导下的企业行动。

劳动分配率在美国次贷危机之后的经济恢复期开始下降，但面向资本投资的各项分配率却没有得到相应的提升。也就是说，没有被分配的企业附加价值额的规模扩大了，这一部分利益留在了企业内部。所以次贷危机后日本企业的利润率得到了相当程度的改善，企业内部的利益留存也增加了，这一点将在下一章再详细论述。

成果主义：市场型薪酬制的呼声

平成时代与企业人事政策相关的最大的话题恐怕就是成果主义了，这是一种呼吁以个人在工作中所达成成果的大小来支付个人薪酬的做法。与此同时，主张向市场型薪酬制度转变的呼声在这一时代变得格外响亮，这是一种认为应该参考整个社会的薪酬行情来支付个人工作报酬的主张。乍一看这两点似乎也都是理所当然的事。

2000年前后，这种呼声开始逐渐变大，也就是在日本的经济杂志上开始刊登出"日本的企业，成为真正的股份制公司"这种言论的时期，同时，也是在"为了股东不仅仅是在企业经营者监督机制方面，而且在企业人事制度方面也要更美国化"这种主张盛行的时期。但在此之后没多久，也就是2005年左右，关于这些制度在日本没有发挥出应有作用的言论就陆续登场了。为什么这些呼声会在2000年前后开始变得热烈呢？

理由之一大概就是外部环境的恶化。由于1998年的日本金融崩溃，企业对未来的前景以及企业自身的盈利能力失去自信，在这种经济状况下，企业为了自身组织能够长期存续，不得不开始考虑在减少人工成本。也可以说，这是企业对在商品市场上获得利益的可能性在降低的担忧。这些外部环境上的变化成为企业人事制度变革的动机，与这个动机相并列还存在两个使人感觉企业内部也必须要进行变革的状况。

一个是在泡沫经济破灭后，企业过多地支付了人工成本，这导致人工成本费用的总额过于庞大，企业到了必须要考虑如何缩小这个庞大费用的阶段，这种状况正发生在2000年。另一个是从业人员的高龄化现象，尽管"高龄者就业比例会逐渐提高"这种预言很早以前就已经有了，但从业人员年龄构成问题的显现实际上是在2000年前后。

我们来仔细看一下过多支付人工成本和从业人员高龄化的变化状况。表6-3显示的是全体日本法人企业劳动生产性上升率和人均人工成本费用上升率的对比情况。本书的第一部分内容中用了三个章节，沿着时间的纵轴将平成时代分成了平成前十年、中间十年及后十年。日本企业在金融崩溃前的十年时间里，过多地支付了人工成本费用，指的是从1989年至1998年，平均人工成本上升率要比劳动生产性上升率高出1.2个百分点的事实。在泡沫经济期的惯性下的企业行为持续了十年时间，那么人工成本费用总额的巨大规模就可想而知了。

表6-3 劳动生产性上升率和人工成本费上升率 （单位：%）

时间（年）	劳动生产性上升率平均值	人均人工成本费上升率平均值
1989—1998	0.7	1.9
1999—2008	-1.0	-1.1
2009—2017	1.6	0.3

资料来源：法人企业统计

图6-4显示了从业人员中高龄者比率的变化动向。高龄者的比率从2000年前后开始呈快速上升的态势，这种上升态势说明日本在20世纪50年代前后出生的所谓"团块世代"的人口数量正在快速超过那个时候员工退休年龄55岁的人口数量。从企业的人事部门来看，青年阶层比率的下降趋势正在变为现实，再加上企业在泡沫经济破灭后所采取的抑制雇佣的人事政策，可以很容易预测出，今后企业组织中的青年阶层的比率将大幅下降。此外，考虑到高龄从业人员的待遇问题，一直以工龄型薪酬政策为主的日本企业，如果今后还任由这种状况继续发展的话，人工成本费用总额将会出现无以为继的危险局面，对于这种企业危机局面的预言在2000年前后开始不断涌现。

企业外部及内部遭遇的种种状况重叠在一起，致使众多日本企业被逼到了必须要考虑降低人工成本费用的境地。但是，大概是出于对直接说出这种观点有可能会遭到排斥的顾虑，在处理这一问题上，随后便出现了呼吁"向美国式成果主义以及市场型薪酬制度学习"的人。尽管这种呼吁显得有些驴唇不对马嘴，但在当时"日本异质论"盛行的氛围下，也算是大家比较容易接受的方式了。

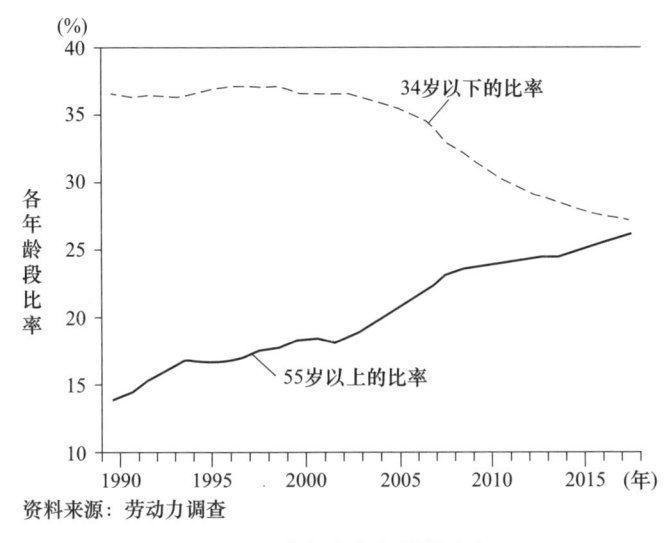

图 6-4 雇佣者各年龄段比率

资料来源：劳动力调查

为何成果主义以及市场型薪酬制度难以发挥作用

通过各种各样的议论，成果主义以及市场型薪酬制度在当时的日本难以发挥作用的原因已经变得非常清晰明了。

成果主义所面对的最大问题在于，能够决定短期性薪酬支付的个人短期性成果评价的方法并不存在。尽管大多数企业采用了目标管理的方法，但是如何来决定成果目标这件事本身就存在着暧昧的因素。所以，实际上这一做法很难在个人成果评价上发挥作用。如果无法正确评价成果，确定合理的薪酬也就无从谈起，不正确的评价方法只会引发从业人员不满情绪。

另外，关于市场型薪酬制度也同样存在一个巨大的问题，那就是针对每个从业人员所从事的企业内部的各种类型的工作内容，是否存在和整个社会的薪酬行情相对应的、有根据的具体薪酬数字。日本企业的技术积累常常被看成是一种非常专业的技术积累，所以企业员工将本人拥有的特殊技能带到别的企业时，别的企业能够使这一项技能发挥作用的岗位少之又少。如果是这样的话，将会有相当多的工作类型不存在相对应的社会薪酬行情标准。也就是说，不管是个人成果也好，还是社会薪酬行情也好，都要以能够评价它们的、被社会默许或达成共识的具体数字来作为决定薪酬的前提，但事实上，这个被社会默许或达成共识的数字前提在日本并不成立。所以，在现实中企业设计的人事制度最终变成了难以发挥作用的机制。

另外，从日本的劳动惯例以及劳动市场的特征来看，哪怕解决了成果评价数字测定的问题，依然存在着在美国企业实施有效的人事政策在日本企业难以实施的状况。如果将美国式成果主义全面导入日本，直接将职工收入和企业总体的业绩关联，在这种情况下，业绩不佳的从业人员被迫离职就成为这种政策实施的必要前提。这种被社会默许的前提在实际运作中难以得到满足，原因其实来自日本企业自身的组织存在方式。如此境况下，如果非要全面导入美国式成果主义，日本企业将会出现大量的成绩不佳且薪酬低下的从业人员带着对组织的不满情绪留在企业内部的现象，这样的负面效果有着不可轻视的巨大能量。

就这样，表面上虽然出现了需要被诸多社会默许所支撑的成果主义人事制度，但却因为难以发挥应有的效果，而最终这样的未能实施。

实际上日本的企业是如何操作的呢？其实际操作的结果通过表6-3中反映出的1999年至2008年和2009年至2018年两个平均值可见一斑。从1999年开始的十年时间里，劳动生产性的下跌和人工成本费用的下跌几乎在同时进行，实际上降低了人工成本费用的支出，这恐怕是接近于统一降低薪酬的做法。这种与成果主义截然不同的手段实施起来也许更加有效，因为这种做法和注重组织内平等性的日本企业组织的原理性基础是一致的。

自2009年后，日本经济从美国次贷危机后的谷底进入了八年经济恢复期，其间，人工成本费用稍有上升，但是这个上升比率要比劳动生产率的上升比率低1.3个百分点，虽然提升了员工的薪酬，但是控制了提升的规模。更令人称奇的是，劳动生产性的上升率与人工成本费用上升率的差，由最初十年的人工成本费用过大的支付差1.2%，完全逆转为最后八年人工成本费用过小的支付差1.3%，几乎相同。也就是说，用最后这八年的过小支付弥补了最初那十年的过大支付，所以从与劳动生产性的关系上看，人均人工成本费用的水平在平成这二十八年里，又恢复到了原来的均衡状态。

除了这些以外，表6-3内容的含义意外地有趣。首先，在这三个时期中，有两个时期的劳动生产性上升率和人工成本费用的上升率不匹配。劳动生产性的大小直接反映了企业整体的成果，但它的上升与下降和人均人工成本费用的变动不相匹配的时间如此之长，可以看出日本企业采取的并不是成果主义。

再加上在最后八年里失业率一直在大幅持续下降，原本这应该意味着企业在劳动需求方面有人手不足的倾向，但这一时期的从业人员薪酬却没有得到太大的提升，很难说这种薪酬水平真实地反映了用人市场的供求关系。也就是说，所谓实施成果主义以及市场型薪酬制度根本没有为整个日本企业采用。

本章介绍了几种"回到原点的"日本企业的经营情况，但也有一些事物没能回到原点，那就是从业人员的高龄化。图6-4清晰地揭示了平成时代的确是一个高龄化的时代。不仅仅是高龄者的比率在增加，而且青年阶层的比率在下降，这使得日本企业仿佛受到了两记重拳的打击，终于在平成时代即将结束时两条线又交叉在了一起。从业人员高龄化问题所带来的影响已远远超过了人工成本费用支付问题的影响，相关内容将在下一章和最后一章再次论述。

非正规雇佣和待遇差别

平成时代日本企业的雇佣和人事领域里还有一个问题与成果主义并列成为话题，那就是非正规雇佣问题。非正规雇佣，是对除了和公司签订了无期限劳动合同的全职正式员工以外，包括兼职工、临时工、派遣工、合约工、嘱托工等各种各样形式的雇佣关系的总称。

平成年间的非正规雇佣的人数一直在增加，1989年还是819万人的规模，2017年扩大到2 036万人。尽管其间的雇佣总人数也在增加，但非正规雇佣人员（除去从业身份为经营人员的雇佣总数）所占比率，1989年为19.1%，2017年大幅上升至37.3%，并且在2013年以前一直保持着直线上升态势，只是在2014年以后保持在37%左右的水平，没有再继续增加。这是因为从2014年至2017年，日本企业扩大了正规雇佣的规模。尽管如此，补充退休人员岗位的非正规雇佣的人数也在增加。也就是说，正规、非正规两方面的雇佣人数都在增加，所以非正规雇佣的比率才基本停留在相对不变的水平上，这也让我们看到了日本人口结构高龄化现象的迹象。

非正规雇佣比率的增加从两个方面吸引了众多关注。第一，确保了雇佣形态的多样化，这是有利方面。由于正式员工以外的工作形式变为可能，使得想进行社会参与的人群增加了（特别是女性）。第二，产生了企业内待遇差距，这是不利方面。非正规雇佣从业人员的雇佣条件相对较差，而且常常被当作经济前景变动的缓冲因素来使用。在同一家企业，从事着表面上看似相似的工作内容的从业人员之间，却在待遇上产生了差距，这个差距充满了"违和感"。

公司选择像兼职工和临时工这样的人员，他们可以在自己合适的时间自由进行工作，这能够让我们更加容易理解雇佣形态多样性的含义。根据日本总务省的劳动力调查数据（2017年），实际上出于自由工作这一理由而选择非正规雇佣的劳动者中，女性占29%，男性占27%。不论男女，能够自由工作都成为最大的一个理由，当然其中也还有因为找不到正式工作等其他理由。

另外，作为追求雇佣多样性的理由，有可能是为了适当贴补家用，或者想兼顾工作和家庭。持这两个理由的人数加在一起的所占比例中，女性为42%，男性为14%。如果从追求多样性雇佣的角度来解读，在选择非正规多样性雇佣的人群中，选择这两个理由和可以在自己合适的时间自由进行工作的理由加在一起，女性占71%，男性占41%。当然，这其中也有相当一部分人是因为没有正式工作而不得不选择非正规雇佣的工作方式。其中，男性占23%，女性占11%，男女加起来平均约占该群体的13%。对于这一人群来说，非正规雇佣的另一个侧面，也就是企业内部的待遇差异就成了一个大问题。

关于这一点，无论是非正式员工与正式员工之间的企业内的待遇差异，还是正式员工之间的企业内差异，日本都算是待遇差异较小的国家了。从平成时代之前就一直是这样的状况，尽管在平成时代，因企业一定程度上采用业绩薪酬制导致待遇差异开始扩大，但这与欧美企业的企业内待遇差异相比还是要小得多。一个典型的例子就是，日本企业内部社长和普通从业人员之间的薪酬待遇差非常之小，这一点特别是在日本的大型企业里更让人感觉强烈。也许只有我感觉到，社长的薪酬已经低得不可思议了吧。如果考虑到社长这个职位的重要性，以及由社长个人能力高低而带来的企业不同业绩的话，这样的低报酬完全不能说是依据成果主义原则来确定的。

根据2018年《日本经济新闻》5月13日的早刊报道，汽车产业中的丰田公司社长的年收入是一般从业人员的38倍，而同期美国通用汽车公司是295倍；电气机械产业中的日立公司的这一数据是25倍，而同行业的美国通用电气公司是157倍。丰田和日立的社长收入在日本企业当中应该还属于较高的了。在日本普通的大型企业中，假设社长的年收入是1亿日元，公司员工的平均年收入为750万日元的话，这个倍率约为13倍。考虑到曾经有过10倍以下的情况，那么实际上，现在的这个薪酬待遇的差异已经在扩大了。从我个人观点来讲，让日本的社长们享受更高一些的薪酬待遇也不是不可以，只是希望他们能够做出和自身所肩负的责任相匹配的工作业绩。实际上，那么多的社长们真的做出了与其职位相匹配的工作业绩了吗？

为何社长们不能直接说出自己想拿到更高薪酬这样的话呢？以我的理解，可能有两个原因。

第一，对主张主要是由于个人的贡献而成就了作为社长个人的巨大工作业绩的犹豫不决。这种犹豫不决来自日本社会中普遍存在的一种思维方式，即决定企业组织成果是众多员工工作成就的相互叠加（也就是团队），而每一个个人的贡献并没有那么大，这一思维方式在日本仿佛是社会共通理念。日本就是这样的国家，哪怕在盛行呼吁个人成果主义的时期，还依然在反复议论着团队价值的重要性。

第二个原因是出于共同体的思维原理。这是一种认为人和人之间创造出了共同体我们的社会才得以成立的思维方式，要尽力维持这些共同体存在的思维原理。在企业组织中，也同样要重视以人与人之间的心理纽带为基础建立起的关系，进而通过维持诞生的共同体来达到社会生活能够稳定发展的目的。

这种共同体原理鲜明地反映在看似是经济关系的企业组织里，这也是日本社会的一个特征。也就是说，人们自然地认为，企业扮演着比发挥"金钱和劳动服务置换价值的地方"这一作用更为重要的角色。这就是人们为了工作需要，长期在公司组织中度过，要想完成共同作业，无论愿不愿意都会在这里产生人与人之间的关系，进而产生了共同生活的环境。工作使企业中诞生了人们作为自然生活场所的职场共同体，这样的长期雇佣关系越多，共同体诞生的可能性就会越大。

社长作为新员工刚开始进入这个共同体时，并不是一开始就有与其他人之间的待遇差异。这个共同体中的大多数人（包括社长）都是仅仅作为一名新员工，以平等的身份来开始这种所属关系的。用共同体原理来看的话，原本都是平等关系的人们因为所处立场的改变而使薪酬待遇产生巨大的差异，本身就存在着不恰当的地方，反对收入差异过大的思维也就显得不是那么不可思议了。所以，一方面，认可某种程度上产生经济上的待遇差异是无可奈何的；另一方面，又在努力避免产生过大的差异。不然试图维持这个共同体的心理纽带的行为将会变得愈发困难。

就个人贡献大小而言，不管是社会共通理念，还是共同体，都在共同发挥着阻止企业内差异向扩大化方向发展的作用。我认为这也是在平成时代日本企业没有改变的雇佣、人事基础中的一个内容。如果这样的共通理念和共同体的感觉在社会中得到了广泛认可，那么日本对于经济待遇差异的社会认可度将会变得很低。所以不仅仅是社长的薪酬增加，非正式员工的待遇差异，以及社会上更广范围的收入差异等，但凡出现一点收入差异扩大的趋势，日本社会就会做出非常敏感的反应。基于这些原因，日本一直作为一个收入差异低的国家发展至今。

重视从属关系的国家——日本

平成年间企业的雇佣和人事政策发生更替，可以说是带有明显的面向美国式、面向市场的倾向。如果考虑到当时日本所处的环境，某种意义上来说这也是一种自然的变化。因为那个时期的日本，正处在因泡沫经济破灭而产生的自我怀疑和来自美国的"日本异质论"的双重夹击中。

虽然表面的政策更替了，但是这些政策却无法将作用发挥得很好，制度以及政策实施的基础部分并没有改变。不管是劳动分配率还是失业率的动向都没有变成美国那样，在成果主义以及市场型薪酬制度上也没有变成美国那样，就连非正规雇佣率大幅上升的原因好像也大都来自对雇佣形态多样化的追求。

当然，日本企业人事政策的实施惯例也并非完全没有改变。平成这三十年里，环境发生了如此巨大的变化，企业没有一丝改变的话反而奇怪，问题是哪些地方改变了、哪些地方没有改变。企业也许有把正规雇佣改为非正规雇佣的想法，或许希望利用成果主义的推行将业绩不佳的员工扫地出门。这绝不是由于法律制度保护了雇佣关系以及从业人员的利益而使企业想做却没能做到，一定存在着某种"看不见的手"使这样的动向没能扩大。对这三十年的变迁轨迹的回首再一次让我感觉到，一定是某种作为社会共通理念的东西阻止了在如此激烈变动的环境下的雇佣基础本质发生变化。

在笔者的假设中，社会共通理念指的是在企业组织中，劳动者之间的一种"默契"，或者说"已经不用说出口的常识性的"思维方式。"劳动者在企业组织内的行为已经超越了单纯的参与的意义，而常常是从属关系"这样的社会共通理念。这难道不是平成时代日本企业的雇佣和人事政策的基础部分没有改变的更深层次的原因吗？

与美国比较一下，也许能更好地理解这一点。在美国企业组织中的劳动者和企业是参与的关系，而日本是从属的关系。在重视从属关系的日本，人们不能轻易地离开组织，就算将美国的人事制度及惯例照搬到日本的企业中，也不会很顺利地实施下去。很明显，任何一个国家的雇佣及人事上的行为惯例和这个国家的社会条件及文化背景都有着根深蒂固的联系。另外，这些社会条件及文化背景都是在漫长的历史中不断积累沉淀下来的。当然，对于金钱的欲望，对于名誉的追逐——这些人类最为基本的欲望也许在各个国家中都有着共同的诉求，但是在更高的层次上有着特定历史性的社会条件及文化条件的规定，这对于每个国家来说都是不同的。比如，对于金钱性动机的意义大小的理解，每个国家都会有某种程度的不同之处。这样具体的雇佣及人事政策的实施惯例，实际上是建立在这些更深层次的社会条件及文化背景上的。

参与和从属的问题与企业概念的本质密切相关。企业是一个从事经济活动的场所，企业股东也好，员工也罢，都是为了寻求经济上的报酬而参与进来的。随着经济性条件的改变，参加某个特定的企业的意义也随之变小。股东可以将持有的股票卖掉，劳动者可以换一家公司，退出的自由是一直存在的。如果这样说的话，恐怕容易让很多人产生这不是全球共通的想法，但出乎意料的是，的确存在着因国家不同而出现的认识差距。在美国普遍存在着这些社会共通理念，但是对于众多的日本劳动者来说，企业的概念已经超越了单纯是经济需求上的"参与场所"的意义，企业变成了劳动者赖以从属的组织。当然，哪怕是在日本，人们与企业拥有关系的最大动机，同样是将企业当作经济活动的场所参与进来，通过在那里的劳动来获取自我生活的食粮。但是一旦开始参与到这个组织，普遍的社会理解已经深知这种参与将会是一种长期持续的行为，人与人之间在职场中的社会关系就会变得更加深厚，进而萌生出职场也是社会生活的场所这样的自我意识。就这样，职场共同体诞生了，人们能够切身感受到从属于这个共同体。

日本是从属，美国是参与，两者的差异不仅仅只存在于企业组织上，哪怕是在戏剧演出剧团这样的组织中也存在着差异。我们来比较一下日本人和美国人在戏剧作品是由什么人完成这一问题上的认识。在日本，戏剧作品是由半永久性的固定成员组成的剧团组织制作完成的。与之相比，在美国的戏剧作品生产体系当中，像日本这样的组织极为罕见，更多见的方式是可以称之为制片人的方式，只有以制片人、导演及作家为顶端的少数成员固定，每逢新剧都要重新选择演员和工作人员。在日本，这些演员们从属于剧团，在美国，演员们参与公演。这样看来，在日本就连注重个人艺术感觉和自由的戏剧演绎领域都是这样的，更不用说在企业组织中，不管是经营层的人员，还是一般的从业人员，都在潜移默化中拥有了强烈的从属感。

经营的制度、实施惯例＝原理×环境

各种各样的历史原因，是产生美国和日本这种社会共通理念差异的背景，我认为两个国家历史形成过程的差异是一个重要原因。美国是一个由因为各种各样的原因从欧洲大陆"移民"过来的人们建立的国家，而日本是以四个岛屿为中心，不知不觉中自然形成的一个国家，很难想象这是一个抱着极强的"建设国家"的意图而形成的国家。

美国的建国过程和日本不一样，是"拥有极强的意识""为了从陈旧的社会和政治压迫下逃离"的不同人们共同参与建立起来的国家。即使是现在，世界各地的移民还在涌向美国，美国一直以来就是一个依靠"参与"的国家。对于美国人来说，作为最基础的组织的国家本身就是参与的对象。而对于日本人来说，日本这个国家并非是可以拿来参与的。对大部分日本人而言，日本这个国家是从自己出生那个时刻就依赖的、从属的地方了，对于自己出生的地域社会的从属感也就自然而然地产生了，众多的日本人在并无个人意识的过程中，就对成为自己劳动场所的企业也自然而然地产生了从属感。这种从属感的产生有可能已经变成可叫作"无意识原理"的东西了。

我就一直在考虑，当然这不仅仅只局限在人事和雇佣关系上，将企业所秉承的"经营原理"的基础思考方式与实际上必须要进行经营的环境条件相乘后的结果，才是决定企业为了经营而选择的各种各样的制度和实施惯例的关键所在。如果用公式来体现的话，那就是经营的"制度、实施惯例＝原理×环境"。假如在这个公式的原理部分放入重视从属关系的国家日本的职场共同体的话，就构成了在平成时代未曾改变的那个基础。尽管有这样的原理作为基础，如果环境的变化过于激烈的话，实际上的制度及实施惯例也不得不做相应的改变。但如果硬要将改变后的美国式实施惯例放入到制度、实施惯例部分的话，这个公式将不能成立，因为这和原理的部分产生了矛盾。这样我们就明白，在日本被强迫更替的政策是不可能发挥出作用的，这样的"制度、实施惯例"也就不会在日本得到扩展。成果主义人事制度就是一个典型的例子。

正是由于重视从属关系，非正规雇佣问题在日本才成为一个大问题。许多非正规雇佣的人，比起从属于企业更想参与企业，所以选择了参与的方式。在自己合适的时间可以自由工作，这正是选择非正规雇佣的理由，正是选择参与的典型。可那些希望自己被正规雇佣却没有从企业得到机会的人们（尽管数字上只有不到13%），对于无法转正的不满以及反感情绪有可能超越对薪酬待遇的不满。所以，在平成时代即将结束的时候，以劳动力不足为理由，将非正式员工转为正式员工的企业在逐渐增加，这种变化可以解释为符合重视日本从属关系文化的正确应对方法。

在平成时代即将结束的时候，对于日本企业来说，像这样"既符合原理，又能够对应环境变化的制度变更"，至少会在海外事业的人事制度领域中被要求做出深刻变革。对于必须要扩大海外事业的日本企业来说，这是一个相当大的问题。在这些应对方式中，最不好的情况就是将日本国内的制度、惯例原封不动地照搬到海外去进行当地的经营管理。比如，因为日本国内依然遵循着依工龄序列进行人事变动惯例，致使日本企业在海外生产基地的人事制度也带有了这种惯例的色彩，但如果这种人事制度和所在国家的劳动市场状况不适合，是不能发挥它原本具有的作用的。

尽管在这里不能用更多的篇幅来深刻探讨这个问题，但基本上日本企业要做的事情也只能是在坚守企业基本原理之外再根据各个国家不同的劳动市场环境来分别应对了。在这个时候，也许需要两种简洁明了的思维方式。一种是采用和国内惯例不同的人事制度。在海外须结合当地的实际情况实施人事管理，但企业基本原则也要继续坚持。具体实施起来的话，则必须要有在一个企业内执行两种不同的人事制度的思想准备。另一种思维方式是在各个国家的劳动市场中，尽量选拔持有和自家企业原理思维相近的从业人员。虽然不管在哪一个国家的劳动市场中，都不可能要求每个人都拥有整齐划一的价值观念，但无论哪个国家的劳动力市场中，估计都会有一些人对日本企业的劳动方式具有亲近感，那么就将这些人找出来。不管采取哪一种思维模式，企业现场人事制度的设计和运营都将变得更加复杂和困难,但是日本企业必须接受这些挑战。

从属问题不仅与雇佣惯例密切相关,与企业组织体的基础概念也有着紧密的联系。本章在论述劳动分配率的动向时提到"从业人员第一,企业股东第二",也显示了日本企业在利益分配上的优先顺序。本章还讲到了日本企业的主权构成是以从业人员的主权为主的。为什么企业首先是属于企业劳动者的这种思维方式能够成立呢?因为从属于企业组织的主要人员是从业人员,在股票市场上短期性的买卖企业股票的股东只不过是参与了企业却没有从属于企业。当然大部分的日本企业已经作为股份制公司法人化了,关于这一点在这里就不再详细叙述了。股份制公司制度的意义非常重大,所以众多的日本企业很有可能就变成了"从属于国家"的以从业人员主权为主的股份制公司。这样的公司谋求着怎样的财务构成,在资本市场是如何一路应对而来的,这些内容将是下一章论述内容中的一个重要话题。

第七章 不断积累的自有资本

不断积累的自有资本

作为"人的结合体"的日本企业的原理，在平成时代并没有太大的变化，这个观点是在前一章粗略得出的。作为"钱的结合体"的日本企业的财务状况和投资状况，在平成时代又是怎样一路变化的呢？特别是基础，或者叫作原理的部分是怎样变化的呢？本章将回顾这一方面的变化历程。

在写作本书的过程中，我试着绘制了多张图表，其中让我最惊奇的就是在图3中介绍过的，也将在图7-1中重点介绍的有关整体日本法人企业自有资本率。在1999年以前，日本法人企业自有资本率一直以19%左右的规模平行移动，之后以近乎于一条直线的步伐持续向上攀升，到2017年竟然达到了41.7%，上升了22.7个百分点。如此让人惊愕的自有资本的增加始于1999年，从这一年开始急速上升，在此之前一直平行的走势图线仿佛长眠一样。此前的1998年，正是日本的金融体系崩溃之年，从1999年开始掀起了以城市银行为主的银行大重组浪潮，银行被迫开始处理不良贷款，从那时起频繁发生滞贷、追贷的事情。也就是说，日本企业在1999年开始认识到，在紧急时刻作为救命稻草的银行已经变得不像以前那样可靠了。以兴业银行作为往来交易银行的日产汽车公司被法国雷诺汽车公司以极低的价格收购，令人唏嘘。

资料来源：法人企业统计调查

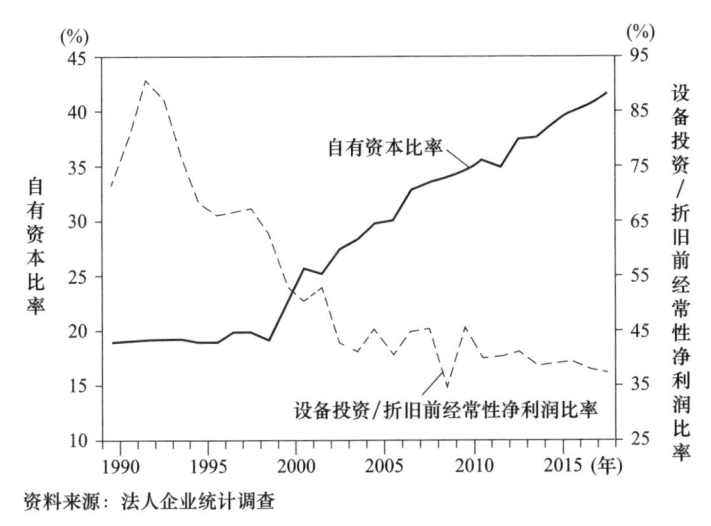

图 7-1　自有资本比率和设备投资/折旧前经常性净利润比率

图7-1的数据来自日本法人企业统计调查，调查对象是包含中小企业在内的所有法人企业。截至2017年，日本法人企业的总数为279万，其中绝大多数为中小企业。尽管这些企业不一定全部参与了调查，但注册资金在一亿日元以上的企业基本上都是调查的对象，东京证券交易所的上市企业也全部在统计范围之内，规模更小的企业的数据是以抽样调查为基础的推算数据。从这个意义上来说，这个统计基本上将日本所有具有影响力的企业都纳入了调查范围，是一个可以代表日本企业整体状况的统计数据。从这里可以看出，不仅是东京证券交易所的上市企业一直在增加企业的自有资

本，而是所有的企业都在如此操作。

中小企业的经营者们对于企业遇到危机时不能够再依赖银行是非常敏感的。日本企业在平成时代的后二十年时间里，一直采取这种令人惊愕的安全财务构造的理由，应该是众多的企业认为只有自有资本才是保护自己的终极手段。从泡沫经济破灭的巨大打击中产生的恐慌，加上银行变得不可靠，这样的状况下选择如此的方式就显得很自然了。为了能够在紧急时刻将企业的风险降到最低，企业对于设备投资这样的企业投资行为也采取了抑制。尽管这一点可以清晰地在图中设备投资的折线走势上看出，但有关这一方面的内容将会在此后做详细分析。不管怎么说，抑制投资会让大规模借款的必要性变得越来越小，所以相比总资产的扩大，自有资本在随着企业自留资金的不断积累而逐渐扩大，控制投资也导致了企业自有资本率的不断攀升。

增加红利

如果长期让企业自有资本积累的规模不断扩大的话，可以预想到，作为股份制公司自有资本拥有者的股东们，理所当然地会提出将规模巨大的自有资本有效利用以获取更大的利益，以及将这些利益更多地分配给股东们。无论采取怎样的以从业人员主权为主的企业经营方式，既然作为股份制公司，这也是没有办法的事情。

说成是没有办法的事情，也许会受到那些主张重视股东利益的人士的批判，但是如果看一下平成这三十年里，支付给企业股东的分红和支付给从业人员的人工成本费用两方面的变化动向，就会明白，"没有办法的事情"是众多日本企业的思考方式。将净资产收益率以及红利与人工成本费用比率（红利金额占人工成本费用的百分比）绘制成图7-2，从这个图表中可以清晰地看出这一点。

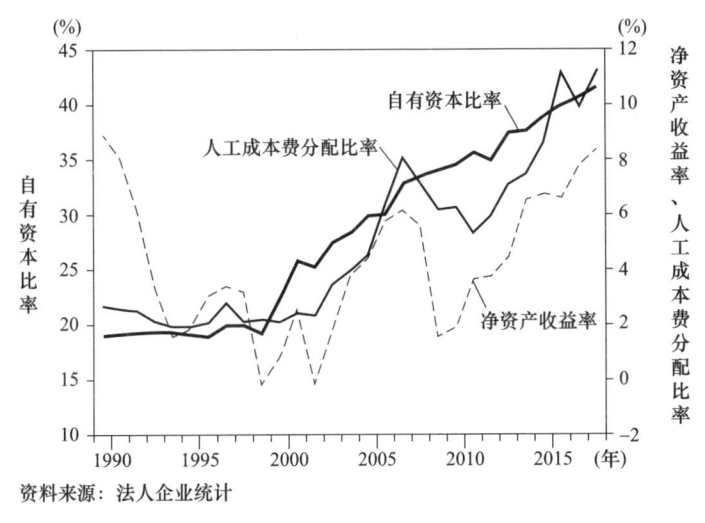

图7-2 净资产收益率和人工成本费分配比率

红利与人工成本费用比率也许不是一个为人所熟知的指标，但它反映了企业是如何考虑支付给企业股东的分红利润与支付给从业人员的人工成本费用之间的比重的观点。在前一章我们分析了劳动分配率和股东分配率的走势，从那里可以看到支付给股东们的分配份额在平成这三十年里变得更加丰厚，但红利与人工成本费用比率更能直接反映出这一点。为了看清因自有资本增大而增加股东红利分配的变化形势，有一个叫作红利倾向的指标（红利分配占当期利润的百分比），这个指标数据会根据当期利润的上下浮动而大幅震荡，人工成本费用每年却没有太大的变动。所以，为了能更加直观地了解企业对股东和从业人员的应对方式，使用红利与人工成本费用比率会更为方便。

图7-2显示出在平成时代的三个十年里，日本企业的动向发生了很大的变化。日本企业在最初的十年（到日本金融崩溃前的十年）的自有资本率基本保持平稳状态，红利与人工成本费用比率也基本保持不变，这可以认为是企业将人工成本费用和股东红利当作义务性的固定支出，不管净资产收益率变得多差，红利与人工成本费用比率一直保持在2%多一点的水平。但是进入到第二个十年（美国次贷危机前的十年），随着企业自有资本率的上升，股东红利的分配规模也在变大，其与人工成本的费用比率上升到了8%，这表明一旦企业能够确保相应规模的股东利益分配的话，就相对提高了与人工成本费用相比之下的红利分配规模，这也可以作为前一章中介绍过的在某大型企业人事部门担任高管的经理所说的——"要反省几乎忽视股东利益行为"的一个佐证。的确，仅仅将相当于人工成本费用2%的红利支付给企业股东，被说成是不重视股东也许是没有办法的事情。只是红利与人工成本费用比率的上升（从2002年开始）和自有资本率的上升（从1999年开始）相比晚了三年，这一点仿佛应了某企业经营者那一句"既然是股份制公司的话也是没有办法的事"。不幸的是，日本企业在最后的十年里迎来了美国次贷危机，净资产收益率急速下跌，一旦这

样的盈利水平不足以支付较高的股东利益分配，股东分配率的下降马上就变得比人工成本费用的下降率要大得多，红利与人工成本费用比率在美国次贷危机发生时也同样下降了许多。在危机来临之时，企业果然还是考虑将人工成本费作为固定费用优先支付。

尽管自有资本率在最后的十年（从谷底开始恢复的十年）还是按照从前的步调持续上升，自有资本的规模越变越大，但是净资产收益率却展示了完美的恢复姿态，这一点也反映出日本企业的盈利能力正不断提升。在创造了如此规模的利润的情况下，前一章所述的劳动分配率在这一时期仍然大幅下降，因为企业依然将人工成本费当作固定费用。也就是说，红利与人工成本费用比率的上升只是股东红利分配扩大而引起的上升，与人工成本费用毫无关系。另外净资产收益率得到了恢复，2017年达到了8.4%。由于收益能力的恢复，净资产收益率指标完美地达到了日本经济产业省要求的8%的目标。

就像在第三章中介绍的那样，东京证券交易所一部上市企业的净资产收益率在2017年超过了10%。法人企业整体数字和上市企业有所差异的原因之一，实际上在于自有资本率自身的变动。第三章介绍，假如将自有资本减少的话，在同样的利润水准下净资产收益率将会变大，上市企业正是采取了这种方法。尽管一直以来东京证券交易所一部上市企业的自有资本率基本上与法人企业整体的数字没有太大的差别，但是从2016年开始却有了明显的动向差异。2015年，东京证券交易所一部上市企业的自有资本率为38.1%，法人企业为40.0%。

2016年，东京证券交易所一部上市企业的自有资本率急速降至29.1%，法人企业则上升为40.6%。在此之前基本保持相同水平的自有资本率以2016年为界快速出现了10%以上的偏差，所以东京证券交易所一部上市企业的净资产收益率的水准自然得到了提高。

东京证券交易所一部上市企业自有资本率急速下跌的原因，大概是他们在2015年突然实施了通过购买自家公司股票等手段减少自有资本的政策。当然东京证券交易所一部上市企业也是法人企业整体的一部分，但是非上市企业占到了绝大部分。在这些非上市企业和上市企业之间，突然出现了自有资本财务政策上的差异，假如考虑一下发生的时机，自然就会想到这应该是受到了官方主导的企业经营监督制度和股东提出异议、共同倡议提高上市企业净资产收益率这件事的影响吧，这些事情在第三章的内容中已经说明。

没有增加的投资

在图7-1中，除了自有资本率变动走势，还有一条设备投资/折旧前经常性净利润比率的走势曲线，它在平成这三十年里几乎是呈下降趋势，对于这一点笔者感到非常惊讶。日本企业的投资规模竟然已经小到了如此程度，这样的话，日本经济的低增长状况也就顺理成章了。

折旧前经常性净利润指的是，在经常性利润计算过程中没有减去折旧费用前的利润额。尽管经常性净利润指的是已经减去折旧费用以及贷款利息后的利润额,但是折旧费用实际上是一项不以现金方式支付的费用,所以折旧前经常性净利润可以当作是企业能够用于投资的现金流的推定值。有一个指标可以体现企业的可用现金流当中到底有多少用于设备投资,那就是设备投资和经常性净利润之间的比率。在泡沫经济破灭的那一年,这个比率超过了90%,这样的比率无论怎样看也是过度投资。从这以后开始迅速下行,到2003年已然跌至41%。再之后到美国次贷危机发生的这一年下探至34.7%,除此之外,该比率一直保持在40%左右。2012年又开始缓慢下跌,直至2017年下跌到37.3%,这个数字是平成年间除美国次贷危机发生的那一年外最低的数值了。这意味着日本企业在连续十五年的时间里,可用现金流中只有四成左右的资金用于投资。这样企业既减轻了折旧负担,而且随着收益的上升,企业内部的利益留存部分还会不断积累。投资规模的减小也许就是前面讲到的企业自有资本率以令人惊愕的速度快速上升的一个主要原因吧。

自有资本率不断攀升,投资规模却没有扩大,这就是日本企业在这个时期的基本姿态。在众多的日本企业内可以听到诸如"投资规模要控制在折旧规模以下"的言论,在这样的经营战略下,即使可以完成更新性投资也无法满足企业成长性投资的需求。企业使自有资本率不断提高是以备危急时刻的自保行为,不扩大设备投资规模是一种规避投资风险的企业选择,实际上,应该说日本企业在金融崩溃之后普遍采取了极其慎重的规避投资风险的态度。当然在这当中,也有一部分以汽车产业为中心的企业积极推进着面向海外的投资，所以在这里绘制了显示企业海外投资与国内海外设备投资总额的比率走势图。这个比率的定义是制造业企业在海外设备投资的规模占到海外设备投资和法人企业制造业部门的国内设备投资总规模的比率。

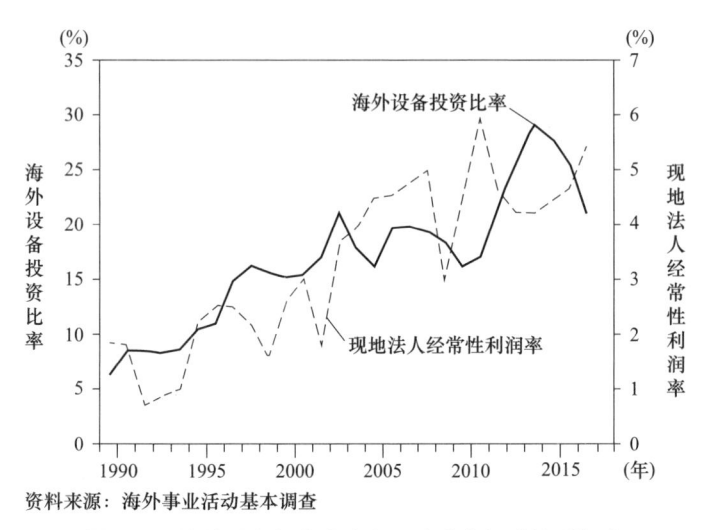

图7-3　海外设备投资比率和现地法人经常性利润率

资料来源：海外事业活动基本调查

如图7-3所示，海外设备投资所占比率在不断攀升，平成年代初期为6%左右，2013年达到了29.1%这样一个历史高点，2016年为20.9%。图7-3还显示出，美国次贷危机后的海外设备投资比率呈现出快速上升的态势，与其说是扩大了海外设备投资的规模，不如说是企业缩小了国内投资规模。从2014年开始，随着日本国内设备投资规模的恢复，海外设备投资比率也在大幅下降。最近五年的海外设备投资额从3.8万亿日元扩大到4.6万亿日元，从数字上看这并不是一个变化巨大的投资规模，但是由于日本国内的设备投资额（制造业）

从 17.5 万亿日元（2007 年）大幅降低到 11 万亿日元（2012 年），所以图中的海外设备投资比率走势看上去在剧烈震荡。在图 7-3 中，已经介绍了日本海外现地法人企业的经常性净利润率走势，如果将它与海外设备投资比率走势相比较的话会发现，与海外现地法人企业利润率的上升相对应，海外设备投资比率也在上升。因利润率提高而增加投资正是企业最根本的经营行为。

图 7-3 所示的海外设备投资走势并不仅代表了制造产业，还包含了除金融及保险产业以外所有产业投资。从制造产业领域来看，海外设备投资多少有所增加，但不可否认的是，与整体现金流的规模相比，海外设备投资的规模还是比较小的。随着企业自有资本的不断积累，以此为原始资本进行海外设备投资的行为感觉上应该是不错的事情，但是为什么从 2002 年开始日本企业的海外设备投资就没有太大的增加了呢？首先，由于日本国内的经济增长长期处于低迷徘徊的状态，这使得国内的投资机会愈发减少。另外，考虑到今后的社会老龄化以及人口减少的大趋势，越来越让企业对日本国内投资的展望变得缺乏信心。尽管有着所谓的投资机会减少这一方面的理由，但是企业规避投资风险的经营意识应该也是一个原因。如果是从前的话，可以考虑风险内投资的项目，如今企业由于规避风险意识的增强而变得犹豫不决。作为这种规避投资风险意识增加的理由，从本书分析过的日本企业在平成年间各种各样的行动特征看大致可以总结出以下三点。

第一，由于股票市场盈利业绩监控政策的强化，有可能使企业确保短期性盈利的行为意识变得更加强烈。第二，企业为了优先确保能够稳定地支付从业人员的个人薪酬，在没有绝对自信可以支付从业人员薪酬的情况下便不敢贸然投资，这大概也是以从业人员主权为企业主要主权的日本企业的一个弱点。设备投资不单单是资金的问题，还会增加人员的需求，这样企业一直注重、维持、保护的职场共同体的规模也随之变大，最终使企业重视安全的意识愈发增强。第三点也许是更深刻的原因。由于企业内部人员构成的逐渐老龄化，整个组织的年轻力量日益衰退，这样的发展动力资源水平低下的状况也可能变成企业未来成长道路上的绊脚石。因此，企业在计算投资风险时的"动物本能"（略微超越合理性经济计算范围的自我保护精神）的重要性就会显现出来。企业人员构成高龄化现象的存在会直接引发发展活力降低的危险。

不管这些理由是不是主要原因，但"没有增加投资"的这种实际状态并不是人们希望看到的。这种状况未来应该如何应对呢，我们将在最终章节再做论述。

海外并购的考验

在前面的内容中介绍了日本企业扩大在海外制造业设备投资规模的情况，通过增加大型并购海外企业式的投资行为，大概是平成年间日本企业海外投资的一大特征吧。也就是说，不仅仅是对企业自身的设备投资，而且要增加购买海外企业的投资。平成时代大多数的日本企业都经历了海外并购投资失败的考验。

由于日本企业不能过于期待国内市场的扩大，转而希望在海外事业的拓展上有所作为。此时不仅是自身的投资行为，而且是想要通过购买海外已存企业的方式来迅速扩大海外事业。这种投资行为的动机可以理解，但是在日本企业是否具备海外大型并购投资行为能力问题上还存在着不小的疑问。尽管这种投资动机与能力的交错是大多数的企业经营者，不仅仅是在并购方面，在众多的投资局面中也是让人感到苦恼的一件事，特别是在并购投资行为上，日本企业的经验不足成为一个大问题。

日本企业海外的并购投资行为的规模在平成时代不断扩大，日本企业海外并购顾问公司雷考夫的统计数据显示，2000年共有368件，收购金额为3.4万亿日元，但是到了2017年，总件数增加到672件，收购金额也增加到7.4万亿日元。从收购金额上看，2015年是一个鼎盛期，达到了11.2万亿日元。自己成立子公司式的绿地投资（自身从零开始投资的模式）规模在2016年被并购式投资超越。

这样的海外并购投资行为的时机似乎集中在四个时期，笔者将每个时期内具有代表性的并购投资案例的明细制作成表7-1。

表7-1　主要的海外并购

时期	收购方	被收购企业、事业	收购年份	收购金额（亿日元）
泡沫经济期	索尼	哥伦比亚电影	1989	6 400
	三菱地所	洛克菲勒中心	1989	2 200
	松下电器	MCA公司	1990	7 800

续表

时期	收购方	被收购企业、事业	收购年份	收购金额（亿日元）
IT泡沫经济期	日本烟草	RJ雷诺兹公司、国际部门	1999	9 400
	日本恩梯梯通信	Verio	2000	6 000
	古河电工	朗讯公司、光纤部门	2001	2 800
	日立制作所	IBM、硬盘事业部	2003	2 500
次贷危机前	东芝	西屋	2006	6 200
	日本板硝子	皮尔金顿	2006	6 100
	大金工业	奥维尔工业（OYL）	2007	2 300
	日本烟草	加莱赫	2007	22 500
	武田药品	千禧制药	2008	9 000
	三共	兰伯西	2008	4 900
恢复期	麒麟	Schincario（现已更名为巴西麒麟）	2011	3 000
	武田药品	奈科明制药	2011	11 000
	大金工业	古德曼	2012	3 000
	软银	Sprint	2013	15 000
	三菱UFJ	大城银行	2013	7 200
	三得利	比姆	2014	16 500
	第一生命	Protective Life 寿险公司	2014	5 800
	东京海上	HCC保险控股公司	2015	9 400
	软银	英国ARM公司	2016	33 000
	朝日集团	南非啤酒（SAB）、东欧啤酒事业部	2016	8 800
	7&I	太阳石油公司、便利店事业	2017	3 600
	小松	久益环球投资有限公司	2017	3 900

可以看到能够代表日本的企业陆续不断地进行着海外大型并购投资，并且随着时间的推移不断增加，投资案例的规模也在不断扩大。另外还可以发现，进行并购投资的产业领域也是从制造产业到流通产业以及金融产业等，范围在不断扩大。进行并购行为时期的重叠也许是一种流行或者"传染"效果吧。

最后一个海外并购投资扩大的时期，是美国次贷危机发生后的经济恢复期。集中在这一时期的一个重要原因，大概是银行采取的低息贷款政策，这些海外并购投资资金的来源主要是日本的银行贷款。日本中央银行的黑田东彦总裁自2012年采取了低息贷款政策及金融超级宽松政策，因此企业可以享受到比原本已经很低的利息更低的银行贷款利率。另外，银行也希望将贷款发放给这些更稳定的大型企业。所以用于这些大规模的海外并购投资的资金筹措也变得并没有那么困难。

但是遗憾的是，这些大型海外并购投资行为，除其中的一部分好像至今还在苦苦支撑之外，大部分都以失败而告终了。失败的形式多种多样，连年折旧造成巨大负担、止损以及转卖撤资等。有关2012年以后的大型海外并购投资案例哪些是成功的哪些是失败的，尽管现阶段还不能做出判断，但是在2011年以前的15件并购投资案例中，也只有日本烟草公司的两例，加上日立公司的计算机硬件投资和大金公司OYL投资共4个投资案例是成功的，不得不说这样的成功率实在太低了。

为何出现了如此多的失败或者是苦苦支撑的投资案例，由三个主要原因组成的失败方程式可以看出：（1）过高估算了收购的相乘效应；（2）收购以后对收购企业的控制能力不足；（3）收购后追加资源的投入不足。

事前过大高估算收购的乘数效应，是指投资方企业有时会为了收购额而收购的投资行为，故意将收购的乘数效应过高、过大地预估。另外，由于多数海外并购的案例都是购买不同国家不同业务体系的企业，投资收购方在很多情况下并不具备正确预估乘数效应的能力，但又被海外并购这件事所吸引而"误入歧途"，从而容易过度评价并购行为。

收购对方企业后，对于企业经营管理上的能力不足是第二个主要原因，这也被称作收购后的综合经营管理（Post Merger Integration）失败。日本出资收购并去掌控一家相对存续已久的海外企业经营控制的能力，大概是一种比较稀缺的能力，如果对方是传统著名企业，那么对方所拥有的企业自豪感就更会成为购买后经营上的障碍。

另外，对收购企业的后续追加资源的投入不足也会常常出现。在现实中，因为收购海外企业已经使用了巨额资金的缘故，对于后续的追加投资显得犹豫不决的收购案例并不在少数。

这三点构成了失败的主要原因。假如自己是收购方企业的话，其实很容易在不知不觉中变得更加乐观地去判断收购的效果。因为不管是从事收购准备事宜的工作人员，还是做出决断的企业经营者都容易产生两个"扭曲"。

第一个扭曲是在收购判断标准地图比例上的扭曲。人们在判断自己富有经验、深耕细作的领域的问题时，总会拿着小比例的判断标准地图去一一作出精细的分析判断，但在自己不熟悉的领域，往往又会不自觉地使用放宽判断标准的比例地图。所以在国内设备投资判断上过于慎重的人们在海外收购的行为当中却变得让人惊奇，大刀阔斧地做出了"具有勇气的判断"。但这绝不是正确的判断，也许只是一种粗野的跳跃行为。

第二个扭曲是收购心理学上的扭曲。在收购海外企业后，从事海外企业现场经营指导以及管理的日本企业管理人员中，常常存在着被收购方企业的工作人员对于被收购企业的经营管理状况会比收购方人员更加清楚的思维惯性，这种收购方管理人员"了解不够充分"的心理导致了他们在现场工作时的退让行为，明明自己代表着收购方却常常有可能处于弱势。反过来看的话，被收购方从心理上反而变得更具有优势，这种心理上的扭曲诱发了在收购企业管理中的略显松散的管理行为。

如何解决这些扭曲的问题以及针对三个主要失败原因如何恰当选择合适的对策，这也许只有在海外收购的过程中不断学习积累了。如果说愿望的话，希望这些现场学习所缴纳的"学费"不要太高。

来自资本市场的压力

回顾一下平成时代的日本企业和资本市场之间的关系，就可以感受到这些年来自资本市场的压力，这渐渐变成了企业经营者的一个很大的话题。可以说存在着两种不同的压力，一个是来自负债市场（银行借贷和公司债券的市场）的压力，另一个是来自股票市场的压力。

在负债压力当中，来自银行借贷市场的压力指的并不是"希望企业多贷款"的压力，而是来自本应作为在企业危难时成为"救命稻草"的银行已经不能再成为企业的依靠。在本章一开始已经介绍过，1998年日本金融崩溃后，不管是上市企业还是非上市中小企业的经营者们都同样感觉到日本的银行已经不再是企业最后的依靠了。这种感觉带来了企业"确保资金"的压力，这种压力是导致日本企业自有资本率一路上升的重要原因。

来自负债市场的另一个压力是债券市场的压力，也就是公司债券信用级别的压力。一旦公司债券的信用评级下降，公司债券的发行利息不仅会上升，而且会因参与资格的问题给各种各样的事业机会带来负面影响。因为在某一个信用级别以下的企业没有资格参与，或者即使参与了也会使项目的交易条件变得极为不利。财务体制的安全性是决定公司债券的信用级别的重要因素，企业经营者们特别在意类似自有资本率。另外，企业为了不使信用级别下降，会增加比如资产负债表外投资①这样的投资活动，这也是2000年以后日本企业财务状况的一大特征。

来自股票市场的压力主要指的是对于上市企业的压力，对于非上市企业来说没有直接的关系。这样的压力从直接性压力到间接性压力，可以预想到的大致有三种。

第一种压力直接性很强，是来自敢于向企业提出异议的公司股东的压力。从2002年前后开始，主要以海外机构投资家

---

① 不显示在资产负债表上的投资行为，比如租借生产设备。

为主的、敢于对公司经营状况提出异议的，被称之为"社会活动家"的这些股东们，通过媒体的宣传来表达他们的诉求，或者直接向企业的经营者们转达自己的意见，在美国次贷危机后这样的活动变得更加活跃。例如，对于在经营上连续三年使净资产收益率处在5%以下的企业的社长，在公司股东大会上提交公司董事选任反对议案。

第二种是由股票价格数字所带来的一种具有"晴雨表"效果的压力。尽管很多情况下，企业股票的价格高低和当时在任的经营者们的能力没有太大的直接关系，但是众多经营者们也都有着这样的感觉：经营能力通过数字被评价着。所以，企业在采取各种各样的经营策略时，不得不注意这种行为会给股票市场上的股票价格带来怎样的反应，这也是一种压力。

第三种则是来自股份制公司原则的压力。公司法规定，公司股东是股份制公司财产的拥有者，在决定公司基本经营方针的股东大会上拥有决定权，并且公司董事是作为股东的代表监督经营者。因为"公司是股东的"这种原则的确是法律规定的原则，所以很容易产生压力。在第三章介绍的以金融厅和证券交易所为中心推动企业经营者监督管理制度改革的时候，这种来自遵循原则的压力才凸显出来。其实第三个压力对于非上市企业来说也是一种压力。尽管遵循原则是理所当然的事，但是从长期以来采取以从业人员主权为主的经营基础的日本企业的角度来看，多少还是给人一种不舒服的压力。

敢于对企业经营提出异议的股东们，由于受到媒体的大肆渲染，使我们很容易对他们受到来自股票市场的三个压力的巨大程度抱有强烈的印象。作为笔者的一种假设，从整个平成时代来看，来自股票市场的压力主要集中在要求企业经营者负有经营责任这一点上，但对于实质上的经济性机能的作用却有限，这是令人意外的。

为了充分证明这个假设，我为大家介绍几个带有启发性的数据。这些数据基本上都是上市企业数据与大多数非上市企业的法人统计调查数据两者间的比较。比如，把美国次贷危机前后到2017年间东京证券交易所一部上市企业的红利分配比率和整个日本法人企业的红利分配比率的数据做一个比较，绘制成图7-4。这段时间刚好是来自股票市场的压力比以前更大的一个时期。正如在前面的内容中介绍过的那样，东京证券交易所一部上市企业的红利分配比率在2008年突然上升，达到了1 898%这样一个天文数字。在当期利润非常低的情况下，依然依照从前的标准向股东们分配利润红利，这种行为也是把利润红利的分配当作和支付银行贷款利息那样的固定式费用支出思维模式的一个证据。

就算把这一年的红利分配暂且当作一个孤例，我们依然可以看出，东京证券交易所一部上市企业的红利分配比率一直比日本法人企业低15%左右。截至2017年底，东京证券交易所一部上市企业为1 325家，基本上是大型企业，整个日本法人企业为279万家，其中中小企业占据了大部分，恐怕这些中小企业中的相当一部分的企业经营者自身就是企业的大股东。从这个意义上看，股票市场上那些敢于对企业经营提出异议的股东们的影响力实际上并没有那么大。

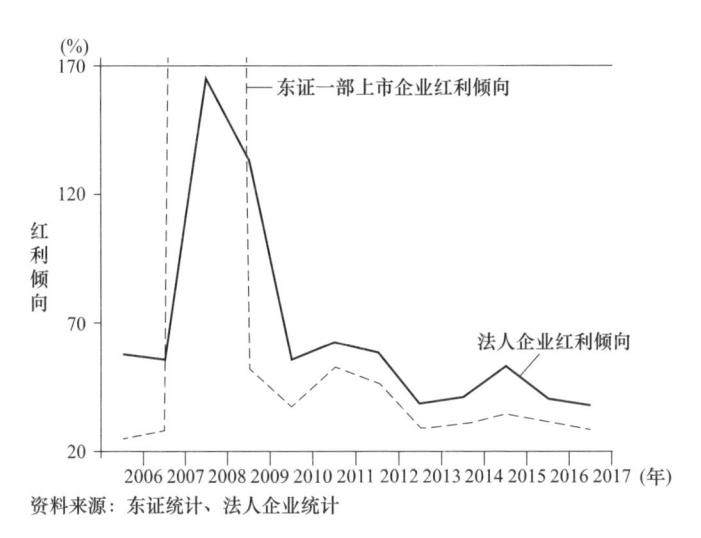

图 7-4　东证一部上市企业与法人企业的红利倾向比较

资料来源：东证统计、法人企业统计

如果再进一步分析，在普遍被认为股票市场的压力比现在要小得多的平成初期，东京证券交易所一部上市企业的红利分配比率大概是 30%，而这个水平的红利分配比率和 2016 年、2017 年的平均水平相比几乎没有差距。也就是说，东京证券交易所一部上市企业的红利分配比率又回归到了平成初期的水平。但是日本法人企业在平成初期的红利分配比率为 24% 左右，到了平成末期反而上升至 38%，这一点就像在本章最初介绍的那样，大概是由于自有资本不断积累增大的一种返利式的经济性压力，这与来自股票市场的压力还是有所不同的。

关于股票市场的压力还有一个例子，就是督促提高净资产收益率的盈利性压力。单从这一点上看，股票市场的压力结果也没有起到太大的作用。计算一下 2006 年至 2017 年这十二年间的净资产收益率平均值，东京证券交易所一部上市企业为

6.8%，日本法人企业为5.3%，在数字上的确相差了1.5个百分点，但是如果考虑到这些被普遍认为利润表现形式很差的中小企业占据着整个日本法人企业的绝大部分，另外再加上整体法人企业将自有资本率直线般地提升到41%（东京证券交易所一部上市企业2017年为30%）这件事，可以认为上市企业的盈利性压力也并不是很大。

前面介绍过，从2016年开始，东京证券交易所一部上市企业的自有资本率大幅下降（大约10个百分点），以及在这个时期购买企业自身股票的现象，市场的压力的确发挥了经济性的作用，但是这个作用应该说是有限的。这样看的话，作为来自资本市场的压力，负债市场的压力岂不是更大一些吗？只不过这也迫使企业采取了不必依赖银行就可以自我解决困境的企业经营态度。这种做法在当下有过之而无不及，在银行贷款利息如此低的情况下，选择贷款进行投资的企业甚至连其经营的立场也在消失。

要求增加企业外部董事等企业经营者监督管理机制的改革，在平成后半期的确发生了变化，但与其说这些是来自股票市场压力的经济性作用，倒不如说是要求经营者必须具有汇报说明企业经营责任这一作用的一种表现而已。有关这一点将会在后面再次讨论。

股票市场到底是筹集资金的地方还是返还资金的地方

股票市场压力的经济性作用具有局限性的一个主要理由

是，股票市场在资金面上并没有能够把握住企业的命运，也就是说，股票市场作为筹集资金场所的功能相当小。如果股票市场在资金方面能够牢牢把握住企业命运的话，来自股票市场的压力应该可以发挥更大的作用。回忆一下在银行作为企业最后的"救命稻草"（资金源）的时代，也就是银行紧紧掌握着企业命运那个时代，银行对企业经营者的巨大压力和影响，就会明白这一点。那个时代经常会出现因为银行的巨大影响力而导致企业最高经营者更替的事件。

从股票市场的角度来讲，股票市场的确是众多股东向企业提供资本的场所。因为在股份制公司制度的前提下，股东的责任是有限制的责任，所以投资家们是在具有某种程度的投资风险意识下，自愿将股东资本提供给企业的。尽管每一位投资者的投资额并不是很大，但是将整个股票市场汇集在一起的话，资金规模就会变得非常巨大，企业就是靠着这些资金的支持才能够存在和发展的。就这样，资金通过股票公开销售和增资的两种渠道，由股东直接提供给企业，有时会把这种股票市场的功能称作"发行市场"的功能。

另一方面，股票市场通过股东之间的股票买卖来更换股票的所有者，从而又拥有了"流通市场"的功能，作为流通买卖价格的股票价格每天都在变化着。只是不管股票在流通市场上怎样被买卖，企业不是直接从股东那里接受资金，仅仅是卖出股票的股东和买进股票的股东之间的互换交易罢了。任何国家都是这样，日本更是如此。作为发行市场的股票市场的规模非常小，也就是增资及股票公开销售的规模都很小。所以对于企业来说，股票市场并没有掌握资金面的命运，通过图7-5可以明白这一点。说到增资，有各种各样的形式，既有新上市时公开销售的增资，也有已上市公司的公开募集增资，还有第三方的扩股增资。在后者经常看到的是优先股票（无表决权但是对公司资产利润分配有优先权）的发行。比如，在金融崩溃的危机时期日本政府将公共资金注入银行的时候，具体的操作方法就是以第三方的身份接受大型商业银行发行的优先股票。

资料来源：股票资金筹集数据来自东证统计，回购自公司股票数据来自野村资本市场研究所调查

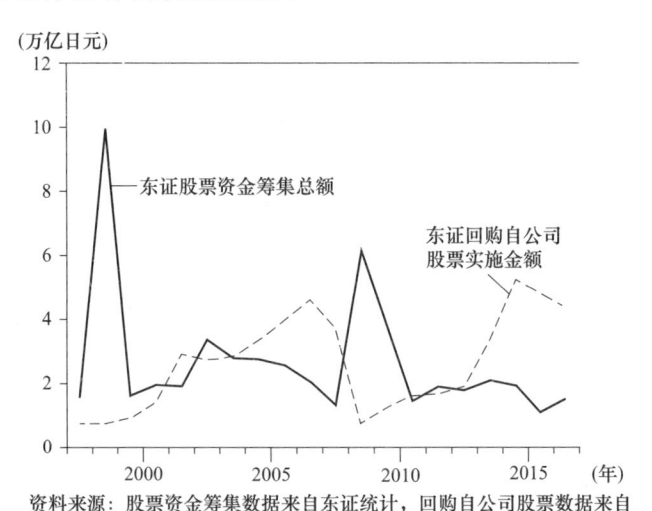

图7-5 股票资金筹集和回购自公司股票

同时还存在着与股东向企业提供资金完全相反的行为，即企业通过购买股东持有的股票将资金返还给股东的回购自家公司股票的操作行为。在2001年，企业持有自家公司股票的行为在《商法改正案》中得到了承认，所以回购自家公司股票的企业行为就以相当大的规模持续至今，图7-5中的另一条折线

表示的就是这个回购规模。

图7-5明确地诠释了两种情况。第一，所有形式中，来自股票市场的资金筹集规模实际上并不大。只有在日本政府向银行注入公共资金的1999年才接近10万亿日元的规模，除此之外都是2万亿—3万亿日元的规模（美国次贷危机后为6万亿日元）。可以说，东京证券交易所所有上市企业的资金筹集总额实在太小。同一时期，日本法人企业整体的贷款总额为500万亿日元，约是股票市场资金筹集总额的250倍。顺便提一下，能够显示出在流通市场上的企业价值规模的股票时价总额（发行股票数×股票价格）与股票市场资金筹集额的比率也同样很低，哪怕是2007年以后（正是提出异议的股东们发声最为密集的时期）也只是在0.2%—0.6%之间徘徊。东京证券交易所上市企业的从业人员，在整个平成时代持有的股票时价占比一直是1%左右，所以"日本从业人员股票持有协会"的存在意义要大于股票市场的资金筹集意义。

再补充一点，尽管这个内容没有体现在图7-5中，但应该指出的是，在所有通过股票市场来筹集资金的总规模当中，新上市企业所筹集的资金规模占比极低。在通过股票市场筹集资金的方式中，最典型的一种就是企业新上市时的资金筹集，在图7-5所示的时间段里，最高的筹集资金额是2013年的3 700亿日元，只占自家股票回购规模的一成。公开销售股票这件事每每成为坊间的话题，因为在股票公开销售中，原始股票的持有者在市场上通过将股票卖给新的股东可以获取巨额资金，可是作为公开销售股票的企业，却并没有完全达到筹集资金的目的。

图7-5还揭示了另外一个事实,自2001年企业持有自家公司股票这一行为被允许后,企业回购自家股票的资金规模基本上大于通过股票方式筹集的资金的规模,只有美国次贷危机发生后的2009年和2010年例外。在股票市场上返还给股东的资金规模超过从股东那里筹集到的资金规模这个现象的出现,说明股票市场作为筹集资金场所的功能并没有发挥出来,股票市场只发挥出了向股东返还资金的场所功能。

当然,并不是说所有的企业都在进行着自家公司股票的回购操作,主要是一部分大型企业使用巨额资金在进行回购操作。尽管如此,每年进行回购操作的企业也超过了1 000家,所以在平成后期的近二十年时间里,与其说日本的股票市场发挥了企业筹集资金的场所功能,倒不如说是发挥了返还资金场所的功能。

也就是说,股票市场在资金面上几乎没有把握住企业的命脉,所以来自股票市场的压力不太具备经济性的效果。不过也存在例外,那就是企业出现被收购危机时,股票价格作为流通市场的指标如果下跌过多的话,会减少敌对企业恶意收购时所使用的必要资金规模。但事实上,在平成年间,这种大型的恶意收购几乎没有成功的案例,只是股票市场的压力尽管没有经济性的效果,但也许拥有一种约束企业经营者影响力的功能,从而促使他们在经营上不会出现导致自家公司股票过于下跌的经营失误。

股票市场约束经营者的功能

股票市场最大的功能也许就是通过股票价格的变动对企业经营者起到约束和警示的作用，而这种作用并不是以被恶意收购时那种危机感为中心的警告作用。相比之下，股票价格本身也许就是作为经营者能力评价的晴雨表式的一种指标功能，所以企业经营者们常常会采取回购自家公司股票的操作来达到使自家公司股票上涨的目的。

为何企业经营者们在明知股票市场并没有在资金面上掌握企业命运的情况下（增资的目的也并未达成），还如此在意股票的价格呢？这大概是因为股票价格是一个由多数市场参与者综合判断后的结果，是一个类似于偏差值式的具有评价作用的数字。股票价格是由股票的销售方与购买方之间的攻防结果决定的。尽管带有极强投机色彩、每天都在变动的股票价格并不能反映出企业每时每刻精准的经营变化，但它依然是"一人一票"的多数表决的结果。

也就是说，股票价格是一个"多数人的综合性评价"的数字。在这一点上有些类似少数服从多数的民主投票的正确性原理，有一种股票市场中的正当性的感觉，体现出这是一个"因为是大家共同的见解，所以是正确的"观点。由于这样的观点通过股票价格以数字的方式表现出来，迫使经营者不得不在意这个具有偏差值式意义的评价性数字。

除了上述这种带有评价性约束功能的股票价格外，由于股票市场中敢于对企业经营提出异议的股东活动家的存在，只要他们的发言是在股份制公司的制度原则下为争取股东利益的倡议，那么对于经营者来说，就必须负有对企业经营状况进行说明的责任。从某种意义上说，这种说明责任也是对经营者的约束功能的体现。为了使这种说明责任发挥作用，经营者监督机制条例中纳入了"保证正确发挥董事会的监督功能"的内容，践行此条例的一个具体措施就是，日本企业增加了董事会中外部董事的席位。另外，在这数年间很多企业还在董事会内部设置了以外部董事为中心的经营者指名委员会，以及薪酬咨询委员会这样并无法律依据的咨询机构。可以说，这些改进都受到了经营者监督管理制度的影响。

但不管是通过股票价格来体现的偏差值式的评价功能，还是由于机构投资家言论而产生的说明责任功能，都存在一个根本问题，那就是将以上这些功能具体化的、作为中坚力量的股东们绝大多数都是短期持有公司股票的机构投资家（偶尔可以称之为机构投机家），这样真的好吗？就像在第三章中已经介绍过的，东京证券交易所的股票换手率在近年变得越来越高，那么这些公司股票的短期持有人在经营者制定公司长期经营战略的时候，到底应该拥有多大的影响力才算是恰当而健全的呢？这个难题，已经到了要和高涨的股票市场压力的问题一起纳入人们认真讨论其本质的范围，我认为这仿佛就是平成时代股票市场变化的一个归结。

比如说，敢于对公司经营提出异议的股东也被称作社会活动家，日本媒体在美国次贷危机后，对于他们的报道变得日益频繁，但是根据《日本经济新闻》的报道，16家社会活动家投资机构在2018年3月末所持有的日本上市企业股票的市值总额仅为1.6万亿日元，如此规模在东京证券交易所一部上市企业股票市价总额665万亿日元中只占0.24%，但新闻媒体对于他们提出的主张的报道，仿佛已经远远超过他们所拥有的股票金额的影响力了。

净资产收益率和劳动分配率的逆联动

股票市场的经营者约束功能通过平成这三十年的变化不断得到强化，特别是在美国次贷危机后，对净资产收益率的改善、回购自家公司股票、向股东返还资金，以及在以往的公司内部志向极强的董事会中增加接纳外部意见的设计等方面，都毫无疑问地带来了一定影响。也正是基于此，尽管日本企业就像在上一章中提到的那样，是一种"以从业人员权力为主的股份制公司"，但是对于这些朝着更加健全发展的动向还是应该给予较高的评价的，除了对股东过度返还资金这一点。

但是如果把平成时代日本资本市场和企业之间的关系变化，表述为日本企业的基础已经从以从业人员权力为主的经营方向变为以股东利益为主的经营方向，似乎并不合适。在这里笔者想用大量数据进行一种方向性的提示，试着说明在日本企业和资本市场的关系上也同样存在着与雇佣、人事领域相同的"变化的表象，不变的基础"这样的关系。可以体现这种关系的就是图7-6，也就是劳动分配率和净资产收益率在平成的三十年里的变化比较图。

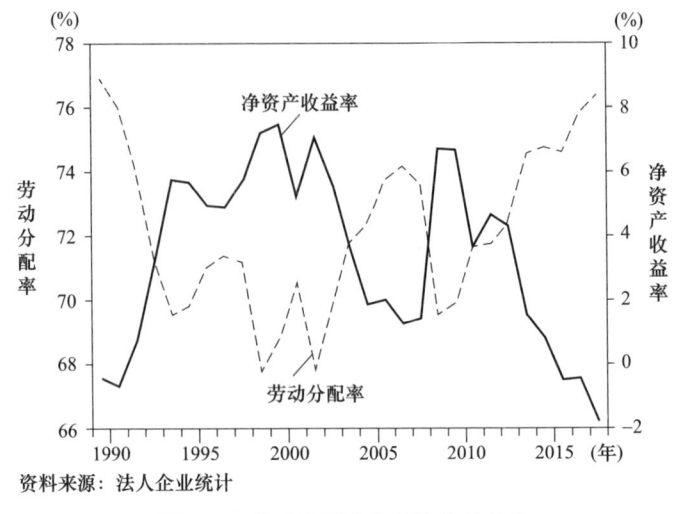

图 7-6　劳动分配率和净资产收益率

资料来源：法人企业统计

它们的走势变化几乎就像镜像一般，一条上涨的时候另一条就在下降，而且变化时机几乎相同。由于都是以 2% 为刻度标准绘制的图，二者走势的变动幅度看上去显得一模一样，这就说明二者是以同样的百分比在上下不同的方向逆势发生着变化。在这三十年里，劳动分配率在 77%—68% 之间以大约 9 个百分点的幅度变化着，净资产收益率在 -1%—8% 之间变化，变化幅度同样大约是 9 个百分点。这两个指标之间存在着如此完美的逆向关系，不得不使人怀疑二者的计算方式之间是否也存在着某种逆动的构造。

从人工成本费用变动幅度的大小会给双方的指标以巨大影响这个意义上来说，的确存在着相当程度的构造性逆动关系。计算劳动分配率指标的分子是人工成本费用总额；净资产收益率算式中作为分子的当期净利润，是已经减掉了人工成本费用总额后的数字，当然其他的诸如利息等各种各样的费用也都减去了。如此看来，构造上的逆动关系的确部分存在，只是12%左右的销售额与人工成本费用的占比并不是一个巨大的比率，那么也就不能说人工成本的费用会对当期净利润的计算结果起决定性的作用。

另外，计算这两个指标的分母是两个并没有太多直接关系的变数。计算劳动分配率时的分母是企业每年的附加价值这样一个流动变数，计算净资产收益率时的分母则是累积而成的自有资本这样一个存量变数。附加价值额是受企业战略影响的变数，而自有资本是受企业资本政策影响的变数，如果企业采取减少自有资本的资本政策的话，在附加价值相同的情况下净资产收益率也会变大。

在经济低迷时如果采取减少人工成本费用的企业战略的话，事实上既可以保持稳定的劳动分配率，又可以使净资产收益率变大，这样的做法是美国企业典型的行为模式。而日本企业在平成这三十年中几乎一直没有改变地延续着不同于美国的企业行为模式，这一点通过图7-6就可以得到明确解释。

在这里依然是不变的基础

经济萧条期到来时，日本企业选择努力维持人工成本费用的支付，这样做的结果就是甘愿忍受劳动分配率的上升，作为维持人工成本费用支付的代价，还要忍受当期利润下降的后果。到了经济恢复或者说附加价值上升期，不以同样的经济上升幅度增加支付人工成本费用，由此劳动分配率下降，企业利润得到提高。日本企业选择了这样的行为模式。

日本企业在1999年以后一直在增加自有资本。尽管可以选择通过减少自有资本的方法来提升净资产收益率，但是日本企业并没有选择这一做法，也就是到了临近上市企业才稍微降低了自有资本率。所以哪怕是经济进入快速发展阶段，日本企业也没有以同样的速度去提高净资产收益率，劳动分配率也以同样的速度保持在相对较低的水平。或者说，日本企业考虑的是，首先巩固支付人工成本费用能力的这个基础，然后再想尽一切办法增加自有资本，他们并没有选择改变企业资本政策的方法。

如果硬要简单描述日本企业的基本行动模式的话，那就是在经济萧条期优先考虑支付人工成本费用，把反映返还股东利益指标的净资产收益率的提高放在第二位。在经济发展期同等考虑从业人员和股东的利益，并不优先考虑某一方，而是让双方都能获得更大的利益分配。在作为股东最终利益分配的利润分红这一点上，日本企业同样是将它作为固定费用来处理的，所以股东红利分配率会随着企业当期利润的变动大幅震荡。日本企业首先选择将股东的红利分配当作与支付银行利息一样的稳定支付手段，随着经济形势的好转再渐渐增加红利的分配金额，但是增加的规模和人工成本费用的规模相比较的话，只是很小的一部分。也就是说，整体来看，优先考虑从业人员的利益，股东的利益分配是第二位的，并且这个第二位的程度在平成初期是处于"轻视"状态的第二位。这样的状态到平成时代即将结束的时候,虽说得到了很大程度的改善,但是还远远没有达到和从业人员利益的优先地位发生逆转的地步。所以一贯以从业人员主权为主的日本企业的经营模式并没有变成以股东主权为主的经营模式。企业经营的基础没有改变,只是这个基础中面对股东的态度有所改善而已。相比从前,"重视股东"这一文字表述发生了巨大变化,平成时代的日本企业也仅仅发生了上述所谓的变化。

作为重视从属关系的国家,日本企业的内部利益分配优先位次的基础也许受到了各种各样的批评,但这样的基础也拥有相当程度的整体合理性。通过对平成时代这三十年的回顾,这一点再一次得到了确认。

第八章　丰田和日产：平成时代两个企业的经营史

丰田和日产的这三十年

在第二部分，我们分别从世界、技术、人和钱四个视角对平成年间日本整体企业的历史变迁做了一个回顾，因为涉及的是整体性内容，尽管在某个时间点介绍了一些企业的情况，却没有触碰个别企业的经营详情。所以在第二部分的结尾，我想把所有的关注重点放到个别企业上，以平成时代两个具有代表性的企业为例，回顾一下其在这三十年的经营史。这两个具有代表性的企业，就是可以被称为日本第一的丰田汽车公司（以下简称"丰田"）和一直以来被当作丰田比较对象的日产汽车公司（以下简称"日产"）。

丰田在2018年3月期的企业决算中（2017年度）创下了净利润24 939亿日元，创日本企业历史新高，当然也刷新了丰田自身保持的纪录。作为丰田竞争对手的日产同期企业决算为7 469亿日元，被丰田远远抛在身后。日产的这个净利润数字甚至距离本田技研工业（以下简称"本田"）的10 593亿日元（本田历史新高）也是相差甚远。尽管如此，日产在平成时代的日本企业中也算是一家耀眼的企业了。1999年，从法国雷诺赴日产任职的卡洛斯·戈恩（于2000年就任社长）掀起了一场非常著名的"戈恩革命"，带领着处于经营极度低迷的日产走出了一条"V字型"的企业振兴之路。而与其相对，丰田则总会被人们称作日本式经营的典范。这两家企业的平成经营史，也许会成为本书所介绍的整个日本企业在平成时代的具有象征意义的案例。

首先，我们了解一下两家企业平成史的全貌。表8-1展示了1989年和2017年丰田和日产主要经营指标的数据对比。在平成时代开始后的二十八年时间里，丰田和日产之间的差距越来越大，这一点一目了然。1989年，日产在销售额和生产规模上大约是丰田的六成，2017年，这一比例已经下降到了四成，从这个意义上来讲，丰田得到了更好的发展。在利润率表现上，丰田和日产之间的差距越拉越大，但是二者之间的自有资本率的差距缩小了，丰田的自有资本率下降了10.6个百分点，这是它们之间差距缩小的主要原因。丰田自有资本率下降的原因大致有两个，一是进行了积极的投资，二是转变了企业资本政策。丰田在2017年的自有资本率水平与上一章介绍的整体日本法人企业的均值（41%）基本相等，但日产不到29%，要比这个平均值低得多。

表8-1还将1989年和2017年这两年的丰田和日产的比较倍率显示了出来，也就是假定丰田的数值为1时，日产所占的比例。在这些对比中，最引人注目的应该是国内销售台数的倍率在这近三十年中的变化了，日产从60%跌落到25%。从绝对

销售台数来看，丰田在 2017 年的国内销售依然维持在 226 万台，而日产经过平成年间的不断锐减，到了 2017 年在日本国内的销售规模只剩下 56 万台，日产在日本国内市场的存在感业已跌至如此境地。

表 8-1 丰田和日产的主要经营指标（1989 年和 2017 年）

指标	销售额（亿日元）		营业性利润率（%）		自有资本率（%）	
	1989 年	2017 年	1989 年	2017 年	1989 年	2017 年
丰田	91 928	293 795	7.0	8.2	50.2	39.6
日产	56 452	119 512	6.3	4.8	30.9	28.7
日产/丰田（倍率）	0.61	0.41	0.90	0.59	0.62	0 72

指标	国内销售数量（千台）		世界生产数量（千台）	
	1989 年	2017 年	1989 年	2017 年
丰田	2 309	2 255	4 690	8 964
日产	1 385	564	3 018	3 853
日产/丰田（倍率）	0.60	0.25	0.64	0.43

资料来源：各公司有价证券报告书

由表 8-1 中同样可以确认，日产的全球销售规模倍率在平成年间与丰田的差距从 64% 降到了 43%。这样看来，比起国际市场，日产在日本国内市场的下行态势更加严重。国内市场的此番跌势也许是因为日产的汽车在国内卖不出去了，或者是因为日产本身没有将主要精力放在国内市场上，或许这两方面的原因都有。

日产 2017 年在国内销售规模比本田的 63 万台还要少，从全球销售规模来看，二者基本持平（本田384万台，日产385万台），这就意味着日产对日本国内市场的重视度不及本田。顺便提一下，除了汽车以外，还拥有两轮摩托以及其他电源产品的本田在2017年的企业销售额为15.4万亿日元，比日产多出了3万亿日元，也就是说，在日本第二次世界大战后长期处于国内汽车产业第二位的日产就在不久前，不管是销售额还是国内销售台数都已经滑落至第三位了。

销售额与利润的变迁

让我们通过图8-1中的销售额和营业利润率的走势粗略地分析一下丰田与日产在平成年间经营状况的变迁，图中清晰地显示出泡沫经济破灭和美国次贷危机所带来的巨大冲击、"戈恩革命"的威力与局限性，以及丰田式经营的强韧性等内容。在泡沫经济破灭（1991年）后与美国次贷危机发生（2008年）后的两个时期，丰田和日产的销售规模都大幅缩小了，利润率同样急速下降。特别是在美国次贷危机后，正如在第三章介绍的那样，整个日本企业犹如"倒栽葱"似的跌入悬崖。

"戈恩革命"的威力表现在从戈恩就任日产社长正式开始引领日产经营的2000年，企业利润率便得到了迅速恢复，紧接着在2001年至2005年的五年时间里，日产的企业利润率均高于丰田。泡沫经济破灭后日产连续两年（1993年、1994年）出现经营赤字，完全处于彷徨不前的状态，将处于如此水深火热中的日产拯救出来的毫无疑问正是"戈恩革命",但是日产的利润率在2006年和2007年再次被丰田反超。尽管美国次贷危机后日产率先实现了"V字型"恢复,短暂领先于丰田,但从2012年开始,丰田在经营增长规模和利润率方面都将日产远远地抛在了身后,这也许正是"戈恩革命"效果的局限性吧。

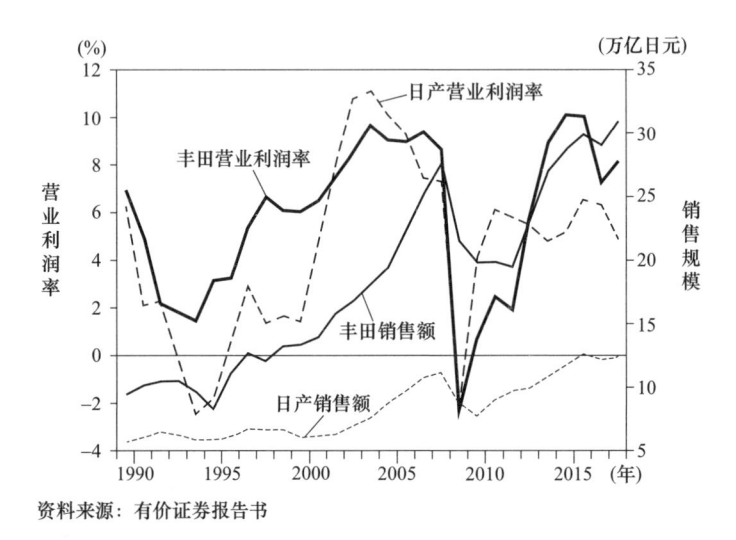

图8-1 收益能力和成长性

资料来源:有价证券报告书

图中还揭示出一个事实,那就是丰田式经营的韧性。从2000年至美国次贷危机到来前,丰田兼顾了企业高增长与高利润率的平衡发展,并且在次贷危机发生后真正的经营恢复期(2012年起)中,依然兼顾了高增长与高利润率的平衡发展,这两个兼顾鲜明地表现出丰田式经营的韧性。特别是从2012年开始,丰田重新回到次贷危机前的良好经营状态。与之相比,日产却没能做到这一点,经营增长低迷,利润率也始终徘徊在5%左右，要知道日产在次贷危机前的利润率在最顶峰时的2003年是11.1%，这时日产被丰田远远地甩在身后了。

通过图8-2我们来了解一下，这样的企业销售规模和利润率的变化是如何反映在两家企业的财务构造和股东所重视的净资产收益率的变化上的。在图8-2中，首先要指出的是两家企业的走势，在平成二十八年时又都重新回到了泡沫经济破灭前的鼎盛状态。本书中，我常常使用类似在平成时代即将结束的时期，日本企业又回到了原点这样的表述，丰田和日产的状况也同样符合这一表达。只不过与鼎盛期相比，丰田只有自有资本率下降了10%左右，但是要知道39%这个数字只是在暂时下探到35%后，又重新进入恢复上涨期的中途结果而已。日产的自有资本率在美国次贷危机后仿佛被人为操控了似的在平行推移，一直保持在既不超过30%也不低于25%的水准。

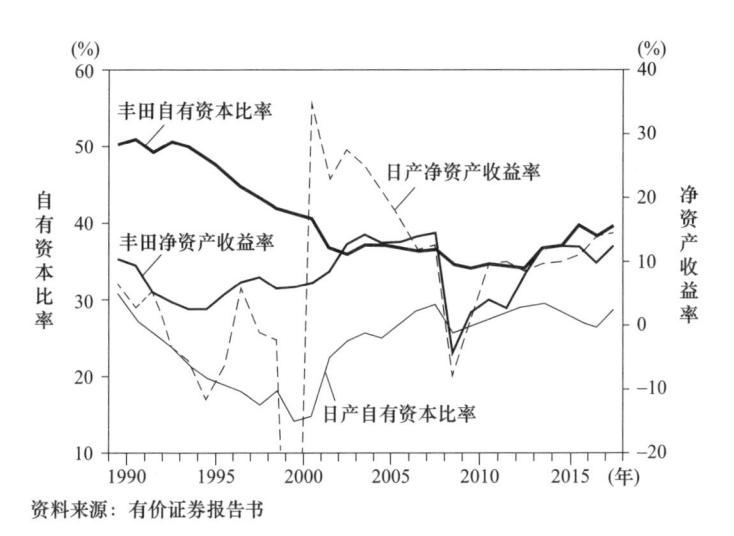

资料来源：有价证券报告书

图8-2 自有资本和净资产收益率

此外我们还可以看出，日产在2013年以后采取了一边降低自有资本率，一边将净资产收益率维持在和丰田同等水准的经营方式。在这个图中，还要指出的是，日产自有资本的损毁是在泡沫经济破灭后处于严重危机的状况下发生的。净资产收益率长期负增长[①]，到1998年累计净损益达到4 391亿日元。由于净损益的累积导致自有资本的不断减少，从1994年开始日产的自有资本率跌破20%，到1998年跌到了被称为企业经营危机红线的18.2%，这和同一年丰田41.9%的自有资本率相比相差甚大。

日产危机的背后有着20世纪80年代不合理的国际化经营战略，以及工会组织对企业经营影响力过大的原因。由于长期的经营松懈和不合理的经营，日产没能承受住泡沫经济破灭所带来的巨大打击，陷入了不得不提出经济救济的境地。

日产的"戈恩革命"

日产经营危机的到来非常不合时宜。正如在第一章介绍的那样，1998年日本发生了金融崩溃，日产的往来交易银行——日本兴业银行此时正在为自身的存亡奔走于与富士银行及第一劝业银行的重组事务上，日产早已没有了帮助自己脱离危机的力量。日产在这一时期的社长塙义一先生最后的判断是，除了引进外国企业的注资外，日产已无他路可走。法国的雷诺，德国的戴姆勒克莱斯勒，以及美国的福特都成为当时的候选企

[①] 1992年至1998年的7年时间里有6年计入净损益。

业。经过多方面的交涉，最终在这3家企业当中选定了1998年全球销售台数最少的法国雷诺。雷诺公司的规模还不及日产，所以多少有一些小企业吞并大企业的意味，但它是最热情的一家。

1999年3月27日，日产社长和雷诺会长一同召开记者发布会，宣布了双方的合作意向。双方就注资的事项约定了三点，雷诺方以第三方增资的形式增资5 857亿日元以获得日产36.8%的公司股权，另外，雷诺还将接受日产发行的债转股形式的五年期公司发行债2 159亿日元，日产有权在将来持有雷诺公司的股权。如果将公司债券计算在内的话，雷诺实际上取得了日产44.3%的股权。同时还公布了在公司经营方面，雷诺方将向日产派出包含公司首席运营官在内的3名董事，以及在双方车型上实施通用化等事项。这一合作意向明确表明了双方真正意义上实现经营合并的意愿，也就是说日产实质上在得到了仅仅8 000亿日元的注资后，就沦为雷诺的子公司。

与雷诺完成增资计划的同时，1999年6月赴日产任职的戈恩首先着手实施了两件事，一是制订了日产的复兴计划，二是从财会方面彻底清除过去的瘀脓。

由公司内部中坚力量横跨组织序列组成的被称作跨职能、跨部门的联合团队，制定了"斩断一切羁绊"的改革方案，方案的内容包括关闭曾经的日产主力生产基地村山工厂，以及解体从前的体系内企业的交易关系，解除企业间相互持股合约等。当然由戈恩从雷诺带来的数十名干部在这些举措中发挥了极大的作用，这个方案以《戈恩公约》的形式举起了"改革"

的旗帜，改革方案的内容在强大统帅力的推动下一一得到了实施。正如图8-1中利润率走势所示的那样："改革"成果惊人。日产不仅华丽地扭转了经营局面，而且其企业利润率在2001年后的五年时间里竟然持续高于丰田，这次"改革"被人们称为"戈恩革命"也是合情合理的了。

戈恩赴日产任职后在财务方面立即采取了行动。在1999年度的企业财务决算，也就是戈恩赴任九个月后的决算中，将过去的瘀脓全部祛除，这使得日产的当期净损益额达到了6 844亿日元的规模。在此前的内容中已经介绍过，日产从1992年至1998年的净损益累积额为4 391亿日元，所以在这一年中产生的净损益是这个累积额的1.6倍。正是因为这样，日产在1999年3月末时的自有资本率下降到14.2%。从1999年日产净损益的巨大规模推测，日产将能够作为企业损失的项目全部都计入了1999年的损益当中，因此1999年度（2000年3月期决算）日产的净资产收益率为−73.6%，这个负数太过惊人，以至于在图8-2中净资产收益率都没有办法将这个数字表示出来。然而从2001年，也就是戈恩完整意义上管理日产经营的第一年，日产的净资产收益率大跳跃似的达到了34.6%，这就是戈恩的超级"V字型"恢复。但是，因为在1999年已将所有不利因素全部斩断抛出，那么完全可以预想在2000年的企业决算中，不仅可以看到相当规模的收益，还会由于自有资本规模的缩小，净资产收益率数据也迅速得以恢复。看来就连如此惊人地从谷底中崛起的超级"V字型"恢复，也有着财务方面的必然成分。

在日产达成这个"V字型"恢复之后，雷诺立即在2001

年10月将附带有新股预约购买权的公司债券转换成了新股，把已经以公司债券形式提供给日产的负债转变成了股票资本。对于日产来说并没有新的资金流入，但雷诺对日产的股票持有率却达到了1999年记者发布会上所预计的44.3%。此外，在转换新股的同时，日产通过日产子公司的日产融资公司获取了雷诺15%的股权（约2 470亿日元），成为继法国政府之后的雷诺第二大股东，这也行使了在1999年记者发布会上发布的双方合作意向中"日产有权在将来持有雷诺公司的股权"的权利。只是这种持股并不拥有对雷诺的表决权，实质上是日产将1999年5月从雷诺以附带新股预约购买权公司债券的形式得到的资金提供又用几乎相同的金额返还给了雷诺而已。这样，实质上雷诺通过8 000亿日元的资金注入收购了日产，两年多后又在表决权比率没下降的情况下成功回收了将近2 500亿日元的资金，这是堪称完美的财务战略。

达到骇人程度的"斩断一切羁绊"

尽管这是"戈恩革命"背后金钱与数字的魔术游戏，但是能将一系列的计划变为现实的原因，自然是"革命"的大部分内容都准确把握了日产在之前经营上的弱点，因此才实现了如此激进的企业成本管控，戈恩践行了他自己提出的"斩断一切羁绊"的策略。比如，严格重新审视此前安于现状、温水式的体系内企业采购模式，以大幅度降低采购价格。戈恩降低采购价格的一个手段就是，将原来一种材料由多家供应商提供改为由一家供应商供应，从而使这一家的采购金额迅速增大，作为回报，供应商会大幅降低采购价格。如果只是这样简单叙述的话，也许不足以传递出戈恩"斩断一切羁绊"这种做法的残酷性，但有一件事的发生体现了戈恩践行自己这一宣言的彻底性，那就是"戈恩革命"竟然导致了日本钢铁产业的业内重组。

日产原本所使用的汽车用钢材来自日本四家大型钢铁生产厂家。这时的日产为了减少供应商，将原供应商日本钢管公司的采购量大幅降低，这一举措使日本钢管公司受到巨大打击。因为作为日本钢管公司经营改革的一环，该公司正在推进和川崎钢铁公司的业务合作，受到日产"戈恩革命"的冲击，两家钢铁公司由原来的合作关系一下变为了兼并与被兼并的关系，不得不说日产的举措成为这一变化的契机。2001年12月，两家钢铁公司发表了经营合并意向书，决定成立相互持股的JFE公司。这从戈恩1999年6月正式在日本经营界闪亮登场算起，仅仅是一年半以后就发生的事情。

《日本经济新闻》的记者曾经将反映"戈恩革命"产生的一系列巨大影响的事件集结成了一部《起死回生》的报告文学，在戈恩到日本一年后的2000年5月正式出版，这部报告文学后来成为当年的畅销书。此书出版后，我曾受日本经济新闻的委托为此书写书评，在书评中，我对戈恩经营上的巨大成就给予了高度评价，但同时也写出了我的"违和感"和担忧之处。关于"违和感"，我是这样描述的："不管是书的扉页还是正文的内容，都再三强调'与日本式股份制公司的诀别'，但是日产改革的本质难道不是'与安逸式经营的诀别'吗？如果看一看严格遵循着日本式经营的丰田和本田的话，那么日本式的经营有何不好呢？"对于担忧，我是这样说的："过于简单地否定体系内交易模式，犹如变成对日本企业体系的'原理的否定'一般，比起向雷诺学习还是先向丰田学习吧！"

我从20世纪80年代初就主张，像日本企业的体系内交易那样的具有"长期性、持续性"的交易惯例从经济的角度来看非常合理。也就是说，体系内业务的交易惯例将通常意义上买卖双方之间的利益对立关系变成双方互惠互利的协作关系，一边维持着这种协作关系，一边从长期视野上让双方的共同利益扩大化。但是这种体系内的交易方式容易使一方变成安于现状的温水式经营，所以问题的关键是在如何严格管理控制好这一点之后，更好地发挥体系内交易方式的经济合理性，丰田在这一方面的管理控制实际上是非常严格的。所以，简单化地"解除体系"的行为很可能变成对日本企业成功背后的原理的自我否定，日产的这种做法不免让人担忧其能否长期性地研发出具有魅力的汽车。在本章最初的内容里，介绍的日产在日本国内市场中的存在感一路走低的一个原因就是，日产的经营过分专注于降低成本而疏忽对具有魅力的汽车的研发业务。

丰田是"日本式经营最后的城寨"

与前文介绍的《起死回生》这本书出版的同一时期，日本杂志《日经商业》使用了和本小节同样的标题——"日本式经营最后的城寨",将丰田作为首页特辑着重地渲染了一番,这也许是受到"戈恩革命"刺激后特意编辑的特辑。特辑中对丰田的"日本式经营"赋予了"危机传承经营""血判共同体""异物咀嚼经营""合理偏执狂经营"以及"人守人活经营"五个特征。另外,将丰田的"日本式经营"与当时被称作国际标准的经营作了一番比较,对比的结果表现为"三河流 vs 华尔街流""迟钝 vs 速度""金太郎糖果经营 vs 明星经营""低薪酬/稳定雇佣 vs 高薪酬/不稳定雇佣",当然,丰田均是前者。在特辑内容的最后还添加了杂志总编的"旁白"。看到丰田在此后二十年间在全球的发展状况,这个旁白的内容的确是让人有所反思的。旁白这样说:"看着丰田这个企业,不知哪里总让人涌出一丝怀旧之感,泡沫期不焦躁,破灭期不失自信。也许正是因为这样,它才成为成功避过日本'失去的十年'的企业吧!留存着日本企业'原型'的丰田是否真的能在世界范围内通行呢?这也许是一个能够左右日本21世纪的问题。"

丰田这个让人"怀旧"的企业,在这个特辑刊登后八年的2008年,成为全球销量第一的汽车生产厂家。尽管有全球第一的美国通用汽车公司在次贷经济危机中跌倒的因素,但是丰田从此以后一直保持着全球销量第一的地位,只是从2016年开始变成了与德国大众公司互相角逐全球第一的局面。丰田是真的能够通行于世界了。

可以这样说,丰田是一家一直致力于严格追求日本式经营原理的企业,它既注重生产技术,坚守安定的雇佣,也注重包括销售业务在内的产销第一线。在严格保持与体系内企业关系的基础上，致力于大力研发广受人们期待的汽车。例如，1997年上市的第一代普锐斯，就是在1995就任丰田社长的奥田硕的一声号令下挑战环保型家用轿车的结果。起初只是想着如何提高汽油发动机的节能性，但考虑到全球环境变化的影响，便开始利用电源动力驱动汽车的原理性优势将汽车改成了混合动力型。在当时这是一项全新的技术，这项新技术后来也成为全电动汽车使用的插电式混合动力汽车的技术先驱。

但是，混合动力汽车要使用汽油发动机和电力发动机两种动力源，这就不得不使用能够让汽车分别搭载两种动力源的复杂技术，这就是在第五章介绍的复杂性技术的一个典型例子。只有很好地使用这种复杂性技术，并且以极低的成本提供给用户的企业才能真正引领这一领域的发展。正是基于此，丰田在体系内企业的协助下，挑战着各种各样的技术难点。

只是第一代普锐斯没有想象的那么畅销，它的完成度在那个时期还不高。但是在2003年上市的第二代车，在总结第一代车的经验与不足的基础上，做了大量的技术改良，投放市场后大获成功，这一款车型甚至让处于世界时尚尖端的好莱坞名流们都争相购买。之后，新车型第四代普锐斯上市，这一车型和它的衍生产品——雷凌一起成为丰田的主力混合动力车型。另一方面，本田也在混合动力领域立即追随而动，相比之下日产在混合动力领域完全落后了，也许研发的复杂性和投资成为巨大的障碍。混合动力汽车需要各个零部件生产厂家的协作，可以推测出日产体系内企业关系的解体在这里产生了负面影响。

有一段时期，日产销往美国的汽车竟然是由丰田来提供混合动力系统的，但日产很快将发展的船舵转向了纯电动汽车。也许是日产及时把握到时代发展的大潮而转向了纯电动汽车领域，但也可以理解为由于几乎不能和丰田以及本田在混合动力领域形成竞争之势，所以现在干脆铤而走险般地作为商机选择了纯电动汽车的发展路线。

加速发展的丰田国际业务

实际上被称为"日本式经营最后城寨"的丰田也在积极推进国际化业务，与丰田相比，日产在戈恩就任前就更加致力于国际化业务的开展。尽管戈恩就任后同样将拓展全球业务作为自己经营战略的一个亮点，但是在2000年以后，丰田所展示出的推进海外业务拓展的积极性让所有同行都不得不刮目相看。

事实上丰田在拓展国际业务上的紧急加速开始于"戈恩革命"正式实施后的2001年。丰田制定了国际市场"10"，也就是占全球销售10%的经营目标。丰田从2001年开始突然大规模增加海外生产基地的汽车生产台数，我们可通过图8-3了解到这一点。尽管丰田在这一时期的国内生产也在持续扩大，但是海外生产规模的扩大速度要远远超过国内生产的增长速度，这恐怕也是来自"戈恩革命"的刺激，或者是来自戈恩的积极开展全球业务的态度的刺激。

(千台)

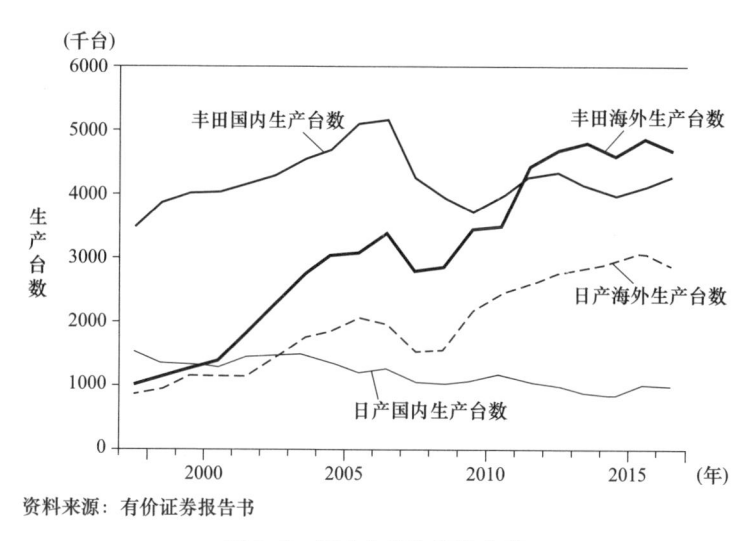

图 8-3 国内生产和海外生产

资料来源：有价证券报告书

　　丰田海外汽车的生产台数在 2017 年达到了 468 万台，是日产（287 万台）的 1.6 倍。实际上在"戈恩革命"正式实施的 2000 年，丰田的海外汽车生产台数只是日产的 1.1 倍，双方几乎旗鼓相当。这样看来反而是戈恩就任后日产被丰田远远地拉开了距离。图 8-3 为日产海外生产台数 2005 年至 2012 年的数据，考虑到在下一小节中将要叙述的与中国合资事业计算方法的不同，减去了作为推测数据的中国市场的生产数量，这也是为了更合理地同丰田进行比较。尽管如此，丰田在 2001 年至 2007 年的海外生产增长速度也令人瞠目。2001 年为 138 万台，2007 年增长到 339 万台，仅仅六年的时间就扩大了 2.5 倍。据说生产一台汽车共需要 3 万个零部件，将生产规模以如此的速度扩大的背后不仅是向海外生产基地投入资金这么简单的事。在海外当地的零部件调配的额外工作量，比如要求体系内零部件企业在海外设立工厂，以及制订从日本国内进行零部件供给的合理计划等一系列犹如海外生产兵站供给线的建设才是重中之重。为了迅速建设这些海外生产的兵站供给线，经营业务的一线部门应该是付出了近乎极限的努力。

此外，丰田在2001年至2007年的国内生产规模也在不断扩大。与之相反，日产的国内生产量在2004年达到了顶峰148万台后一直保持缓慢的下降态势。日产在2004年的海外生产规模首次超过了国内生产，之后海外生产与国内生产规模的差距就变得越来越大，而丰田是在2012年海外生产的规模超越国内生产规模的。关于丰田一边迅速扩大海外生产规模，一边持续扩大国内生产的经营战略，尽管还会在后面的内容中另做专项分析，但是笔者认为丰田的经营战略基本上是正确的。在生产规模如此迅速扩大的初期，经营业务的一线部门应该是承受了巨大的工作负荷。据说在美国次贷危机发生前，在丰田内部就已经产生了"危险！海外生产的兵站供给线要断了"这样的危机感。恰巧在这个时候美国次贷危机发生了，这给丰田带来了沉重的打击。

"戈恩革命"的僵局

日产在美国次贷危机到来前的经营状况又是怎样的呢？如果用一句话来表达，那就是"戈恩革命"的僵局。"戈恩革命"的局限性似乎从2005年就已经开始显现了，通过图8-1可以明白这一点。

日产的营业利润率在2003年达到了顶峰，为11.1%，之后一直到2006年以每年1%的速度下降，在2006年、2007年再次被丰田赶超。在2007年，日产的海外生产和前一年相比已经略微减少了，并且日产在国内的生产规模在2004年达到顶峰后就开始一路缓慢下降。在这样的经营状况下，不幸发生了美国次贷危机，无论对于丰田还是日产，次贷危机对企业经营带来的打击都是巨大的，其销售和利润锐减，2008年两家企业的财务决算都是赤字。但是日产在这里又一次展现了"V字型"的恢复，比起丰田的经营恢复状况耀眼得多。日产的恢复如此之快，应该归功于戈恩从2000年以来对降低生产成本的追求。但是这一次还有另外一个重要原因，那就是丰田和日产两家企业在中国合资企业的关联利润分配的会计计算方法上有所不同。

两家公司都与中国汽车企业设立了各自持股50%的合资汽车生产厂家。在美国次贷危机发生时，与日产合资的中国企业比起与丰田合资的中国企业，在中国市场的存在感更大一些。日产在合资企业的业绩关联决算计算时，采用的是一种叫作比例关联的计算方法——也就是将在中日合资公司的营业利润，按照双方的出资比例来计算关联利润，这样的计算方法从合资伊始的2005年一直使用到了2012年。而丰田采取的是另一种经营利润分配的方法，在营业利润的阶段并不计算在关联利润当中，只有在计算净利润时才将合资企业的50%净利润计算到丰田的利润当中。丰田从合资开始就一直使用这一财会处理方式。

美国次贷危机发生后，日产的关联营业利润加上了来自中国合资企业的利润，而丰田却没有在关联营业利润中加上中国合资企业的利润。另外还有一点，美国次贷危机发生后的中国市场不但罕见地没有崩溃，而且还继续保持着快速增长的经济势头，所以日产的关联营业利润的财会处理方式使得日产和丰田的数据相比较时处于有利地位。事实上，日产和中国的合资企业在2009年的销售规模是76万台，这一数字占日产全球销售规模的22%，分量之重可想而知。日产将如此巨大销量的50%的利润加入了企业2009年的营业利润里。

从2005年开始，就有日本媒体窃窃私语般地议论着，为了打破"戈恩革命"的僵局，戈恩做出了应对行动，即亲自出马展开了日产、雷诺联合同美国通用汽车公司资本合作的交涉，希望通过这样的资本联合让曾经的日产和雷诺之间的资本协作再一次奏效，双方的交涉在2006年10月破裂了。之后的通用汽车公司没有能够承受住次贷危机带来的巨大冲击，在2009年6月提交了企业破产申请。事后来看，当初的交涉破裂对于日产来说也许是一件幸事。

还有一件象征着戈恩困境的事情在这一时期发生了。2008年6月，在日产发布2007年度企业财务决算的现场，将戈恩在2005年发布的《日产价值提升计划》①中承诺的，日产将在2008年度达成全球销量420万台的公约修改延期到2009年。"公约必达"曾是"戈恩革命"中的一句名言，既然做出约定就要绝对达成，这是一

---

① 继日产大获成功的复兴计划后的另一计划。

种不达公约必当引咎式的非常强烈的约束。戈恩对于自己是这样严格要求的，对于下属也同样是这样要求的，所以公约延期在此之前的"戈恩革命"中是一句禁语。实际上在业界，人们早已在私下议论着日产的中国合资企业之所以从2005年开始一直使用这样的财会结算方法，就是因为戈恩的《全球销售量公约》的存在，毕竟如果能将中国数十万台的销售计算在内的话，日产的全球销量规模将会显得更大一些。

"U与V"，美国次贷危机后经营恢复的不同之处

美国次贷危机的发生同样使丰田遭受了沉重的打击，企业营业利润率到2011年末仍在低谷徘徊。2008年的企业利润是丰田除了创业初期以外唯一的一次财务赤字（-4 610亿日元），2009年的盈利仍然停留在极低水准的1 475亿日元，这和日产的"V字型"恢复形成了鲜明的对比。但是从2011年后，丰田的营业利润率和销售规模就开始呈现出快速增长的态势，这种恢复模式可以称为"U字型"增长。虽然比起"V字型"恢复，"U字型"恢复在底部的停留时间会长一些，可一旦开始进入上升通道，那么上升的幅度也要比"V字型"更大一些。

丰田的经营状况停留在"U字型"底部四年时间的原因，应该是拉断了海外生产的兵站供给线的问题。丰田在这一时期遭遇的不仅仅是因为次贷危机造成的市场需求的大幅减少，以北美地区为中心的产品质量问题引起的丰田汽车大量召回事件的发生更让丰田遭到了美国的抨击。2009年8月，丰田在美

国的产品质量缺陷引起的召回问题开始发酵。因雷克萨斯车型的刹车踏板受铺毯钩挂而引起的汽车碰撞事故遭遇诉讼，以及普锐斯车型刹车控制系统软件的缺陷问题引起的召回等丰田产品质量问题的出现，使当时的丰田社长丰田章男被美国参议院质量委员会公开进行现场质询，好在由于丰田章男先生在当时沉稳而诚实的应对态度给这种不利事态降了温。

接着，2011年3月发生了东日本大地震。就像在第三章介绍的那样，发动机控制系统中重要零部件的半导体生产厂家受到了地震的巨大影响。除此之外，还有许多位于日本东北地区的丰田零部件生产厂家同样受到了地震的影响，这直接导致了丰田的生产严重停滞，再加上同年11月发生的泰国大洪水，致使丰田在泰国的生产也长期无法恢复。东日本大地震带来的冲击力对于当时将日本的国内市场维持在400万台左右规模的丰田生产体制的影响可想而知，再加上当时丰田正计划在日本东北地区的宫城县及岩手县建设第三生产基地受到大地震的影响，建设进度也一拖再拖。

比起日产在美国次贷危机后的"V字型"恢复，丰田却经历了谷底四年徘徊的"U字型"增长，这从当时丰田所处的经营环境来看也实属无奈，但是丰田在谷底的徘徊期也给下一次飞跃式的发展提供了足够的"养料"。作为日本国内市场的重要之举，在东北地区建设了小型家用轿车生产基地，彻底重新审视全球生产工厂的管理体制以及品质管理，制定适合海外生产工厂的丰田生产方式等。这些质朴的举措都不是将迅速恢复经营业绩作为目的，而是优先考虑彻底地、从容地将生产一线的基础巩固夯实。2000年,《日经商业》杂志所写到的"迟钝VS速度"的对比分析,"预言"了这个时期丰田和日产选择的经营方向。

丢掉国内将失去海外,丢掉海外也将失去国内

在第四章回顾平成这三十年里活跃在世界舞台的日本企业状况时,我写到日本企业的国际化事业采取的是"比萨型"的经营方针,其中的典型代表就是汽车产业。但是,就像图8-3所展示的那样,并不是所有的日本汽车产业的企业都按照"比萨型"的经营志向在认真积极地应对。丰田是典型的"比萨型"经营,日产起初也许也有着"比萨型"的经营志向,但不幸的是比萨的中间部分变得越来越薄了。比萨的中间部分指的就是日本的国内生产,实际上正是因为有了一定规模的国内生产的存在,才能够在确保企业利润率的同时长期性大规模地开展国际业务,这正是"比萨型"经营的理论概念。

从图8-3中的内容可以明显看出丰田一直维持着相当规模的国内生产,在丰田开始加速开展全球业务的2000年前后以及2017年,日本国内的生产规模都保持在400万台左右。但日产却是另一幅景象,2000年前后,日产的日本国内生产规模还基本保持在130万—140万台之间,2017年国内生产反而缩小到100万台以下。从图8-3中还可以发现两家企业都将扩大需求的重点放在了海外,并由此使海外生产的规模迅猛发展。尽管如此,丰田和日产之间仍存在着一些不同之处。那就是在

扩展海外业务时，是将海外生产的扩大作为国内市场的替代生产来看待，还是将维持国内的生产规模作为扩大海外生产的基础来对待。从某种意义上说，日产的做法更加彻底，在缩小国内生产规模的同时，国内的销售量几乎在以同样的进度减少，可以说越来越转向"甜甜圈型"的经营方向。

国内生产的存在是作为扩大海外生产规模的基础，指的是为了提高海外生产的经营收益、维持海外工厂的生产运转效率，以及在扩大生产规模上国内生产所做出的贡献。贡献内容，一是指国内生产基地成为向海外生产提供技术积累的支持和人才培养的供给源头，二是指国内生产基地是向海外工厂提供必要的生产零部件和生产设备的供给源头。国内生产规模一旦变小，那么向海外基地提供技术支持以及提供人与物的供给的源头也将变得狭窄。换言之，这将会阻碍海外生产的正常运转。当然，如果海外的生产规模能够成长到足以从那里向别的生产基地提供相应技术储备和人才储备时，那么其他海外生产基地正常运转的阻碍就会变得很小，但是能够成长为发挥如此巨大作用的海外生产基地是一件实属不易的事。

例如，像在介绍美国次贷危机后的丰田"U字型"恢复的内容时提到的一样，在2010年及2011年，丰田所采取的经营对策——除了在日本东北地区建立国内小型家用轿车的生产基地外，还同时在全球的海外生产基地重新审视丰田生产方式。为了这项活动能够顺利进行，日本国内的人才供给就显得极其重要。因为丰田所进行的重新审视丰田生产方式的活动，大部分具体业务都是有关工厂生产线重新调整组合方面的内容。在迅速扩大海外生产规模的同时，往往会不经意间依赖大型生产设备的生产线的过度铺设。但大型生产线却缺乏对应市场需求变化的柔软度，所以一旦投资建设了这种大型生产线的话，如果想重新改变它的生产节奏，单纯投入金钱是远远不够的，必须派遣技术、经验足够的现场工作人员，他们在实际的生产线上发现问题并制定合理的解决方案最后实施。因此，本小节名称的前半部分"丢掉了国内将失去海外"的说法才得以成立。

作为这种说法成立的佐证，我特地绘制了反映丰田和日产国内生产比率（国内生产台数和全球生产台数之比）差距和两家企业营业利润率差距变动走势，即图8-4，这个差距的计算方式是从丰田的数据上减去日产的数值。可以看到，国内生产比率一旦变大，利润率的差距也在相应地变大，也就是说日产的利润率比起丰田在相应地变小。当然这里面也有两个时期日产的利润率占优势，也就是说利润率差距比率为负数。第一次是"戈恩革命"时期，第二次是美国次贷危机后丰田频发质量事故的时期。在这两个时期，两家公司利润率的差距和日本国内生产比率的差距几乎存在联动效应。简单地说，就是日本国内生产比率一旦过度下降就将给利润率带来负面影响，也可以说，日本国内生产规模的变化实际上在各方面影响着整个企业的经营收益。

本节标题的后半部分讲的是为了维持一定的国内生产规模，事实上也必须要扩大海外的生产规模，这就是"丢掉海外也将失去国内"。为了成功地维持作为海外生产基地供给源的国内生产规模，必须要有足够的需求做支撑。比如，为了从经济上更加合理地从日本向海外生产基地供给零部件及生产设备，必须要有相当规模的海外生产需求，这样才能满足经济的合理性。在第四章中分析关于整个日本企业海外生产和国内生产之间的关系时曾指出，汽车产业的日本国内雇佣规模在平成年间实际上是扩大的，这正是由于提供给海外生产所需的国内供给的扩大带来的国内雇佣的增加。一言以蔽之，尽管日本汽车产业的雇佣增加了，但是这个增加正是因为有了丰田极其醒目的海外事业拓展的成就才得以实现的。

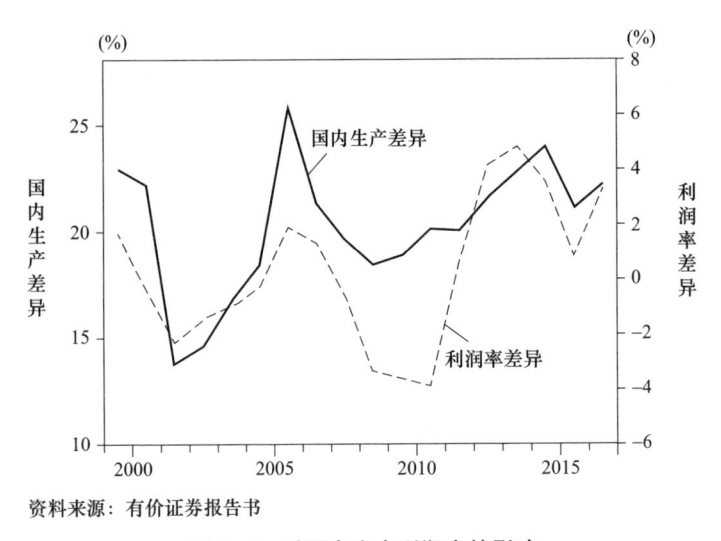

资料来源：有价证券报告书

图 8-4 对国内生产利润率的影响

市场资金配置在不同区域的差异

以上内容介绍了丰田和日产在海外经营战略的不同之处。

两家企业在市场方面一直沿用着不同的企业战略，并且也介绍过降低了国内生产占比的日产和一直坚定地维持国内生产规模的丰田之间的差异。在将何处作为海外市场的重点这一方面，丰田和日产之间也存在着差异。从结果上看，丰田的平衡性更好一些，这一点可以从图 8-5 中看出。

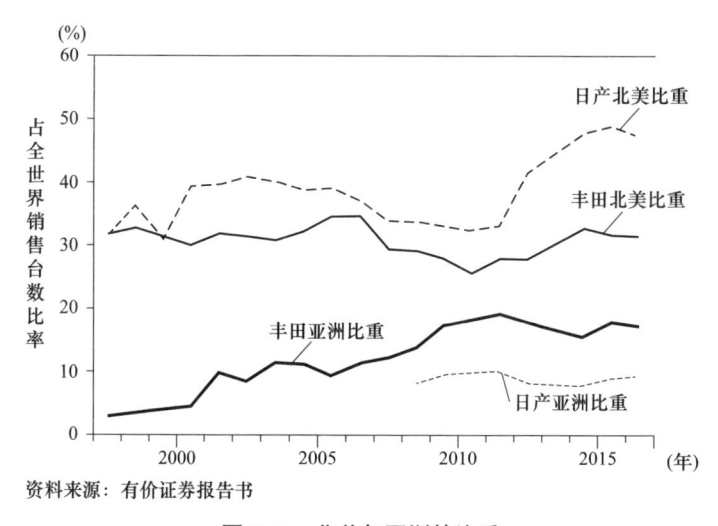

资料来源：有价证券报告书

图 8-5　北美与亚洲的比重

在 2000 年前后，两家企业采取的都是以北美市场为中心的海外经营战略，丰田和日产在所占比重上均为基本相同的 30% 左右，但是在此之后却清晰地出现了两处差异。第一个不同之处是，丰田一贯致力于亚洲市场的开拓。1998 年，丰田的亚洲销售台数（中国除外）占比率仅为 2.8%，2017 年这一比率上升到 17.2%。由于日产的亚洲销售占比率数据的公布从 2009 年才开始，所以只能看到那之后大概十年的走势。这期间，日产的亚洲销售占比率基本保持在 9% 的水平上。很明显，丰田对亚洲市场的倾注度更高。另一个不同之处是，从美国次贷危机后的经营恢复阶段开始，日产重视北美市场的意愿更为强烈，而丰田却在抑制北美的销售占比。日产在美国次贷危机后的北美占比率为32%左右，到2017年已经超过47%，将这一数字同日产的亚洲销售占比率稍做比较就会明白，日产的经营战略似乎已将海外市场的重点转向了重视北美市场的一极化了。

日产北美一极化重视的经营战略，也可以理解为日产敏锐地捕捉到了北美市场的发展机遇。2017年，日产在北美市场销售量与美国次贷危机发生后的时期相比，几乎增加了五成，而同一时期，丰田在北美市场几乎保持着同样的销售规模。很明显日产更加重视北美市场，这一时期也是日产北美市场的全面恢复期。

但是在如此高的北美销售占比的背后，却存在着北美市场利润率低下的烦恼。从北美市场的营业利润率来看，2014年以后丰田和日产的利润率都在持续下降。2017年，丰田的北美市场营业利润率为1.3%，日产为3.1%。因两家企业在全球不同区域的利润计算方式的详情不是很清楚，所以不能简单直接地将这两个数据做比较，但可以肯定的是，两家企业在北美市场的营业利润都在下降。这也说明，北美市场的经营环境是不断恶化的，可以说，日产将一极化重视的经营战略放在了环境日益恶化的北美市场。另一方面，让我们来看一下亚洲市场的盈利状况。丰田的营业利润率在美国次贷危机后，一直稳定地保持在9%左右的水平上，而日产在2010年达到9%后就开始连年下降，到 2017 年已经下降到 3.4%。日产在亚洲市场的生产与销售的投入力度的低下，就是造成如此盈利局面的一个原因。而丰田不断加大在具有较高盈利环境的亚洲市场的经营力度，从企业全球市场资金配置层面看也显得更加均衡。与日产选择的全球经营战略相比，丰田无疑更胜一筹。

"大政奉还"的丰田，戈恩二十年独角戏的日产

本章回顾了丰田与日产在平成年间的企业经营状况，企业经营的掌舵人在这期间，丰田经历了 6 人，日产为 5 人。丰田的 6 人分别是丰田章一郎（1982—1992 年）、丰田达郎（1992—1995 年）、奥田硕（1995—1999 年）、张富士夫（1999—2005 年）、渡边捷昭（2005—2009 年）和丰田章男（2009 至今）。日产的 5 人分别是久米丰（1985—1992 年）、辻义文（1992—1996 年）、塙义一（1996—2000 年）、卡洛斯·戈恩（2000—2017 年）和西川广人（2017—2018 年，本书执笔时）。

在丰田的这些历任社长当中，丰田章一郎是丰田公司创始人丰田喜一郎的长子，丰田达郎是丰田章一郎的弟弟，丰田章男是丰田章一郎的长子。日产的状况是，戈恩于 1999 年 6 月从雷诺到日产赴任，成为日产的副社长兼首席运营官，从经营状况处于最惨淡时期的塙义一手中接过了日产的企业经营接力棒。西川广人虽然在 2017 年成为日产的社长，但此时戈恩依然是日产的会长，戈恩仍然是日产实际上的最高经营责任人。

因此，有了本小节的标题中才"戈恩二十年独角戏的日产"一说。

在这些经营者中不乏拥有独特而鲜明的个性者，毫无疑问，日产中就是戈恩。1996年，他在轮胎生产商米其林北美大区总裁的任上被雷诺邀请加盟雷诺，两年半后赴日产任职并掀起了一场"戈恩革命"，硕果累累。2005年，他又就任雷诺社长，并在2010年就任会长，继而在2016年兼任已经被日产收入旗下的三菱汽车公司的会长。

而在丰田这边，丰田章一郎担任过日本经济团体联合会会长，毫无疑问，他是日本财界的重要人物。他的后任丰田达郎由于个人身体原因，不得已退出并于2017年末离世。2018年3月，在丰田达郎的追思会上，丰田章男发言道："您将喜一郎先生把从业人员当作家人的经营理念在美国实现，热爱日本并从心底热爱着美国。"尽管接下来的奥田硕是从丰田家族以外人员的意外提拔，但他曾经将日本经济联合会合并进日本经济团体联合会并出任首任会长，无疑也是日本财界的重要存在。作为日本经济团体联合会的会长，他曾有过许多与众不同的著名言论。比如，"如果裁员的话，在此之前，企业的经营者应当切腹以谢天下"，"应当追求拥有人性之脸的市场经济"。张富士夫是创立了丰田生产方式的大野耐一先生的爱徒，他是一位彻底的"现场主义"倡导者。之后的渡边捷昭为了大力推进丰田海外事业的发展，几乎到了快让丰田的海外供应链线崩溃的地步，又刚好遭遇美国次贷危机的冲击，事实上他的离任是引咎辞职。作为他的后任，时年53岁的丰田章男就任社长。由于年纪太轻，在就任时，有些人对他的管理能力还是有些担心的。但是就任之初，他就完美地平息了来自美国的抨击丰田事件，此后又重建了丰田在全球的生产基础。丰田章男本人就是一个能够作为车手参加汽车拉力赛的超级"爱车男孩"。当然，也许来自周围的人们对丰田家族的人重掌丰田的这种期待，也是丰田能够顺利扭转局面的一个原因吧。

丰田顺利实现了经营接力棒的交接，但是日产却由于戈恩成为日产与雷诺双方的最高经营者，使得接替人选变得异常难以抉择，在没有合适后任人选的情形中度过了二十年。

戈恩背负的艰难使命

戈恩所背负的使命如此艰难也实属无奈，戈恩在日产作为经营者所背负的使命，难道不是几乎接近"二律背反"一般困难的使命么？一个使命是为雷诺在财务方面谋取更大利益，另一个使命是发展壮大日产这一企业组织，能够将这两项使命同时顺利完成的后继经营者，的确是凤毛麟角。

在前面的内容中提到过，笔者应邀写了《起死回生》这本书的评论。评论的结尾是这样写的："想任意使用日产资金的雷诺与想将自身的未来赌在日产兴亡的从业人员，使人不得不去考虑两个立场之间的差异。"如果过多地使资金流向雷诺，那么日产自身的投资资金就会相应减少，为日产所发展的投资资金就无法得到保证。如果将这些因素考虑在内的话，戈恩所采取的经营战略是无懈可击的。成功地重建日产，并使之成长为能够和丰田对抗的企业，同时又给雷诺在财务上带来了巨大利益，戈恩采用向雷诺分红的手段将雷诺并购日产所投下的资金在短期内收回，利用日产的生产规模将雷诺、日产全球共同采购变为现实，同时使雷诺和日产大大降低了采购成本，并依靠日产的分红贡献使雷诺的年终企业收益报表光鲜无比。

日产向雷诺提供的资金回报有两项，一项是在前面的内容中已经介绍过的，日产通过第三方持股的方式持有雷诺的股份，并在2001年将2 500亿日元返还给了雷诺。另一项是日产向雷诺的分红。截至2017年，累计分红额达到8 652亿日元。两项相加已经有11 152亿日元的资金回到了雷诺手中。1999年，雷诺向日产投下的资金只有大约8 000亿日元，所以雷诺从日产获得了3 000亿日元以上的收益。尽管由于信息没有公开，无法计算雷诺、日产全球共同采购带来的成本削减的利益，但是可以计算出日产对雷诺最终利润所产生的影响规模。在戈恩成为雷诺社长的2005年，日产为雷诺的最终利润贡献了68%，2017年的贡献度为54%。由此可以发现，对于雷诺而言，日产已经成为不可或缺的存在。

那么戈恩在发展日产企业组织这个使命上又完成得如何呢？这样的使命并不仅仅是针对戈恩或丰田经营者的问题，这是赋予所有经营者的使命。企业组织的发展归根结底是要由企业工作一线的生命力来决定的。在如何注重一线生命力的提升方面，丰田和日产之间有所差别，体现在公司的董事制度以及薪酬差异上，这个差异既微妙又具有典型性。

丰田在维持生产一线的生命力上显得更加用心。丰田并没有简单地选择大多数日本企业采取的执行董事制度，从2003年开始，丰田采取的是一边缩小董事会规模，一边设置专务董事及常务董事这些职务的新的董事制度。而日产在"戈恩革命"初期采取的就是执行董事制度。尽管丰田在2018年也采取了执行董事制度，但是这一年丰田的董事会人事变动之大令人咋舌。初中毕业后进入丰田、长期经历生产一线磨炼并担任过生产厂长的河合满被提拔为丰田的董事副社长。据说章男社长为了说服并不愿意出任这一职位的河合时，对他说道："河合先生，生产一线的员工都在望着你的项背，希望你为了他们肩负起这一职位。"实际上，在2015年河合已经被提升为丰田的专务董事了。河合被提拔为副社长后，原来的专务董事职位便出现了空缺，令人诧异的是，2018年补缺这一职位的竟然是高中毕业的田口守。大概也只有章男社长才能做出如此大胆的人事安排了吧！

日产执行董事的人事安排在2013年左右出现了较大的变动。在此之前的50人执行董事中，外国人的比例（几乎都来自雷诺）基本稳定在三成，这一比例从2013年开始快速增大，到了2017年增加到47%。2013年以后的这段时期，日产和丰田的利润率差距不断拉大，日产明显处于经营劣势。到底是因为外国人董事的增加使利润率的差距加大了，还是因为利润率的差距加大而导致了外国董事的增加呢？这一因果关系实在不太清楚。

在企业最高层和生产一线工作人员的薪酬差距方面，丰田和日产也存在着具有象征性意义的差异，日产的薪酬差距要大于丰田。以2017年的数字为例，在日产的会长及社长的薪酬中，戈恩会长的年收入为7.35万亿日元，西川社长为4.99万亿日元。戈恩的年薪是日产普通从业人员平均薪酬818万日元的90倍。另一方面，丰田社长丰田章男的年收入为3.8万亿日元，内山竹志会长为1.81万亿日元。丰田章男的年薪是丰田普通从业人员平均薪酬832万日元的46倍，内山竹志的年薪是丰田普通从业人员的22倍。虽然日产从业人员的平均薪酬比丰田略微少一些，但最高层的年收入要比丰田高得多。另外，戈恩作为三菱汽车的会长还有2.27万亿日元的收入。同样的情形在丰田内部也存在，1998年进入法国丰田，现任丰田总公司董事副社长的迪迪埃·路洛瓦2017年的年收入为10.26万亿日元，远远高出丰田章男社长的薪酬，迪迪埃·路洛瓦是丰田的最高薪酬者。事实上，由于判断收入额是否过高，存在着和那个国家的劳动力市场的恰当报酬做比较的问题，绝非轻易就能做出判断的。

通过以上丰田和日产在平成这三十年的比较来看，2000年《日经商业》杂志将丰田称为"日本式经营最后的城寨"的说法渐渐显得"正确无比"。丰田的成就表明，如果能够一面贯彻日本企业的"日本式经营原理"，一面顺应环境的变化实施恰当的应对经营政策的话，日本企业可以做得很好，甚至可以做到世界第一，丰田就是榜样。尽管要为此付出的努力一定是不寻常的，但这的确是大多数日本企业应当拥有的姿态。

这里需要做一个特别说明，包括这一章节的原稿以及其他章节的最终稿送至出版社的第二周，一起震惊世人的事件发生了——戈恩因薪酬虚假记载的嫌疑被东京地方检察院逮捕。所以本章内容中所示的戈恩2017年的薪酬数字有可能偏少。但这一事件不会影响本章所要传递的基本信息，所以决定不做任何修改，望读者能看到原稿的内容。

终章　日本的原理以及相信"无形之手"的存在

日本式经营原理中的人本主义

正如在上章中最后表达的观点一样,笔者认为丰田是将日本式经营的原理坚持到底的企业。也许丰田并非有意识地坚持日本式经营的原理,只是在坚持自己觉得正确的经营原理而已,但是一直以来我所思考的日本型企业体系和日本式经营的原理,在我看来在丰田那里都得到了体现。

假如将众多的日本企业有意识或无意识地一路坚持而来的、对于经营惯例所共通的基本思维方式,称为日本式经营原理的话,那么笔者主张将它表述为"人本主义"。尽管在这里不能用太多的篇幅进行解释,读者可以参照一下拙著《人本主义企业》,或者另一本拙著《洞察经济之眼》。简单说就是将稳定地维持人与人之间的网络作为基本原理建立经济组织并坚持下去的原理。如果将稳定地维持钱与钱之间的网络作为基本原理来从事经营的行为称为古典型资本主义的话,那么将人与人之间的网络作为基本的原理,就是能够与古典型资本主义进行对比的另一种原理了。二者的差异在于是以"人"为本,还是以"钱（资）"为本。

　　当然，因为日本也是一个以钱为交换媒介的市场经济国家，钱的网络是其经济的基础。那么，以"人"为本的原理可以说是将"稳定地形成人与人的网络"这样的思维叠加在以"钱（资）"为本原理上的另一个原理。不管是在企业组织中还是在市场交易领域里，人的网络一旦稳定地形成，产生若干基本益处的可能性将会非常高。例如，人们为了自己的将来会去主动学习，因为考虑到关系网的发展最后会给自身及周围的人带来好处，自己也会产生通过主动学习去提高自身能力，从而做出应有贡献这种想法。这样人与人之间的交流及协作也将会变得更容易。人们在经济活动现场也变得积极地参与仿佛"草根性的"事业活动当中。可以说为实现产业民主主义所做出的贡献就是"人本主义"。

　　倘若沿着本书所列举的话题，从"公司是谁的"这个观点来思考的话，公司既是股东的也是从业人员的这种思维观点就是"人本主义"。正因如此劳动者才会为了企业的长期发展而倾注自己的努力，实际上这会直接影响企业的长期发展。

　　是打破还是维持体系内企业交易这个问题，实质上是企业市场交易如何组合这个基本问题中的一个例子。构筑与零部件供应商的长期协作关系，促成一种买卖双方企业都能在产品研发及降低成本方面共同努力的双赢关系。这种关系使得原本因利益冲突容易产生对立局面的买卖双方企业由于可持续关系（安定的人与人之间的网络）的纽带作用更易形成相互协作的关系，而并非简单以短期内达到采购成本最小化目的（也就是单单以钱的观点）来决定双方的交易关系。如果能够做到这样的话，体系内企业的交易将变得更有经济合理性，所以我在上章的内容中对于日产解体体系内企业交易的行为写成有可能否定日本的原理。

作为组织内经营的存在方式，应该考虑的是重视通过长期稳定的雇佣关系来构筑安定的职场共同体的思维导向，采取尽量缩小薪酬差距的人事政策。另外，要考虑让生产一线的工作人员为企业经营的高效化发挥主观能动性，以及能够使他们主动积极地灵活运用情报积累的具体实施方案，这样在生产一线就会使信息情报的横向、纵向流动变得更加活跃。也许这样表述会更好：以"平等性的运营"为杠杆，促使组织内人与人之间的网络的稳定及活跃局面的形成。

在上章分析的众多内容当中，可以发现丰田的经营事例很好地诠释了这样的经营原理。例如，《日经商业》杂志提到的丰田经营的一个特征，即"人守人活式经营"或者说"低薪酬、安全雇佣"。还有丰田章男社长在其叔父，原丰田社长达郎的追思会上陈述的"您将喜一郎先生把从业人员当作家人的经营理念在美国得以实现"这样的话语。更有原社长奥田硕的"如果裁员的话，在此之前，企业的经营者应当切腹以谢天下"，我认为这些都发源于"企业是从业人员的财产"这样的价值理念。

尽管并没有详细阐述体系内企业的问题，但是丰田和本田都采取了重视体系内企业的经营政策，这已是被业界熟知的事实。这一经营政策以普锐斯车型为例，在丰田的技术研发及降低成本上均做出了不小的贡献。作为组织内经营的存在方式，通过现场主义的彻底贯彻，以及中学学历的副社长的诞生事例，可以看到丰田"人本主义"的经营特征。此外，丰田社长和一般从业人员的薪酬差也要比日产小得多，听闻丰田社长薪酬数字的外国人不禁发出了"那个丰田的社长的年收入竟然是如此之少吗"的惊叹和疑问。

但不管是经营者监督管理机制的存在方式，还是在市场交易中协作体制的构筑，或者是重视生产现场的平等的组织运营，只要稍有差池都有可能演变为懒惰的温床。所以如果没有严厉的态度作为企业经营的基础，就很容易变成温水型的企业经营。日产在某一时期应该就是陷入了这样的经营状态，尽管将日产的这一经营状态扭转过来的是"戈恩革命"，但遗憾的是"戈恩革命"存在着否定日本原理的片面性，导致它成为一场无法贯彻到底的"革命"。丰田以严厉的态度将"人本主义"经营一路践行，而且能够使之随着时代环境的变化做出相应的、具体化的经营惯例改变。也就是说，丰田并不是一成不变的，它既坚持遵守同一个经营原理，又依照"经营制度、实施惯例＝原理×环境"这个公式积极应对环境的变化，在实际运用中不断改变着具体的经营策略。

当然，比起温水型的日本式经营，严厉型欧美式经营在取得业绩方面也许更胜一筹，这一点可以在"戈恩革命"中得以呈现。但相比起严厉型欧美式经营，日本式经营更为优秀，对日本企业也更加适合。关于这一点，我想在日产的"戈恩革命"告一段落后，丰田长期处于经营优势这一事实上能够体现出来，假如要用不等式来表现这样的优劣关系的话，应该如下："温水型"日本式经营＜严厉型欧美式经营＜严厉型日本式经营。

不仅是在践行日本式经营这一点上，在全球的企业定位以及对于技术研发的姿态方面，丰田都向众多的日本企业展示了一个企业应有的姿态。假如从世界中的日本这个视角来讲，丰田在某种程度上抑制了向美国市场一极化的倾斜，重视在以东盟地区为中心的亚洲各国的发展，对中国市场在保持慎重态度的同时也不缺乏对未来的投资。而从技术这个视角来讲，不但要不惜对复杂性技术投资，而且要将它当作比任何成本都低的生产成本在生产现场加以实施，其中的一个例子就是混合动力家用轿车的研发。不但要潜心维持日本国内的技术积累和产业积累，还要主动进行大规模的国内投资。

成长的动力

但是众多的日本企业缺乏像丰田那样拉动企业增长的动力，也就是宁可冒着"几乎要崩溃海外生产供应链"的危险，也要快速扩大海外市场的这种动力，或者说在美国次贷危机后首先在国内积蓄力量，然后在海外市场企图大展宏图这样的动力。

在日本国内人口减少的趋势已经明了的情况下，对于很多企业来说，积极拓展海外市场本应成为企业构造性的基本经营战略，但是从平成年间日本企业的经营动向来看，依然显得十分慎重，这一点也直接影响到对欠缺拉动增长动力这一现象的观察。这当中最典型的一个事实就是在第七章介绍的"不断积累的自有资本、没有增加的投资"。许多企业的本意并非是"极端的"慎重，但是一旦到了该做决断的时刻就又会变得稍微偏向于慎重一侧，这样每个的"稍微的慎重"叠加起来，在日本全国就会形成相当欠缺拉动增长动力的现象。这一现象和高速公路上的隧道入口，以及大角度拐弯点形成的自然堵车现象有些相似。每一位驾驶员"仅仅是稍微"减慢了速度，"轻微地"踩了一下刹车，但是这些叠加起来就会使后续的汽车不得不减慢速度，继而引起整体堵车的现象。企业对投资事项变得慎重相当于"放缓速度"，如此思考大概就能理解日本全国经济增长低下的"堵车"现象了吧！

一个企业对于投资踌躇，就意味着不能将投资所产生的需求提供给社会，还意味着将参与在投资具体实施过程当中的，本应体验到战胜困难、创造出成果后的人们的那种喜悦之情慢慢冲淡了。需求的停滞直接关联着来自需求方面的拉动增长的动力不足，现场经验及充实感的不足，还将造成心理及能力储备方面的增长动力不足。

为何众多企业在不经意间就稍许放缓了速度呢？如果考虑一下日本几乎是每间隔十年就经历一次"疾风"洗礼的话，这种不经意间放缓速度的行为也就可以理解了。从泡沫经济破灭到日本金融危机，再到美国次贷危机那场"疾风暴雨"，这些经历也许让许多日本企业感觉到危机有可能随时来临，如果不慎重对待的话，企业将会遭遇灭顶之灾。所以他们不再试图依靠银行，转而通过努力增加自有资本来保护企业自身的安全。经历过这些历史大事件的"愚弄"后，不管是企业经营者还是普通劳动者，甚至连政府的官僚们都变得有些心理性萎缩了。无论怎么说，就连日本经济产业省的年轻官僚们都竟然将内部发行的有关思考日本未来的调查报告书的名字命名为"不安的个人，呆立的国家"。

在这样的心理性萎缩的背后，也许有着以泡沫经济破灭为契机产生的日本自我怀疑，以及由美国主导的"日本异质论"的多重影响。对于自身经营的存在方式的极端不自信，从这些事件中可见一斑。尽管这种心理性萎缩并非无法理解，但是难道一直处于这样的状态吗？难道这就是能够反映出日本拥有的真正潜力应该有的思维方式吗？我认为日本应该对自身的经营原理更加充满自信，因为丰田已经用自己的经营成果告诉了世人，这也是在回顾了日本平成这三十年间的经营后笔者一点坦率的感想。

从美国次贷危机的深渊中及东日本大地震的残垣里重新屹立起来的日本企业，难道不是已经拥有了面向未来不断积累并将自有资本有效使用，通过积极的投资给予劳动者们挑战机会的实力了吗？就像在序章中图2那样，美国次贷危机后日本企业利润率和劳动生产力的完美恢复诠释了这一点，连续八年持续增长的经营业绩足以"凌驾"于美国次贷危机前，以及泡沫经济期的那些曾经的辉煌之上了。日本企业并不是在良好的外部经济环境的帮助下，而是靠着企业自身不断的努力，提高工作效率所取得的经营成就，这才是自身拥有的真正实力。这些收获也许是日本企业在经历了平成这三十年间的疾风暴雨般的历练后努力想成为"劲草"的缘故吧。

我认为,相信自身所拥有的真正实力,相信日本的经营原理将会成为日本企业成长动力的源泉,而这一动力源泉终将为日本企业在今后的发展带来良性循环。

超负荷发展和"无形之手"

如果人们仅仅是"相信"的话,其意义太小,也许"行动"才是最有必要的。无论如何,只有行动起来才能看到崭新的东西,没有行动的话,原有的一切将不会有任何改变,也许就连最微弱的希望之火都不会出现。这里所说的"行动",是指尽管企业一直不断进行自我改善但仍然缺乏自信、踌躇不前,此时实施能够让企业从这种所谓的均衡状态中打破僵局、走出沼泽的战略性行为,比如,大型投资、积极拓展国际业务,以及对现有事业内容组合的大刀阔斧的重组。

笔者将这种"即使有困难也要采取积极性战略"的做法称为超负荷发展战略。对于"行动"所带来的已经部分超出自身实力的事实,应当做好思想准备,但是敢于实施积极性政策并且在实施积极性政策的过程当中,让企业及生产一线通过各种各样的学习产生补充"实力不足之处"的力量积蓄,超负荷发展战略就是以此为目的的战略。追溯许多企业的成长历史,几乎可以肯定的是,在它们耀眼的成长舞台上,一定采取了实施超负荷发展的战略。例如,丰田在2000年后实施的极具积极性的海外业务拓展战略，正是这种超负荷发展战略的一个极好案例。

现在的日本企业所处的状况，实际上是一种低次元的看似保持了均衡的状态，或许可以说处于一种最糟糕的状态中。各种事情几乎全部暂时性地合乎逻辑，这是一种很难从中摆脱出来的状态。些条理的现象则可以称为"均衡状态"。比如，正是由于对海外事业持谨慎态度，导致经历过海外市场历练的人才极其匮乏，对日本整个企业界来说，促使海外事业成功所必需的实力就不能如愿得到积蓄。又是因为如此，对当下的海外事业的开展又变得慎重。看似都完美地符合逻辑，实际上是陷在了糟糕的泥潭中。

要走出这个泥潭首先必须要"行动"起来，所以要做好暂时会出现不均衡状态的思想准备。虽然这样做很可能会出现"这样做风险太大"的异议，但是希望重新考虑一下人类的本性。尽管众多人都拥有对于革新性尝试将产生困难的预测，但是，只能预测到困难，却无法在事前预测遇到困难后为了解决困难而能够付出怎样的努力和迸发出超常的智慧，这样的人占大多数。所以很多积极的政策以及革新性的尝试，均以"风险过大"为由在没有实施之前就放弃了。

请关注这一点。经济学家阿尔伯特·赫希曼在发展中国家的经济发展中发现了这一点——正是由于存在着"无形之手"的作用，众多的社会进步才得以实现。在对世界银行援助的许多经济发展工程进行现场调查后，他发现许多成功的援助工程都有着"尽管在工程开始后遭遇到了预想不到的困难，但克服解决困难后又都取得了和当初的预想稍有形式差别的成功"这样的共同模式。例如，某地区的纸浆制造工厂工程。这是一个将这一区域存有的巨大规模的竹子作为纤维来源进行纸浆和纸张制造的计划。但是在工程进行了六年后，这一区域的竹子突然开花了，出现了任何人都没有预料到的竹林全部毁灭的情况（竹子一旦开花就意味着将枯萎而死）。可"开弓没有回头箭"，人们开始全力以赴在两个方面进行努力。一方面，迅速收集该区域以外的竹子，构建起运往生产工厂的运输网络；另一方面，开始实施竹子以外什么样的植物在这一区域可能通过栽培成为纤维供给源的实验。结果在竹子供给地域多样化和成为纤维供给源的植物多样化这两个多样化上都取得了成功，援助工程最终的结果是成功的。

赫希曼观察到的与此相似的事件还有很多，并不能将这些简单地说成是幸运的结果。他认为其中一定有它的道理，这就是"无形之手"的原理，下面是对它的诠释。

人们在探索的道路上，对于有可能出现的错误以及阻碍拥有相当正确的想象能力的同时，对于问题发生时自身解决问题的能力往往会做出过低的评价。人们变得越来越容易只将错误和问题分拣出来，所以错误和问题被过分放大，而解决问题的能力被过低评价，因此人们往往难以开启探索之路。但是"无形之手"每每会把将来要发生的巨大困难，在人类的眼前先隐藏起来，先让人类在"不经意间"在探索之路上迈出大大的一步。于是在人类直面困难的时候，隐藏的困难激发了人类解决问题的能力，并使之迸发出来。其结果是人类克服了预想之外的困难，在崭新的探索之路上取得了与当初的预想稍有形式差别的成功。

当然，对于预想中的将会出现的障碍及困难，事前的全面准备也是必要的。对于意料之外的障碍和困难，相信"无形之手"的作用，敢于开启探索之路才是通过超负荷发展来摆脱困境的战略。

美国次贷危机是预料之外的吗

宏大的探索行为指的是，构想出极具积极意义的事业拓展战略，并大幅增加投资以付诸行动的行为。无论是设备投资还是研究开发投资都可以归于此类。

第七章的图7-1显示了日本企业的设备投资已经降低到了怎样的程度。2017年竟然是投资只占现金流（折旧前经常性净利润）的37%，如果持续不进行投资而只是不断增加内部留存的话，那么日本企业就不可能有太大的成长与发展。假设将现金流的设备投资比例提高10%的话，按2017年的折旧前经常性净利润的金额来计算，日本企业整体将会增加12万亿日元的设备增加，这个规模占2017年日本企业设备投资总额45万亿日元的27%，这一增加投资的影响将是巨大的。在平成时代结束的时候，我想众多的日本企业面对这样的巨大挑战果敢行动的时机已经成熟了。日本企业已经承受过预料之外的磨难，并且为了获得重生经历了磨砺，这使日本企业自身的实力得到了长足的提升，如今已经达到以自身的实力为基础面对更大挑战时可以毅然出击的状态了。

　　预料之外的磨难指的就是2008年9月发生的美国次贷危机。此前十年发生的日本金融崩溃，作为泡沫经济破灭后遗留问题处理所必须承受的磨砺，某种程度上还可以将最坏的情况提前预判。但美国次贷危机发生后那种"直接倒栽葱式的跌落悬崖"的境况的的确确是意料之外的事情。并且正处在从那场打击中奋力恢复的2011年3月（美国次贷危机发生之后两年半），东日本大地震又侵袭了日本，这同样也是一场巨大灾难。数百年一遇的大海啸不仅袭击了日本东北地区，还造成了福岛核电站的核泄漏事故。

　　但是从那之后，正如图2所示的那样，日本企业从2009年底开始以相当快的速度长期并稳定地恢复。从2014年开始，不管是利润率还是生产性的提高都已经大大超越了泡沫经济的全盛期，这样的恢复与进步，从2009年底开始几乎连续持续了八年。事业效率已经变得如此之好，这意味着企业自身拥有了相当的实力。并且自有资本还在长期持续积累，日本企业整体的自有资本率在2017年几乎要超越41%，其中，丰田的自有资本率比日本企业的平均自有资本率还要高。从企业财务体质的角度来看，日本企业自身同样拥有很强的实力。而且日本企业如此程度的自身实力的提高，是在宏观经济环境并不支持如此规模发展的情况下完成的。也可以说，正是由于经营质量的提高，日本企业才能够在不太依赖宏观经济条件的情况下提高效率、改善财务。

　　让日本企业陷入大混乱中，然后又使日本企业迸发出了从混乱中竭尽全力走出来的努力，也许可以这样认为，它将徘徊在泡沫经济破灭后"失去的二十年"的温水型的经营状况中，不得不付出努力突出重围的、处于悬崖边的众多日本企业推了下去。

正是因为如此，泡沫经济破灭后的日本企业才第一次展现了精神奕奕的风姿。日本企业在各方面质朴的改善，以及削减过去生产剩余的努力，都带着与以往不同的紧迫感，并在美国次贷危机后一路坚持下来。在前文看到的丰田"U字型"恢复，处在谷底四年时间，正是为了展现其风姿所付出的努力的时间。

并非没有这一切原本应该来得更早一些的感觉。在泡沫经济破灭之后就应该立即竭尽全力付诸努力，但对本性懦弱的人类来说，期待他们能够如此机敏地展开行动，也许不太可能。尽管我将本书序章的标题命名为"疾风知劲草"，但其实也可以说成"疾风孕育了劲草"。而且假如"疾风"不吹那么几次的话，"劲草"可能还不会脱颖而出。泡沫经济的破灭引发的金融崩溃和美国次贷危机这两次"疾风"，成就了日本企业中的"劲草"，使它们走向台前。只是假如这一切来得再早一点儿就更好了。

平成三十年的这一年

在本书即将完成的时候，我再一次认为孕育出这些"劲草"的一个土壤是日本经营的"不变的基础"。有关于"人"

的经营的基础，有关于"钱"的经营的基础，在平成的"疾风和激荡"中它们的本质都没有发生改变，丰田就是其中象征性的存在。

被称作平成三十年的2018年，恰好是纪念日本近代史上具有划时代意义的明治维新的150周年。明治维新正是由那些以下决心"首先行动"的诸藩属国中的下级武士们为中心掀起的一场巨大的探索行动。他们的行动激发出了已经存在于日本江户时代末期的各种各样向往改革的潜力，引起了日本社会的巨大变化，并且是在很短的时间内，国家就发生了很大的"革命"。例如，被称作"戊辰战争"的内乱，最初的作战是幕府军和官军之间在鸟羽伏见的战争。在那一战的四年后，即明治五年，在新桥、横滨之间就开通了日本第一条铁路，富冈制丝场投入生产。不管是迁都东京还是新政府的成立以及废藩置县都发生在这四年当中。

当然，单纯拿明治维新时代和现在做比较是不对的，但在明治维新发生的前夜，正是有了那些既预测了颠覆德川幕府和废藩置县，又预测了将会出现困难，还有勇于"首先行动"的人们，才引起了那之后一连串的连锁反应。从当时的状况来看，正是由于有了那些冒着危险敢于创造出大多数人所想的、"这不可能"的不均衡局面的人们的存在，才产生了在各个地方掀起各种各样的面向改革的行动。进而在短期内，在一阵阵轰鸣声中，国家和历史都改变了。尽管今日的日本企业没有必要再现和明治维新同等级的革命，但是可以从那里学习到对于改革的气魄以及"首先行动"的重要性。众多的日本企业正需要这种气魄。

另外，日本企业在中美两个大国之间实际上表现得令人意外地游刃有余，日本企业这一次也同样有可能作为中美之间的"配角""润滑剂"来发挥作用。正是由于世界在发生着巨大的变化，这对日本企业来说是一种机会。

作为在这个夹缝中的生存方式，尽管也有对两国的投资及贸易依存度的平衡方式问题，但是在两国的夹缝中提出自己的企业和经营原理也没有什么不好的。假如睁大眼睛面向更广阔的世界，多样化的模式、多样化的资本主义及市场经济的存在方式也许更会为全世界的多样性和长期性做出贡献。

日本在平成时代虽然经历了两次强烈的"疾风"，或者说正是因为这样，有意识或无意识坚守而来的"不变的基础"出乎预料地演变成了一件拥有世界史意义的事情。日本想成为一个被后世的历史学家高度评价的国家，也许过于乐观了，但笔者喜欢的法国哲学家阿兰有这样一句话："悲观主义是情绪的产物，乐观主义是意志的特产。"本书也许是以我的乐观根据撰写而成的，但此时的心情依然是想以这句话与称作平成三十年的这一年一起来结束本书。

后记

据说平成这个年号取自中国古典书籍《史记·五帝本纪》中的"内平外成",这句话反映的是中国古代以理想的政治著称的舜帝治理的时代。但对于日本企业来说,平成这个时代既不"内平",也不"外成"。内有泡沫经济的破灭,外有美国次贷危机等"疾风"的不断肆虐,这是一个激荡的时代。

当然笔者本人也生活在这个时代里。平成的三十年是我从44岁走向74岁的工作鼎盛时期。关于日本企业的经营,笔者写过几本书,与日本企业一线现场的各位企业管理者和企业经营者于公于私也都算相交甚密。在平成最后的十年,笔者还有机会作为企业的外部董事参与经营管理中,所以这本书也是笔者的"同时代史"。对本书来说,笔者既是现场的观察者,也是现场的参与者,从这些观察和参与中所获取的各种各样的经验和见闻,成为这本书的基础素材。

由于本书是以介绍整个日本企业为目的,所以利用总体的数据为基础的议论相对较多,但是笔者自身的经验以及对事物的思维方式也浓重地反映在内容当中,这也是书写"同时代史"这一工作的一个优势,但同时也会有局限性。在本书的执笔过程中,多次深深地感觉到自身的经验以及思维方式的不足,在思考着书的内容、收集并分析数据的时候竟多次惊愕不已,并惊呼"怎么变成这样了呢"。尽管笔者自认为一直是在现场附近进行观察,但是在有关整体性及历史性事件的相互关联等方面,出现过多次在具体着手分析之前竟然明显没有注意到这样的事情。

在即将结束本书的时候,笔者痛彻地感觉到泡沫经济破灭这一事件给日本社会带来了极为深刻的、巨大的、深远的影响。事实上,从泡沫经济破灭一直到金融崩溃,这一场"疾风"是令人惊骇的,可以说从根本上动摇了日本的企业和社会。

银行体系完全改变模样是整个日本发生了动摇的一个象征,日本的企业人对于日本这个国家的自信也同样发生了动摇。现在回头看,人们再一次深感这一自信的丧失和对美国的过度倾斜,是造成日本"失去的二十年"的最大原因。自信的丧失和过度倾斜的踌躇一起成为方向迷失的原因，这一迷失又直接导致了果敢行动的欠缺，其结果就是所采取的手段与方案都包含了诸多不顺。但是，在平成二十年影响了日本的美国次贷危机以及在这两年半后发生的东日本大地震仿佛为"失去的二十年"画上了终止符。那时的日本被逼入了已经没有余力去磨磨蹭蹭思考的境地，也就是从那时起，日本整个企业界突然清醒了似的，变得很有活力了。人间万事皆如"塞翁失马，焉知非福"，就像在序章和终章中描绘的那样，日本企业从沉迷的谷底完美地恢复了。

从第一场"疾风"侵袭后直到美国次贷危机到来前，尽管"劲草"诞生的过程有些缓慢，但其实已经开始了。接着由于美国次贷危机这第二场"疾风"的到来，这一程序彻底被启动了。再到后来，以东日本大地震为契机，"纽带的日本"这一日本的特性再一次让全世界瞩目，这时众多的日本人也许发出过"日本是一个好国家啊"这样的感叹。这种心理性的正向影响作用巨大。

在平成时代结束的时候，笔者作为位于新潟县浦佐的一所实际上很独特的国际大学的校长，从事着与世界特别是与亚洲、非洲相关联的工作。这是一所只用英语教学、只有国际关系和国际经营学两个研究学科的一所研究生院大学。这所大学成为亚洲、非洲的年轻一代建立密切人际关系的地方，近五成学生是东南亚学生，非洲学生近三成，日本学生近两成，实行全住宿制，大家都生活在校园内。我在这里将日本的经济和企业长期发展的历史及其背后的普遍性理论教授给学生们，开启了叫作《日本：世界开发学》的崭新的教学培养计划。

学习日本发展和开发的经验背后的理论并使学生们将这些内容对照自己祖国的现实状况改进、应用，也就是通过放眼世界期待可以对他们祖国的发展做出贡献。想把新潟的国际大学通过英语教学变成将日本的理论向世界传播的发源地。于笔者而言，在必须思考世界将何去何从的状态中，平成时代开始了；在不得不考虑世界中的日本以及和其他国家一同生存下去的将来的日本的状态下，平成时代又落下帷幕。笔者再一次感觉到"世界中的日本企业体系的原理"这个问题是贯穿了自己平成这三十年的通奏低音。本书第二部分在排列每个话题分析章节时，在最前面的章节里非常自然地将"世界中的日本企业"作为分析话题，接着又很自然地在此之后的章节中回顾了日本企业的原理，尽管不是特别有意的安排，但这些问题就是笔者眼中的平成"同时代史"的基本主题了。

本书的策划是受出版社的委托，将回顾平成时代的日本政治、经济以及企业经营领域的内容各成一册。政治方面是以谈话形式的集册，经济和企业方面要求各自出新著。将企业经营领域新著的计划托付给笔者的是旧知堀口祐介先生（日本经济新闻出版社）。因为这是一个有趣的计划，笔者便欣然接受了这一委托。因为本人已到人生暮年，能够写一本回顾自身生活的年代的书，这本身就是一件幸福之事，有一种将自己的工作、人生集大成的感觉。

对在本书计划及成书过程中一直迅速回应、帮助我的堀口先生，我能说的与从前一样只剩下感谢二字了。另外还要感谢一桥大学伊丹班级的毕业生们。这本书像往常一样，几乎所有的数据都是自己来收集的，所有的图表也都是亲手制作的。但有些数据的收集、章节标题的命名以及对于原稿的读后感得到了班级好几位毕业生的帮助，在此对他们表示感谢。

此外，在本书的背后有着在平成这三十年来一直相伴而来给予笔者教诲的方方面面的朋友们的恩惠，谨此带着对所有给予帮助的人们的谢意来结束本书的后记。

感谢大家！